SISKOS-VALA

Leena Mäyry-Ylinen

SISKOS-
VALA

Kansi ja taitto: Juha Paakkolanvaara
Kannen maalaus: Sonja Syvälahti
Kustantaja: BoD · Books on Demand,
Mannerheimintie 12 B, 00100 Helsinki,
bod@bod.fi
Kirjapaino: Libri Plureos GmbH,
Friedensallee 273, 22763 Hampuri, Saksa

ISBN: 978-952-80-9826-3

Omistettu Isosiskolle
ja Koiraperheelle

Vaikka monet asiat ovat todellisia,
romaani on fiktiota ja henkilöt fiktiivisiä.

Jos olisi vain yksi lapsuusmuisto, olisiko se sinullakin tämä sama? Kaksi honteloa tyttöä rantasaunan portailla, molemmilla pitkät, lapaluuhun asti ulottuvat paksut hiukset ja permanentattu otsatukka, tukan alla sinivihreät silmät. Aurinko paistaa vasemmalta yläviistosta, ja siksi molemmilla on silmät vähän sirrillään. Välissä on neljän vuoden ikäero, tuossa vaiheessa se tuntuu vielä paljolta.

Olemme saunanraikkaita, ja kehosta nousee höyry. Reisissä on löylynlyömiä laikkuja, ne ovat piirtyneet täysin samoihin kohtiin. Sinun ihosi hiipii jo kananlihalle, käärit pyyhettä hoikan vartesi suojaksi. Odotan malttamattomana. Kerrankin olen jossakin rohkeampi.

– Juostaan suoraan järveen!

– Mennäänkö sittenkin vielä takaisin lämmittelemään?

– Ei kun nyt järveen! Änyyteenyt!

Viimeinen rannassa on mätämuna. Järveen on matkaa, on juostava ruohon läpi, ja ruohonsänki raapii jalanpohjia, isä on juuri päivällä ajanut sen. Kirmaan suoraan veteen niin kuin juoksisin maaliin. Vesi ympäröi minut heti, tuntuu vatsanpohjassa viileytenä. Sinä olet jäänyt empimään rantarajaan, pidät päätäsi vähän kallellaan, näytät ihan sorsanpoikaselta. Huidot pyyhkeelläsi hyttysiä, ne käyvät ahnaasti nilkkoihisi. Sinulle tämä on joka kerta yhtä vaikeaa.

– Tuu jo! Tää on tosi lämmintä.

Nostat katseesi eteenpäin ja lähdet varovasti kulkemaan syvemmälle. Vesi osuu pohkeisiin, pian jo polviin asti. Mutapohja saa sinut välillä horjahtamaan, ja haparoiva kulkusi naurattaa minua.

– Älä naura tai mä en tule!

On pakko sukeltaa ja piilottaa hymy veden alle. Kun pääsen taas pintaan, olet edennyt vain aavistuksen eteenpäin.

Jos olisi vain yksi maisema, olisiko se äsken mainittu aurinko, edelleen vasemmalta yläviistosta? Kaislikkoinen ranta ja arvaamaton, ällöttävä mutapohja, koska sinä pelkäät iilimatoja ehkä eniten maailmassa. Minusta on kivaa antaa varpaiden painua syvälle mutaan ja nostaa sitä vedenpinnan yläpuolelle.

– Nyt äkkiä ne jalat takaisin veteen!

Tottelen ja työnnän varpaat pinnan alle. Nyt vesi yltää sinuakin jo vyötäröön. Olen sanonut sinulle ainakin sata kertaa, että tuollainen tapa tulla veteen on kaikista kamalin.

Vihdoin kallistut eteenpäin ja pulahdat veteen. Siinä hetkessä on kaikki. Järvi kimmeltää ympärillä ja ilmassa tuoksuu kaisloissa kuteva hauki, vaikka tämä on Kuhajärvi. Aika pysähtyy, me kylvemme kesäillan valossa. Nyt sinäkin jo annat roiskuttaa päällesi vettä, sukellatkin. En silloin vielä tiedä, että kenenkään muun kanssa uiminen ei tule olemaan samanlaista, yhtä helppoa ja kevyttä. Myöhemmin lasten kanssa uimisesta tulee äänekästä, ja huoli pakottaa pysymään koko ajan valppaana.

Mutta tietenkään ei ole vain yhtä muistoa ja maisemaa, on monta valokuvaa ja hetkeä. Näin jälkikäteen kuvat hyppivät ja vaihtavat paikkaa. Joskus kiistelemme siitä, miten jokin juttu meni, tapahtuiko se edellisenä vai vasta seuraavana kesänä. Mutta siitä emme kiistele koskaan, kumpi meni edeltä.

Sinä kiipeämässä korkealle puuhun ensin, sinä työntämässä sormia pullataikinaan, sinä kirmaamassa ensimmäisenä kukkapeltoon. Minä odotan sinun lupaasi, se on pikkusiskon osa.

OSA 1

1

– Äiti, mä lennän!

Eevi roikkuu puolapuilla vasemman käden ja jalan varassa ja haroo toisella kädellään ilmaa. Vaaleanpunainen paita on jäänyt pieneksi ja paljastaa litteän vatsan, kohoavat kylkiluut. Hoikaksi tytöksi Eevillä on yllättävästi voimaa. Hilma on kiivennyt korkeammalle, mutta jämähtänyt toiseksi ylimmälle puolalle. Hän yrittää kääntää katsettaan saliin päin, varoo visusti irrottamasta kumpaakaan kättään. Poninhännästä on karannut niskaan muutama tumma suortuva.

– Äiti? Hilma varmistaa.

– Äiti on tässä alhaalla.

Yllättäen Eevi päästää kätensä irti ja tömähtää pepulleen lattiaan. Eeviä on mahdotonta varoittaa ajoissa. Ennen kuin ehdin toimia, tilanne on yleensä jo ohi. Odotan, pillahtaako hän itkuun, mutta Eevi nousee ketterästi ylös ja lähtee juoksemaan toiselle puolelle salia. Yhtäkkiä trampoliinin luona hän pysähtyy kuin seinään ja kiilaa kahden tytön eteen. Avaan suuni komentaakseni, mutta tiedän, että huutoni katoaisi saliin.

Hilma kököttää yhä ylhäällä. Hän on päästänyt toisen kätensä irti ja kääntynyt katsomaan ympäriinsä kirmaavia lapsia. Pisamakasvoinen tyttö kompastuu permannon reunaan ja lentää polvilleen. Suusta pääsee karmea ulvahdus, mutta muut lapset eivät tunnu huomaavan mitään. Eevi on ehtinyt jo jonon ensimmäiseksi. Hän kiipeää vikkelästi trampoliinin päälle ja alkaa pomppia. Sitten Eevi hyppää vatsalleen pehmeälle matolle ja jatkaa matkaa vaalea tukka hulmuten, pampula on tippunut johonkin. Käännyn uudelleen Hilman puoleen.

– Mennään välillä jonnekin muualle. Tule alas!

– En mä uskalla.

– Äiti on täällä vastassa.

Levitän käteni, Hilma epäröi hetken. Sitten hän alkaa laskeutua alaspäin pienin ja aroin askelin. Neljänneksi alimmalla puolalla hän pysähtyy ja pyytää ottamaan vastaan. Nappaan Hilmaa vyötäröltä kiinni ja lasken alas. Siniset silmät näyttävät helpottuneilta ja huulille nousee pieni hymy. Kiristän hänen poninhäntäänsä ja kiinnitän Frozen-pinnin tiukemmin otsatukkaan.

– Rohkea tyttö. Mennään Eevin perään.

Loppulaulun aikana lapset istuvat väsyneinä piirissä. Pisamakasvoisella on polvessa punainen naarmu, ja hän nyyhkyttää yhä äitinsä sylissä. Eevi ei malttaisi istua paikallaan, ja joudun hakemaan hänet kaksi kertaa pois volttimontusta. Kun vuoro on loppu, Eevi kieltäytyy lähtemästä, ja joudun lopulta kantamaan hänet väkisin ulos salista. Tummatukkaisen ohjaajan kasvoilla käy lempeä hymy, tämä on tapahtunut monta kertaa aiemminkin. Vihdoin pääsemme pukuhuoneeseen, ja Hilma ryhtyy laittamaan ulkohousuja. Hän on tottunut pärjäämään itse, kun pikkusisko käy hankalaksi. Lopulta saan kiemurtelevalle Eevillekin ulkovaatteet. Kaivan takkini taskusta kännykän ja näen, että Silja on soittanut kaksi kertaa. Päätän soittaa hänelle myöhemmin illalla, kun Anttikin on kotona.

Puoli seitsemältä tytöt ovat syöneet nakkikeittonsa ja käpertyneet sohvalle pehmoleluineen. Olohuoneessa lojuu vaatteita ja leluja sikin sokin, mutta en jaksa vielä ryhtyä toimeen. Laitan Pikku Kakkosen nauhalta, ja punatukkainen juontaja täyttää olohuoneen. Punatukalla on rauhoittava ääni, luvassa on jälleen samat musiikkiohjelmat ja piirustuskilpailut. Laitan silmät hetkeksi kiinni ja muistan, miten mekin olimme Siljan kanssa samalla tavalla liimautuneina television eteen. Tappelimme usein siitä, kumpi saa istua sohvanmutkassa. Kerran isä hermostui riitelyymme ja määräsi meille vuorot. Silja sai istua kulmapaikalla maanantain ja tiistain, minä torstain ja perjantain. Keskiviikkona ei ollut kummankaan vuoro. Muistan senkin, miten isolta sohva siinä vaiheessa tuntui, kun lastenohjelmat eivät enää kiinnostaneet Siljaa. Enää ei tuntunut niin kivalta, että sain levittäytyä sohvalle niin leveästi kuin halusin.

Kun Antti tulee puoli kahdeksan aikaan kotiin, tytöt katsovat vielä televisiota. Menen eteiseen vastaan. Haluan olla hetken kahden, pian tytöt alkavat tapella isänsä huomiosta. Antti alkaa riisua märkää takkiaan ja pyöräilykypärää, poskelle on jäänyt muutama vesipisara. Pyyhkäisen ne pois, sänki tuntuu karhealta kämmentä vasten. Märkä, myöhäinen syksy, jostakin tulee aavistus desinfiointiaineen hajua.

– Kastuitko pahasti?

– Vähän. Tulisi nyt jo lumi, kirkastuisi vähän. Aivan kuin olisi pyöräillyt keskellä yötä.

– Oliko raskas päivä?

– Osastolla oli vajausta. Entä täällä?

– Perushässäkkää. Eevi vähän otti kierroksia jumpassa.

– Mene hetkeksi huilaamaan.

– Mun pitäisi soittaa Siljalle. Se oli soittanut.

– Soita hetken päästä. Mä käyn nopeasti suihkussa, hoidan kyllä tytöt.

Antti avaa minulle makuuhuoneen oven. Hän tuntee minut, tietää, milloin tarvitsen rauhaa. Antille samanlaista väsymisen tunnetta ei tule. Tytöillä on kyky imeä minut kuiviin, täyttää jokainen sopukka. Siitä huolimatta olen alkanut salaa haaveilla kolmannesta lapsesta.

Antti menee kylpyhuoneeseen, vääntää hanan päälle. Yritän kuunnella puolella korvalla tyttöjä, lastenohjelma on yhä kesken. Vajoan uneen muutamaksi minuutiksi, kunnes havahdun olohuoneesta kuuluvaan kolinaan. Tytöt rakentavat jotakin. Antti kieltää heitä ensin, tuntuu sitten antavan periksi. Hetken päästä olohuoneesta kuuluu tömähdyksiä, jompikumpi hyppii sohvalta alas. Melu tulee ovenkin läpi.

– Ollaan gorilloja! Eevi huutaa.

– Vai sittenkin leijonia?

– Ei, kun gorilloja.

Eevillä on vahva tahto kolmevuotiaaksi. Jos hän haluaa jotakin, viisivuotiaan isosiskon on annettava periksi. Kahden gorillan sijasta olohuoneessa on kokonainen gorillalauma. Hetken päästä Anttikin livahtaa makuuhuoneeseen.

– Tytöt halusi rakentaa eläintarhan, Antti naurahtaa ja oikaisee vierelleni.

– Eikö tää ole eläintarha jo valmiiksi? Kun nyt ei vaan sattuisi mitään.

– Niillä on sohvatyynyt alla. Pomppivat niiden päälle, ei siinä mitenkään käy.

Siitä ei ole kuin pari viikkoa, kun Eevi tuli sohvalta alas pää edellä. Kun Eeviin sattuu, hän huutaa niin, että seinät kaatuvat. Huuto yltyy kirkunaksi, eikä mikään auta, ei syli, silitys tai pehmolelu. Hetken päästä tilanne on kuitenkin ohi, eikä Eevi koskaan valita jälkikäteen mustelmistaan.

– Antaa niiden nyt leikkiä.

Antti jaksaa aina ajatella loogisesti. Hän ei mene paniikkiin, vaikka pommi räjähtäisi. Hän on tottunut töissäkin siihen, ettei pidä hätääntyä, vaikka kaikki tarvitsevat apua yhtä aikaa. Joskus hänen rauhallisuutensa ärsyttää, mutta tiedän, että arjestamme ei tulisi mitään ilman sitä.

– Laita silmät kiinni. Kuvitellaan, että ollaan maailmassa ihan kaksin, Antti kuiskaa ja ottaa minut kainaloonsa.

– Entä, jos mä avaan silmät vasta aamulla?

– Ei avata kumpikaan. Ollaan nyt vaan tässä.

Makaan yhä sängyssä, kun Silja soittaa. Antti on noussut tekemään iltatoimia. Linjan toisessa päässä on hetken hiljaista. Sitten kuuluu raskasta hengitystä ja niiskaus. Onko Silja itkenyt? Se ei ole yhtään hänen tapaistaan. Yleensä se olen minä, jolta on voimat loppu. Tulee heti huono omatunto, etten soittanut hänelle aiemmin. Olen hetkessä hereillä.

– Mitä nyt?

– Maaria, multa on löydetty pahanlaatuinen kasvain.

Tulee täysin hiljaista. Koko maailma on yhtäkkiä vailla ääntä, olohuoneesta ei kuulu hiiskaustakaan. Tunnen, kuinka keho herää uutiseen, aloittaa kohinan ja virtaamisen. Veri kohisee suonissa ja kulkeutuu keuhkoistani käsivarsiin, rannekanavien ohi sormenpäihin, saavuttaa suonieni mutkat. Sanat juuttuvat kurkkuun, mutta jotenkin saan pyydettyä Siljaa kertomaan lisää.

– Mähän sanoin viikko sitten, että hammaslääkäri halusi ottaa koepalan kielessä olevasta patista. Nyt se on tutkittu. Se on pahanlaatuinen.

– Onko ne voineet erehtyä?

– Ei tällaisissa asioissa voi.

– Mitä seuraavaksi tapahtuu?

– Saan tietää lisää huomenna. Leikkaus nyt ainakin.

– Tietääkö äiti ja isä?

– Ne lähti tunti sitten ajamaan Pohjanmaalta. Isä tulee mun kanssa huomenna sairaalaan.

Siljan ääni sortuu, ja hän alkaa itkeä. Minun pitäisi osata sanoa jotakin lohduttavaa, mutta kieli tuntuu liian raskaalta liikuttaa. Makuuhuone on yhtäkkiä ansa. Valkoisessa katossa on röpelöinen pinta, ja kaikissa nurkissa on umpikuja. Jossakin sadanviidenkymmenen kilometrin päässä Silja itkee, murtuu kappaleiksi, eikä minusta ole mitään hyötyä. Vähitellen Siljan itku vaimenee, pian kuuluu niistämisen ääni.

– Ootko sä siellä vielä?

– Joo. Tietääkö Jarkko?

– Se on tässä vieressä.

Pitääkö Jarkko Siljaa kädestä kiinni, onko hän keittänyt kupillisen kaakaota? Hierooko hän Siljan hartioita, muistaako, että sillä tavalla Siljan saa parhaiten rentoutumaan? Silja alkaa kertoa lisää kielisyövästä, joka on narkomaanien, tupakoitsijoiden ja iäkkäiden miesten sairaus. Ei voi olla totta, ajattelen. Tällaisia asioita tapahtuu jossakin toisaalla, televisiosarjoissa ja leffoissa. Ei Siljalle, ei minun siskolleni.

Olohuoneessa Eevi parahtaa huutoon. Nytkö hän sitten kuitenkin tuli sohvalta alas? Antti sanoo jotakin, mutta ääni katoaa Eevin huudon alle.

– Kuka siellä huutaa?

– Eeville tuli jotakin. Mutta Antti on siellä.

– Jos meillä olisi lapsia, mä en pystyisi kertomaan niille.

Ajatus jysähtää päälleni raskaana. Mitä minä kerron Hilmalle ja Eeville? Silja on Hilman kummitäti, ja täti on molemmille läheinen ja rakas. Entä äiti ja isä? Hetkessä syöpä levittää lonkeronsa viiden uuden ihmisen ympärille.

– Oonko mä huomenna pois töistä ja ajan sinne?

– Teillä on tytöt. Kyllä mä pärjään. Äiti ja isä on pian täällä.

Vannotan Siljaa soittamaan huomenna, kun hänellä on lisää kerrottavaa.

Sitten Silja lopettaa ja jättää minut yksin uutisen kanssa. Kielisyöpä. Miten kaikki seuraavaksi etenee? Mitä minä tiedän syöpähoidoista? Sädehoitoa, sytostaatteja, solumyrkkyjä? Yritän muistella katsomiani sairaalasarjoja: ensin leikataan, sitten annetaan hoitoja ja lopuksi potilas hymyilee, eikä syöpää enää ole. Käykö Siljallekin yhtä hyvin?

Kuulen Antin laittavan iltapalaa tytöille. Yritän nousta sängyltä ylös, mutta olohuoneeseen on valovuosien matka. Tämän huoneen ulkopuolella uutista ei vielä ole. Yhtäkkiä haluaisin kainalooni tyttöjen unilelun. Jonkin jättimäisen nallen, jonka vieressä saisin maata ja nukahtaa. Mietin autoa, joka kiitää parhaillaan pimeässä illassa, isän katse on tiukasti tiessä, äiti katsoo marraskuiseen pimeään. Pystyykö isä varmasti ajamaan? Miten ihmeessä he voivat olla rauhallisia silloinkin, kun oma lapsi voi kuolla? Täytyy soittaa äidille nyt heti.

2

Antti näyttää oven suussa jättiläiseltä. Olohuoneesta loistaa epätodellinen, kirkas valo, joka ottaa silmiin. Tuntuu raskaalta kohdata Antin katse. Yritän tulkita hänen ilmettään: miten paljon hän on kuullut? Työnsä puolesta Antti pystyy täyttämään aukot, täydentämään kuulematta jääneet asiat. Antti tulee luokseni ja laskee kätensä kevyesti olkapäälleni.

– Onko Siljalle tapahtunut jotakin?

On aloitettava, sana kerrallaan. Ensin kerron uutisen, sitten soitosta äidille. Äidistä ja isästä, jotka on äkkiarvaamatta repäisty irti tavallisesta eläkeläisarjestaan ja heitetty keskelle painajaista. Kertominen käy yllättävän helposti: työssäni olen tottunut kertomaan kaiken selkeästi, niin, ettei lisäkysymyksille ole tarvetta. Patti, pahanlaatuinen, diagnoosi, leikkaus, yhtäkkiä osaan käyttää syöpäsanastoa uskottavasti. Kun lopetan, hengästyttää.

– Arvaisin, että jotakin on sattunut. Mä oon niin pahoillani.

– Tiedän.

– Tytöt on jo sängyssä. Sanoin niille, että sulla on pää kipeä. Lepää nyt.

– Mutta mulla on hampaat pesemättä ja työlaukku pakkaamatta.

– Haen särkylääkettä, niin saat paremmin nukuttua.

– Ei muhun satu.

Antti ja Silja ovat joissakin asioissa täysin samanlaisia. Sairaanhoitajina he uskovat, että kaikkeen löytyy lääke tai jokin ratkaisu. Aina voi juoda lasin vettä, käydä kylmässä suihkussa, hieroa varovasti hartioita. Olen kerännyt ympärilleni ihmisiä, jotka hoitavat ja peittelevät.

– Käy vielä katsomassa tyttöjä, pyydän.

– Kävin jo. Ne nukkuu.

– Käy silti vielä.

Antti hakee lääkkeen ja tulee silittämään otsaani. Ruskeissa silmissä on huolestunut ilme. Antti on aivan lähellä, mutta samalla yhtäkkiä valtavan kaukana. Hänellä itsellään on veli, ei siskoa. Laitan silmät kiinni, tunnen, kuinka Antin kädet kulkevat otsalta poskille, siitä hartioiden kautta käsivarsiin. Pelasta minut tästä, pyydän mielessäni. Samalla tajuan heti, että on asioita, joita Anttikaan ei voi taikoa olemattomiksi. Pimeys tuntuu niin tiheältä luomien alla, että on pakko avata silmät.

– Mitä, jos Silja kuolee?

– Lääkärit miettii parasta mahdollista hoitoa. Sun ei tarvitse miettiä.

– Sä tiedät, että mä pelkään aina pahinta.

– Ei me voida luovuttaa heti.

– Sulla ei ole siskoa.

Antti hiljenee, mutta sormet jatkavat yhä liikettä kyynärvartta pitkin. Liike ei paljasta, että hän olisi loukkaantunut. Laitan silmät uudelleen kiinni, en pysty kohtaamaan Antin surullista katsetta.

3

Seuraavana yönä näen unta, jossa olen tyttöjen kanssa valtavassa jumppasalissa. Salissa on kirkkaat valot, ja se on aavemaisen hiljainen, mutta tytöt nauttivat, kun saavat juosta vapaasti telineeltä toiselle. Viihdymme Hilman kanssa volttimontussa, hassuttelemme ja heittelemme toisiamme superloninpaloilla. Laitamme molemmat vaaleanpunaisen palan reisien väliin ja pomppaamme trampoliinilta alas volttimonttuun niin, ettei pala saa lipsahtaa jalkojen välistä. Minulta pala tipahtaa kerta toisensa jälkeen pois, ja Hilmaa naurattaa.

Yhtäkkiä kesken naurun tajuan, että olen unohtanut kokonaan Eevin. Haen katseellani Eeviä ympäri salia, mutta tyttöä ei näy missään. Lopulta katseeni osuu puolapuille. Eevi on puolapuiden ylimmällä puolalla, heiluttaa sieltä toisella kädellään.

Yhtäkkiä Eevi liikahtaa tukikäden varassa. Arvaan jo sadasosasekunteja aiemmin, mitä seuraavaksi tapahtuu.

– Äiti, mä olen tähti!

– Eevi, älä päästä irti!

Tietenkään Eevi ei tottele minua, vaan irrottaa otteensa. Eevi on tähti, tähdenlento, leimahdus pimeässä. Tajuan, etten ikinä ehdi ajoissa Eevin luokse. Superlonimeri on kuin upottava suo ympärillä.

Yhtäkkiä jostakin tyhjyydestä tulee Silja. Ennen kuin ehdin ottaa askeltakaan, hän on puolapuiden alla ja nappaa Eevin syliinsä. Silja puristaa tyttöä sylissään tiukasti, työntää nenänsä Eevin napaan niin, että Eeviltä pääsee kikatus. Kun juoksen paikalle, Silja pitää Eeviä yhä sylissään, aivan kuin olisi Eevin äiti. Käteni tärisevät.

– Eevi olisi voinut kuolla.

– Ei olisi. Mä olin vastassa.

Siljan sinisissä silmissä on rauhallinen katse. Hän laskee tytön maahan, ja Eevi kirmaa hetkessä juoksuun.

Aamulla herään sängystä hikisenä, lakanat ovat rutussa. Olen kääriytynyt yön aikana peittoon niin tiukaksi rullaksi, että vain kasvot näkyvät. Siirrän peittoa sivuun ja päätän, etten sulje silmiäni enää koskaan. Minun on oltava entistäkin tarkempi. Vahdin Eeviä ja Hilmaa lakkaamatta joka hetki. Seuraan heitä leikkipuistossa, varmistan, etteivät he ampaise parkkipaikalta juoksuun ja jää auton alle. Ja ennen kaikkea minun on vahdittava Siljaa, vaadittava, että hänet hoidetaan kuntoon. Selviteltävä, ketkä ovat Suomen parhaimpia syöpälääkäreitä ja huolehdittava siitä, että Silja saa parhaimman mahdollisen hoidon.

4

– Tule nyt!

Ilman Siljaa minua ei olisi. Ilman isosiskoa olisin unohtunut koulun pihalle, jäänyt paitsi pöttiksistä ja polttopalloista. Niin monta kertaa Silja raahasi minut mukaansa leikkeihin väkisin. Nouse. Tee. Tule perässä. Hän oli magneetti, joka vaati seuraamaan perässä. Silja näytti parhaimmat piilot kerrostalon pihalta ja opetti, miten pesäpallossa lyöntiin sai voimaa niin, että pallo lensi pihan yli aina ruohikolle asti. Miten hän tuntuikin osaavan kaiken niin hyvin?

Äiti halusi meille yhteisen harrastuksen, ja lopulta suostuin kokeilemaan telinevoimistelua. Muistan yhä, miten valtavalta sali näytti oven suusta. Meillä oli samanlaiset siniset jumppapuvut ja hiukset tiukasti kahdella letillä. Kaikki voimistelijat liikkuivat salissa hallitusti, kuin valmiin käsikirjoituksen mukaan. Kerrostalon pallopeleissä ja leikeissä olin tottunut säntäilyyn ja huutamiseen, mutta salissa vallitsi ihmeellinen rauha.

Silja malttoi olla paikallaan vain hetken. Seurasin katseellani, kuinka hän käveli telineeltä toiselle, tarkkaili uteliaasti, mitä niillä tehtiin. Seisoin monta minuuttia seinän vierellä yksin, kunnes Silja huomasi minut ja viittilöi minut luokseen. Pian telinevarastosta tuli hoikka, pienikokoinen nainen, joka huomasi meidät ja tuli reippaasti meidän luoksemme.

– Te olette varmaan ne Aaltosen tytöt? Minä olen Liisa. Täällä on vielä kilparyhmän treenit menossa, mutta pian alkaa harjoitusryhmä. Menkää vaikka tuohon permannolle odottamaan.

Ääni kuulosti vaativalta ja ehdin miettiä, mihin olin lupautunut. Nyt ei kuitenkaan enää voinut perääntyä.

Permannosta tuli ensimmäinen paikka, jossa tunsin osaavani jotakin. Nautin siitä, kun sain laittaa koko kehoni käsieni ja jalkojeni varaan. Ensin kuperkeikka, sitten kärrynpyörä, lopulta kuukausien kuluessa käsilläseisonta. Keho taipui moneen sellaiseen liikkeeseen, johon mieli ei.

Puomi oli alkuun telineistä kaikkein vaikein. Tuntui mahdottomalta luottaa, että pystyisin pitämään tasapainon ja vielä nousemaan varpaille. Muistan yhä, miten astuin ensimmäistä kertaa puomille. Jumppamattojen reunat irvistelivät alhaalla vaarallisesti. Hain rohkeutta, suoristin selkääni. Liisa oli opettanut, että ryhti lähti lantiosta ja kulki sieltä selkärangan kautta ohimoille. Silja oli neuvonut nostamaan katseen tiiliseinään ja valitsemaan sieltä kiintopisteen.

– Yksi askel kerrallaan, vain yksi, Silja neuvoi kärsivällisenä vieressä.

Tuijotin seinää, keskityin ja otin lopulta ensimmäisen askeleen, sitten toisen ja kolmannen. Myöhemmin opin pitämään katseen tiiviisti seinässä, katsomaan tiiliseinänkin läpi.

Silja siirtyi pian harrastusryhmästä kilparyhmään, jolloin hänellä oli kolmet harjoitukset viikossa. Minä en halunnut kilpailla, mutta kävin silti samoissa treeneissä. Harjoittelimme kotonakin tuntikausia, siirsimme olohuoneen pöydän sivuun ja teimme patjoista permannon. Osasimme varoa kirjahyllyn kulmia, kun teimme kärrynpyöriä ja ponnistimme käsilläseisontaan.

– Onpa hyvä, että Silja houkutteli Maariankin mukaan, kuulin äidin kerran sanovan isälle.

– Ihan niin kuin olisi reipastunut koko tyttö.

Voimistelu ei ollut helppoa, mutta se oli selkeää ja loogista, painavaa ja kevyttä yhtä aikaa. Usein reisissä poltteli kipu tai pohkeet tärisivät jännityksestä, mutta mieli oli kirkas. Liikkeet näyttivät helpoilta, mutta todellisuudessa jo nilkan ojennukseen tarvittiin monien lihasten yhteistyötä. Liisa kehui, että meillä oli Siljan kanssa luontaisesti hyviä ominaisuuksia. Molemmilla oli reisissä voimaa ja selässä notkeutta.

Ajattelin aina, että Siljasta tulisi ammattivoimistelija. Ihailin, miten kurinalaisesti hän jaksoi tehdä voimaharjoituksia. Silja vaati yhtä lailla minultakin. Vaikka hengästytti ja lihakset tärisivät, ei saanut lopettaa, ennen kuin kyykkyhyppyjä ja punnerruksia oli tehty sovittu määrä. Jos väsyin kesken liikesarjan, Silja ilmestyi jostakin viereen, niin kuin olisi koko ajan tarkkaillut minua sivusta.

– Et luovuta. Hengität vaan syvempään.

Tein kaiken, mitä Silja pyysi. Niinpä hengitin sisään ja ulos, ja vähitellen kipu katosi ja permannosta tuli sellainen voima, että sen avulla jaksoi vielä vatsan, selän ja reidet ja viimeisenä pohkeet puolapuilla. Otin puolasta kiinni ja nousin varpaille. Silmät kohosivat jokaisella kerralla kolme puolanväliä ylöspäin. Siellä ylimmän puolan välissä tuntui kipu, mutta kun laski kantapäät alas, kipu ei seurannut mukana.

Toisinaan kuritimme Siljan kanssa itseämme voimistelijan ruokavaliolla. Se oli rangaistus siitä, että oli syönyt liikaa lättyjä ja jäätelöä. Sellaisesta herkuttelusta seurasi voimistelijan lounas: keitettyjä porkkanoita, kattilan pienin peruna, kuusi läpinäkyvää kurkunsiivua ja kannullinen vettä. Välipalaksi söimme kaksi riisikakkua, ja sitten päälle kannullinen vettä. Menimme lattialle makaamaan ja tunnustelimme vatsaa, joka oli litteä kuin hapankorppu, kylkiluiden kaaret ja lonkkaluut tuntuivat selvästi. Jos nälkä yllätti kesken paastopäivän, vatsan sai muutamalla vesilasilla täydeksi ja hölskyväksi. Paastopäivän illalla vatsat usein ulvoivat nälästä. Laitoimme silmät kiinni ja luettelimme ääneen kaikki maailman herkut, suklaarasiat ja kääretortut. Kuvailimme tarkasti, miten paksuja kääretorttusiivuja leikkaisimme ja tunkisimme suuhun ainakin kolme konvehtia kerralla.

Kerran yhden paastopäivän iltana Silja löysi keittiön alakaapista Hannuja ja Kerttuja. Hän tuli keksipaketin kanssa sohvalle ja katsoi kysyvästi. Nyökkäsin, vatsa kurni nälästä. Silja repi paketin kiireesti auki ja työnsi suuhunsa kaksi piparia kerralla. Kieltäydyin ensimmäisestä ja toisestakin, mutta kolmannen kohdalla minun oli pakko antaa periksi. Sokerikuorrute suli hetkessä kielelle ja nonparellit roiskuivat hampaissa. Pian paketista oli enää murut jäljellä. Meitä alkoi naurattaa, molemmilla oli suu täynnä keksimössöä ja nonparelleja.

– Ja niin he kuolivat nonparelleihin, Silja totesi ja purskahti nauruun.

5

Marraskuisessa aamussa maailma ei kirkastu, vaikka napsautan eteisen halogeenivalaisimen päälle. Sinertävässä valossa huonekalujen kulmat näyttävät teräviltä. Nukuin yön niin levottomasti ja liikehtien, että pidin Anttiakin hereillä. Uutinen oli heti herätessä ensimmäisenä mielessä.

Keittiössä Antti ojentaa minulle kahvikupin. Hymyilen kiitollisena, että Antti on ehtinyt heittää kahvit. Sinisessä kupissa on halkeama, mutta en viitsi sanoa mitään, vaan käännän halkeaman poispäin. Hörppään ison kulauksen kahvia, toivon, että se herättäisi. Avaan jogurttipurkin, syön muutaman lusikallisen seisaaltaan, mutta ruoka ei maistu. On tulossa kiire. Antti hipaisee olkapäätä.

– Soita rehtorille ja sano, että oot tänään sairaana.

– En mä halua. Täällä kaatuu kaikki niskaan.

Eteisestä kuuluu meteliä. Hilmalla on jokin hätänä, ja Antti lähtee apuun. Pian kuulen, kuinka Antti komentaa tyttöjä käymään vessassa ja ryhtymään pukemaan.

– Pistetään vähän vauhtia tähän touhuun, Antin ääni kuuluu hetken päästä aavistuksen kireämpänä.

Se on hyvä ohje minullekin. Nyt on vaan pystyttävä unohtamaan kaikki. Nostettava työlaukku harteille ja otettava päiväksi sellainen rooli, että kaikki on hallinnassa. Tiedän, miten herkästi oppilaat vaistoavat, jos opettaja on muissa maailmoissa. He osaavat käyttää auttamatta tilannetta hyväksi, ja hetken päästä kaaos on valmis.

Lopulta minä olisin jo valmis lähtemään, mutta tytöt makaavat yhä raatoina eteisen lattialla. Vaikein rasti on vielä edessä. On Antin vuoro ottaa Eevi, minä pääsen helpommalla ja saan Hilman. Hilman kädet etsiytyvät lopulta varsin vikkelästi haalarin hihan- ja lahkeensuista ulos, ja loppu menee kuin itsestään. Antti yrittää työntää Eevin toista kättä hihaan, mutta Eevi jäykistyy kuin sementtisäkki.

– Älä koske muhun!

Antti jatkaa kärsivällisesti, etenee mekaanisesti kuin kone, ensin haalari, sitten Kuomat, jalkaremmin venytys kengänkärjen yli. Enää hanskat puuttuvat. Antti vilkaisee patterille ja lipaston päälle.

– Missä Eevin hanskat ovat?

– Otetaan jotkut muut, ehdotan ja avaan lipaston laatikon.

Laatikko on täynnä parittomia hanskoja, yhdestä punaisesta kintaasta irvistää vuori peukalon kohdalta.

– Minä haluan ne vaaleanpunaiset, Eevi inttää.

– Ne ovat varmasti päiväkodissa, sanon.

– Lupaatko?

– Lupaan. Nyt lähdetään.

Avaan ulko-oven ja päästän tytöt pihalle. Aamu on kirpeä, ja maassa on ohut kerros kuuraa. Tytöt lähtevät juoksemaan heti parkkipaikalle, ja minulle tulee kiire perään. Sora rahisee jalkojen alla, tiivistän askeleitani, että ehdin autojen luokse ajoissa. Parkkipaikalta huomaan, että Antti seisoo yhä ovensuussa, heilauttaa kättään. Eteisestä loistava valo on ainoa valonkajo pimeässä.

Päiväkodin ovella tulee vastaan tuttu haju. Kosteat vaatteet, aamu-uniset lapset, äitien hajuvedet. Näen jo ovelta, että Eevin naulakkopaikka on tyhjä. Lähetän Eevin pesemään käsiä, menen itse katsomaan löytökoria ja laitan mielessäni kädet ristiin. Tyhjennän korin lattialle, mutta Eevin hanskat eivät ole siellä. Korissa on kyllä yhdet toiset vaaleanpunaiset hanskat, ja hetken mielessä käy, että otan ne. Eevi odottaa minua vessan edessä.

– Saat mennä tänään varahanskoilla. Etsitään sitten illalla kotoa.

Eevin silmät välähtävät vaarallisesti, heti sen perään alkaa huuto. Otan tytön syliini, Eevi on yhtä potkivaa jalkaa ja kättä. Onneksi Eevin lempihoitajalla Marjaanalla on pelisilmää. Hän tulee ruokasalin puolelta avuksi ja ottaa Eeviä kädestä kiinni.

– Huomenta, Eevi! Lähdetään aamupuurolle.

Itku tyrehtyy yhtäkkiä kuin alkoikin. Pienten lasten kanssa jokainen päivä on tasapainottelua raskaan ja keveän ja kaikkien mahdollisten vaihtoehtojen välillä. Joskus, kun tuntuu oikein raskaalta, jostakin tulee ihmeellinen valo tai auttava käsi, sellainen kuin Marjaana. Marjaanassa on jotakin samaa kuin Siljassa, molemmat ovat toiminnan ihmisiä. Seuraan, kun Eevi ja Marjaana katoavat ruokasaliin ja lähden vasta sitten. Kyyneleet tulevat vasta parkkipaikalla.

Kaupungin ylle on levitetty musta, utuinen, marraskuun harso. Maisema on riisuttu ja eleetön, yhtä tyhjä kuin liitutaulu ennen ensimmäisen tunnin alkua. Silja, Silja, Silja. Yritän pitää itseni koko ajan kiinni työnteossa. Oppilaat ovat väsyneitä, mutta minä osaan esittää pirteää. Se on leikki, johon olen tottunut. Osaan kaivaa innostuneen äänen ja huijaan itseäkin. Isot alkukirjaimet ja yhdyssanat menevät rutiinilla, ja sitten laitan oppilaat hommiin. Silja tulee kuitenkin mieleeni koko ajan.

Ruokavälitunnilla katson puhelinta. Äidistä ja Siljasta ei kuulu mitään, mutta Antti on lähettänyt minulle viestin, jossa toivottaa tsemppiä päivään. Kaikki järjestyy, Antti lupaa viestin lopussa. Haluan uskoa Anttia enemmän kuin koskaan. Iltapäivällä minulla on kaksoistunti ilmaisutaitoa. Opetan oppilaille mimiikkaa; sitä, miten puemme paidan päälle ja avaamme matkalaukun, nostamme sieltä erilaisia esineitä. Laitan oppilaat arvaamaan, mikä esine on kyseessä, ja he innostuvat, haluavat jatkaa arvausleikkiä. Nostan laukusta hatun, sateenvarjon ja lopuksi vasaran. Hetkeksi on pakko keskittyä tekemiseen.

Kun työpäivä on päättynyt, päätän soittaa luokasta Siljalle. Ilma tuntuu päivän jälkeen tunkkaiselta, avaan ikkunan ja lysähdän työtuolille. Sormet tärisevät, kun kuuntelen puhelimen hälytysääntä. Silja vastaa kolmannella.

– Mitä sinne?

Silja kertoo, että on käynyt sairaalassa verikokeissa ja tavannut lääkärin. Linja täyttyy hetkessä sairaudesta, tutuista ja uusista syöpäsanoista. Hän on rauhallisempi kuin eilen, on saanut varmuutensa takaisin. Hän on työssään tottunut siihen, että asiat järjestyvät, on lääkkeitä, hoitoja, spesialisteja. Lopuksi Silja kysyy, miten olemme Antin kanssa ottaneet uutisen. Tällaisellakin hetkellä hän jaksaa huolehtia muista.

– Onko äiti siinä? Mä voisin jutella senkin kanssa, kysyn.

Hetken päästä toisesta päästä kuuluu äidin hengästynyt ääni.

– Miten siellä menee? kysyn tunnustelevasti.

– Juuri sain sämpylät uuniin.

Juttelen äidin kanssa hetken, kyselen, mitä he ovat isän kanssa tehneet. Isä on ollut Siljan kanssa sairaalassa, äiti on sillä aikaa siivonnut ja laittanut ruokaa. Äidin sukupolvi toimii siten, että vaikeallakin hetkellä tehdään jotakin. Leivotaan, imuroidaan, jynssätään vessanpönttöä. Minulle sellaiset arkiset puuhat tuntuisivat tällä hetkellä ylivoimaiselta.

– Älkää nyt sitten väsyttäkö itseänne, sanon.

– Parempi vaan, että pysytään täällä touhussa kiinni. Täällä on kaikki ihan hyvin. Antille ja tytöille terveisiä!

Havahdun siihen, kun Pikku Kakkosen loppumusiikki soi. Olen käynyt unessa, huomaa, että edellinen yö on jäänyt lyhyeksi. Tytöt seisovat olohuoneessa barbilaatikot käsissään. Hilmalla on kädessään painavampi laatikko.

– Saako leikkiä olohuoneessa?

– Vähän aikaa. Pian on iltapuuro.

Tytöt levittävät kaikki barbit lattialle sikin sokin. Laitan uudelleen silmät kiinni ja ajattelen Siljaa. Onko hän edelleen yhtä luottavainen kuin päivällä? Tyttöjen äänet sulautuvat yhteen, kuuluu vaatteiden vaihtamisen ääniä ja keskustelua. Tänään vuorossa on hääleikki, ja kaikki barbit on puettava juhlavaatteisiin.

– Nää on tämän häät, Hilma ehdottaa.

– Ei, kun tämän.

– Anna se huntu tänne.

Hilman ääni kohoaa. En avaa silmiä, odotan, että tytöt pääsevät sovintoon. Heidän leikkinsä on usein tällaista, tasapainon hakemista. Pian leikki jatkuu, Hilman barbi saa olla tänään morsian. Häät alkavat, vieraat menevät kirkkoon. Yhtäkkiä kuuluu terävä napsahdus, ja avaan silmäni. Eevillä on kädessään vaaleatukkainen barbimorsian, jolla ei ole enää toista jalkaa. Voi hemmetti, Hilman suosikkibarbi. Nousen ylös nopeasti, mutta Hilma on ehtinyt käydä jo Eevin tukkaan kiinni.

– Mun lempibarbi!

Hilma sieppaa raajarikon itselleen ja kyyneleet nousevat silmiin. Paksun otsatukan alla silmät näyttävät tummemmilta kuin yleensä.

– Nyt kaikki on pilalla!

– En mä tehnyt mitään. Itse vedit sen mun kädestä, Eevi puolustautuu.

Hilma kääntyy poispäin ja nyyhkyttää rikkinäinen barbi yhä kädessään. Eevi puristaa nyrkissään irronnutta jalkaa, aivan kuin miettisi, mihin sen voisi laittaa. Sitten hän ojentaa jalan minulle. Silmissä häivähtää epätietoinen katse.

– Katsotaan, saako sen korjattua. Ja jos ei saa, niin voidaan miettiä uuttakin barbia. Tulkaa molemmat tänne, sanon ja levitän käteni.

Eevi työntyy syliini voimalla, Hilma tulee arastellen perässä. Hilmalla kestää kauemmin toipua tällaisista. Joskus mietin, että hän on samanlainen kuin minä, hänet pitää aina osata houkutella omasta maailmastaan takaisin. Rutistan tyttöjä lujaa, en malttaisi päästää irti, vaikka Eevi rimpuilee jo. Kun päästän irti, Eevi ryntää heti muualle, mutta Hilma pysyy vielä sylissäni barbi tiukasti kädessään. Otan varovasti nuken hänen kädestään ja työnnän sohvapöydän alatasolle. Napsautan television päälle.

– Katsotaanko vielä Areenasta pieni pätkä Pikku Kakkosta? Kerätään ensin leikit pois.

Tytöt keräävät kiltisti barbit pois ja kellahtavat sitten kainalooni sohvalle. Molemmilla on oma ominaistuoksunsa, silmät kiinnikin tietäisin, kumpi on kumpi. Monesti, kun menen heidän väliinsä, tuntuu, että yhdistän kaksi erilaista lasta, olen puuttuva pala, joka yhdistää ketjun. Tuttu punatukka täyttää hetkessä olohuoneen. En voi olla ajattelematta, onko punatukalla lapsia ja jos on, riidelläänkö niilläkin? Ja voiko se luvata, että kaiken, ihan kaiken, maailmassa voi korjata?

6

Neljätoistavuotiaana Siljalle nousi päiviä kestänyt korkea kuume. Äiti ja isä antoivat Siljalle lasitolkulla mustaviinimarjamehua ja kuumelääkettä sekä veivät kahdesti terveyskeskukseen. Sieltä Silja passitettiin kotiin lepäämään, luultavasti kyseessä oli vain jokin sitkeä virus.

Seuraavinakaan öinä kuume ei laskenut. Heräsin joka yö siihen, että hän hengitti raskaasti tai yski kuivaa yskää. Äiti ehdotti, että siirtyisin olohuoneeseen nukkumaan, mutta en halunnut jättää Siljaa yksin. Joka päivä koulusta tullessani odotin toiveikkaana, oliko Silja tänään jo noussut sängystä. Hiljaisuus löi vastaan heti ulko-ovelta. Kävelin huoneemme ovelle ja raotin sitä. Silja oli täsmälleen samassa asennossa kuin aamulla.

Yhtenä iltana kuulin seinän takaa, kun äiti ja isä keskustelivat keittiössä. Äidin ääni oli tavallista hiljaisempi.

– Mä oon tosi huolissani.

– Pitäisikö mennä uudestaan arvauskeskukseen? Jos ne laittaisivat vihdoin lähetteen keskussairaalaan?

– Pakkohan meidän on. Pian tukehtuu tuohon yskään.

Äiti napsautti liesituulettimen päälle, ja hurina vei äänet mennessään. Kuvittelin, miten keskustelu jatkuisi. Näin jo Siljan sairaalasängyssä letkuissa ja sinisissä vaatteissa. Saisiko Siljaa käydä katsomassa? Voisiko Silja kuolla?

Seuraavana päivänä äiti, isä ja Silja tekivät lähtöä terveyskeskukseen. Silja nojasi voimattomana eteisen seinään, äiti auttoi hänelle takkia päälle. Tuntui epätodelliselta nähdä Silja niin uupuneena. Yhtäkkiä tuli sellainen tunne, etten välttämättä näkisi häntä enää.

Ulko-ovi avautui, askeleet loittonivat yhä kauemmas ja lopulta alaovi kävi. Juoksin katsomaan olohuoneen ikkunasta, miten isä avasi Siljalle auton oven ja auttoi hänet autoon. Rakas Jumala, aloin hokea, rakas Jumala, rakas Jumala. Äidin kanssa iltarukouksessa toistetut sanat saivat yhtäkkiä toisen merkityksen. Harmaa Toyota kaarsi pois pihasta ja vei Siljan mukanaan. Hiljaisuus tuntui niin painostavalta, että oli pakko alkaa laskea ykkösestä sataan, sitten kahteensataan ja lopulta yhdeksäänsataanyhdeksäänkymmeneenyhdeksään. Siinä vaiheessa oli pakko lopettaa, sillä pelkäsin, etten pystyisi enää lopettamaan.

Tunnin päästä puhelin soi. Kävelin sydän pamppaillen eteiseen ja nostin luurin.

– Soittelen täältä terveyskeskuksen aulasta. Lähdetään nyt viemään Siljaa keskussairaalaan. Soitin äsken Aunelle, hän tulee siihen ihan pian. Ei mitään hätää.

Linja kohisi, eikä äidin ääni kuulostanut vakuuttavalta. En olisi halunnut meille Aunea, vanhaa ja tunkkaiselta haisevaa alakerran vanhapiikaa, joka oli vahtinut meitä joskus, kun olimme olleet pienempiä. Olisin halunnut olla Siljan ja vanhempien mukana.

Hetken päästä ovikello soi ja Aune oli ovella. Aunella oli pelkkä kukallinen aamutakki ja päässä papiljotit, ja tuntui oudolta nähdä hänet niin paljaana. Aune alkoi tohottaa heti ruokaa, asuntoon levisi ruskean kastikkeen ja perunoiden haju. Aune kasasi minulle valtavan annoksen lautaselle, vaikka minulla ei ollut yhtään nälkä. Kastike tuntui juuttuvan limaiseksi kerrokseksi kitalakeen. Aika mateli. Aunen kaappikello löi hidasta tahtia alakerrassa. Puoli kuusi, ikuisuuden päästä kuusi, sitten puoli seitsemän. Missä äiti, isä ja Silja olivat nyt? Yhä odottamassa vuoroaan vai Silja jo kalpeana sängyllä sinisissä sairaalavaatteissa?

Yhtäkkiä Aune haki kortit ja ehdotti, että pelaisimme sikaa. En kehdannut kieltäytyä, joten nyökkäsin. Aune levitti kortit pöydälle ympyräksi, käänsi herttakolmosen keskelle.

– Sun vuoro.

Vilkaisin korttejani, mutta niissä ei ollut herttaa. Jouduin nostamaan pakasta monta korttia, ennen kuin tärppäsi. Löin hertan päälle ristiseiskan.

– Kylläpäs minulla käy tuuri, Aune naurahti ja kaivoi ristin omasta pinkastaan.

Aune puhua pulputti ja voitti pelin toisensa jälkeen. Seurasin viisarin liikettä ja ajattelin Siljaa. Kuvittelin lääkärin asettamassa stetoskoopit korvilleen, laittamassa kylmän lätkän Siljan rinnan päälle. Silja värähtäisi, iho nousisi kananlihalle.

– Pitäisikö minun antaa sinun voittaa seuraava? Aune iski silmää.

Yritin hymyillä, mutta nauru jäi suupieliin. Olisin halunnut jo lopettaa typerän korttipelin, mutta annoin Aunen jakaa jälleen uudet kortit.

Vihdoin puoli kymmeneltä avain kääntyi lukossa. Aune ponnahti saman tien sohvalta ylös ja meni eteiseen vastaan. Menin varovasti perässä. Äiti ja isä riisuivat vaiteliaina ulkovaatteita. Isä riisui kenkiään, otti tukea seinästä.

– Jäikö Silja sairaalaan? Mikä sillä on? Aune kysyi heti.

– Mononukleoosi, isä aloitti ja näin, miten Aune rypisti kulmiaan.

– Mikä?

Aune tuntui yhtäkkiä juoruämmältä, joka halusi kaikki mahdolliset tiedot, jotta voisi juoruta muille naapureille. Olisin halunnut Aunen lähtevän saman tien, mutta hän nojaili kiireettömän näköisenä ovenpieleen. Mononukleoosi? Etsin äidin ja isän kasvoilta merkkejä hyvistä tai huonoista uutisista.

– Se on toiselta nimeltään pusutauti. Kurkku on valkoisen liman peitossa ja hengitys on vaikeaa. Mutta ei siihen kuole, isä sanoi.

Saiko sellaisen pussaamalla? Ketä Silja oli pussaillut ja milloin? Äiti tuli viereeni, hipaisi tukkaa ja katsoi silmiin.

– Siljalla on hyvä olla sairaalassa, siellä on ympärivuorokautinen tarkkailu.

Isä nyökkäsi äidin sanoille kuin yhteisestä sopimuksesta. Käänsin katseeni pois, en halunnut heidän näkevän, miten silmäkulmiani kirveli ja miten jouduin räpyttelemään pitääkseni kyyneleet pois.

Kahden päivän päästä Silja kotiutettiin sairaalasta. Menin ovelle vastaan, ja Silja näytti ihan toiselta. Tukka oli likainen ja hän oli kalpea, silmien alla oli mustat renkaat. Silja yritti hymyillä pirteästi, mutta hymy ei yltänyt suupieliin asti.

– Mä tulin nyt.

Olisin halunnut mennä halaamaan. Olisin halunnut kertoa, miten olin pyörinyt kaksi yötä sängyssäni saamatta unta. Koko huone oli huutanut Siljaa, tuntunut kylmältä ja vieraalta. En halunnut enää koskaan nukkua ilman häntä.

Seuraavana yönä makasin sängylläni taskulamppu kädessäni, ja pidin silmiäni auki. Olin päättänyt tarkistaa Siljan voinnin aina puolen tunnin välein, ja Aunen kaappikello oli siinä hyvä apu. Kun kello löi, nousin sängyltäni ja napsautin taskulampun päälle. Kumarruin varovasti Siljaa kohti ja osoitin taskulampun valokeilan tyynylle, hieman sivuun Siljan kasvoista, etten herättäisi. Silja hengitti raskaasti suu auki. Suu näytti luonnottoman suurelta, kuin hän olisi yrittänyt saada enemmän happea. Kun tarkistus oli ohi, pujahdin varovasti takaisin peiton alle.

Keskellä yötä havahduin: oliko kaappikello juuri lyönyt? Mitä kello oli? Montako heräämistä minulla oli jäänyt väliin? Nousin hätääntyneenä istumaan, osoitin lampun valokeilan suoraan Siljan kasvoihin. Nyt kasvoilla ei ollut enää minkäänlaista liikettä, ja suukin oli kiinni. Silja oli kuollut! Katsoin ovea, joka oli raollaan. Kuolema oli tullut sieltä. Hätäännyin ja painoin poskeni Siljan poskea vasten. Silja säpsähti, suu rävähti auki. Silja eli sittenkin! Helpotus oli niin suuri, että minulta lirahti pissaa alushousuihin.

Yhtäkkiä takanani tuntui ilmavirta.

– Etkö sinä nuku?

Luikahdin nopeasti peiton alle, niin kuin olisin ollut luvattomilla teillä.

– Me käydään kyllä isän kanssa vuorotellen Siljan luona.

– Jos te ette herää?

– Tottakai me herätään. Nyt sänkyyn.

Äiti oikaisi peittoani ja pelkäsin, että hän huomaisi. Nolotti, lirautella nyt kymmenvuotiaana. Sitten äiti tarkasti Siljan voinnin. Kun äiti oli mennyt, olin vielä pitkään hereillä. Ennen unen tuloa tajusin, että ovi oli yhä auki. Pakotin itseni sängystä ja kävin varovasti sulkemassa sen.

Jatkoin valvomista seuraavina öinäkin. Yhtenä yönä keksin, että pystyin vahtimaan Siljaa nousematta sängystä. Kun ojensin käden oikein pitkälle, ylsin koettamaan Siljan hengitystä kämmensyrjällä. Kaikki oli kunnossa, jos kämmensyrjässä tuntui lämpöä. Äläkoskaankuole, äläkoskaankuole, hoin. Jos sen sanoisi sata kertaa, Silja jäisi eloon. Toistin sen sata kertaa, sitten vielä kerran päälle, kunnes tajusin, ettei sellaiseen lukuun voinut lopettaa, ja jatkoin vielä seuraavaan sataseen.

7

– Laita jo kone kiinni ja tule saunaan.

Antin ääni kuulostaa ärtyneeltä. Posket punottavat, ja ihosta nousee höyry. Lupasin mennä saunaan jo ainakin puoli tuntia sitten, mutta olen juuttunut sohvalle tietokoneen kanssa. Tytöt ovat kerrankin nukahtaneet aikaisin, ja meillä olisi yhteistä aikaa. Ymmärrän hyvin, että Anttia harmittaa. Siirrän koneen hetkeksi pöydälle, se tuntuu reisiä vasten kuumalta.

– Mulla on hommat kesken.

– Lääkärit aina sanoo, että ei saa itse googlettaa. Ei sun tarvitse hoitaa Siljaa. Lääkärit on sitä varten.

– Ja aviomiehet sitä varten, että ne ymmärtää.

Antti hiljenee. Hän näyttää siltä, että haluaisi sanoa jotakin, mutta kääntyy sitten pois. Seuraan katseellani, miten hän menee takaisin kylpyhuoneeseen. Pian saunasta kuuluu kolme äänekästä sihahdusta. Tiedän olleeni kohtuuton, mutta en jaksa välittää. Saunokoon Antti, heitelköön huolettomasti löylyjään. Minulla on muuta tekemistä.

Olen oppinut muutamassa päivässä kielisyövän asiantuntijaksi. Iltaisin tyttöjen nukahdettua istun sohvalla ja googlailen kotimaisia ja ulkomaisia sivuja. Selvittelen syöpähoitoja, eri hoitojen onnistumisprosentteja. Teen vertailevaa tutkimusta siitä, mitä hoitoja eri maissa tarjotaan. Kielisyövän ennuste on masentava, viiden vuoden kuluttua alle puolet sairastuneista on elossa. Onneksi kasvain on sentään löydetty ajoissa.

Äiti ja isä ovat edelleen Siljan ja Jarkon luona, niin Jarkko saa käydä töissä. Harmittelemme kaikki välimatkoja, miten helppoa olisikaan asua samassa kaupungissa. Sadanviidenkymmenen kilometrin matkaa ei noin vain ajeta yhdessä illassa, ja lisäksi meidän täytyy olla varovaisia, ettei Silja saa mitään tautia, ettei leikkaus siirry. Kaikkien mielestä on parempi, että minä olen nyt mahdollisimman paljon kotona, siellä minua tarvitaan eniten. Minulla on kauhea ikävä Siljaa. Alkujärkytyksen jälkeen Silja on edelleen suhtautunut leikkaukseen toiveikkaasti, puhuu siitä välillä kevyesti kuin luomenpoistosta. Ehkä hän itkee vasta illalla Jarkon kanssa sängyssä, kun äiti ja isä eivät ole kuulemassa.

Kuuma ilma lyö kasvoille heti ovelta, Antti on heittänyt löylyä oikein kunnolla. On niin hämärää, etten näe Antin kasvoja. Pujahdan ylälauteille Antin viereen, hivuttaudun varovasti kylkeen kiinni. Antin iho on tulikuuma.

– Anteeksi, sanon ja laitan käteni hänen reidelleen.

– Kyllä mä ymmärrän.

– Älä aina ymmärrä. Sano joskus, että lopeta.

– Soititko sä Siljalle tänään? Antti vaihtaa puheenaihetta.

– Soitin. Nyt se varmistui. Silja leikataan kahden viikon sisällä.

– Sehän järjestyi nopeasti.

– Silja on kiireellisenä jonossa, noin nuorena kiilaa monen ohi.

– Hyvä.

Uutinen ei välttämättä ole niin hyvä. On huolestuttavaa, että asialla on niin kiire. Alan kertoa Antille lisää leikkauksesta. Kielen oikeasta reunasta otetaan sentin verran pois, ja tilalle tarvitaan siirrännäistä. Sopiva siirrännäinen saadaan ranteesta, joten myös vasemman käden rannetta operoidaan. Antti kohottaa kiinnostuneena kulmiaan, mutta en halua kertoa toimenpiteestä enempää, kun on pakko. Leikkauksen kestoksi on kaavailtu kahdeksaa tuntia, ja leikkauksen jälkeen Siljaa pidetään unessa ainakin vuorokauden ajan, ehkä kaksikin. Vaativan leikkauksen jälkeen keho tarvitsee lepoa, kaikkien ruumiintoimintojen käynnistäminen voisi olla siinä tilanteessa liikaa. Lopetan äkisti, melkein kesken lauseen. Ajatus sängyssä makaavasta, lähes elottomasta Siljasta on liikaa.

– Mä meen jo, sanon Antille ja lähden suihkuun.

Käännän suihkun tavallista kylmemmälle, nautin, kun äskeinen lämpö katoaa. Suihkun jälkeen menen sohvalle ja yritän lukea, mutta lukemisesta ei tule mitään. Tarkkailen sivusilmällä Anttia, joka pujahtaa välillä terassille tekemään punnerruksia. Olen aina ihmetellyt, miksi kukaan haluaa rehkiä kesken saunan. Antti asettuu maahan kontilleen, jännittää sitten kehonsa käsiensä varaan ja alkaa takoa punnerruksia nopeassa tahdissa kuin kone. Hetken hän tuntuu olevan joku muu. Antti tekee ainakin kolmekymmentä punnerrusta, nousee sitten ylös ja ravistelee käsiään, pyörittelee ranteita. Hetken päästä hän menee uudelleen maahan ja aloittaa sarjan alusta.

8

Avaan makuuhuoneen oven äänettömästi ja astun pimeään. Käärin päiväpeiton pois ja pujahdan täkin alle makaamaan. Petivaatteet tuntuvat viileiltä, niissä on tuttu tuoksu ja pehmeys. Olohuoneesta kuuluu Antin ja tyttöjen ääniä. Hilma on halunnut pelata Huojuvaa tornia, se on yksi hänen lempipeleistään. Pystyn arvaamaan äänistä, miten torniin asetetaan ensin perustukset, sitten se kasvaa korkeutta, lopulta saavuttaa kriittisen pisteensä ja romahtaa. Pian rakentaminen alkaa alusta, aina tulee uusi mahdollisuus, ja leikki voi jatkua loputtomiin. Todellisuudessa uutta mahdollisuutta ei välttämättä tule.

– Miksi äiti ei tule pelaamaan meidän kanssa? Eevin ääni erottuu olohuoneesta kirkkaana.

– Äiti itki äsken, Hilma vastaa.

– Itkikö?

– Annetaan äidin nyt olla. Jatketaanko? Antti kysyy.

– Mä käyn katsomassa äitiä.

Eevin tiheät askeleet lähestyvät, ja pian hän jo kurkistaa makuuhuoneeseen. Hetken hänen maailmastaan loistaa valo.

– Äiti?

Laitan silmät tiukasti kiinni ja leikin nukkuvaa. Tunnen ilmavirran vieressäni, sitten Eevi kääntyy kannoillaan ja sulkee oven perässään. Olen maailman hirvein äiti. En ole rehellinen edes omille lapsilleni. Olen kertonut Hilmalle ja Eeville vain sen, että Silja on vähän sairas. Tytöt elävät vielä Huojuvien tornien ja Afrikan tähtien maailmassa, jossa syöpää ei ole.

Minun arjessani syöpää on senkin edestä. Aamulla mietin ensimmäisenä, mikä viikonpäivä ja montako päivää on leikkaukseen. Sälekaihtimen takaa pihan osat ovat irralliset, jokaisen säleen välissä on kaistale eri maisemaa. Pitää nostaa kaihdin kokonaan ylös, että maisema asettuu yhdeksi. Silti päivät tuntuvat hämäriltä heti aamusta.

Syöpä seuraa minua kaikkien päivien läpi. Koulussa yritän olla paljastamatta, millaista salaisuutta kannan mukanani. Välillä salailu tuntuu niin raskaalta, että on helpompi jäädä oppitunnin jälkeen luokkaan. Ajatus opettajainhuoneeseen menemisestä tuntuu ylivoimaiselta. Radiossa mainostetaan Roosa-nauhaa, sanomalehdessä haastatellaan vatsasyövästä selvinnyttä. Kaupassa tarkkailen ihmisiä uudella tavalla; rekisteröin lyhyet tukat ja alan arvella, mikä syöpä on kyseessä. Jos unohdankin sairauden hetkeksi, se työntyy jostakin taas: keuhkosyöpä, kivessyöpä, kielisyöpä.

Yritän hokea itselleni, että kaikki järjestyy. Toistelen sitä ihan arkisissakin asioissa, kun Eevi tiputtaa murokulhon maahan ja kun oppilaat meluavat. Oikeastaan motto on Siljan. Muistan lapsuudesta monta kertaa, jolloin Silja vaati yrittämään vielä kerran.

Oli hänen ansiotaan, että opin ajamaan ilman apupyöriä. Muistan yhä sen illan, isä huokaili jo hermostuneena, kiroili ja ärähti, että yritetään seuraavana päivänä uudestaan. Silja ei kuitenkaan luovuttanut, vaan asettui viereeni ja rohkaisi yrittämään vielä kerran.

Yhtäkkiä tiesin, että tulevalla kerralla onnistuisin. Tuntui melkein juhlalliselta antaa isän irrottaa otteensa ja antaa pyörien lähteä nielemään asfalttia. Pyörä lähti varovasti tunnustelemaan uutta reittiä, eikä horjahtanut enää sivulle. Kun pääsin pihan toiselle puolelle, käänsin katseeni voitonriemuisena aloituspisteeseen. Molemmat hymyilivät, ja Silja nosti kätensä ylös onnistumisen merkiksi.

9

Piha on autio, ainoastaan alastomat koivut heiluvat hiljaa pihan toisella puolella. Sellainen rauha tuntuu oudolta kesken täyttä koulupäivää. Marraskuinen päivä on kylmä, mutta taivas tuntuu kirkkaammalta ja olokin kevyemmältä kuin muutamaan päivään. Leikkaukseen on seitsemän päivää, ja kaikki etenee suunnitellusti. Minäkin olen osannut jättää googlailut vähemmälle, kun asiat etenevät. Silja on käynyt hammaslääkärissä ja verikokeissa, hänelle on tilattu jo taksikyydit sairaalaan. Joku suunnittelee tällaisia, vastaa elämästä ja kuolemasta.

Edellisenä yönä näin Siljasta unta. Silja ja minä seisoimme rantarajassa, koetimme varpailla viileää vettä. Siljan kaulalla näkyi tulenpunainen leikkausarpi, mutta kaikki oli hyvin, leikkaus oli onnistunut suunnitellusti. Silja kosketti minua olkapäähän ja hymyili. Yhtäkkiä Silja työnsi varpaansa veteen ja roiskautti vettä meidän molempien päälle, sitten hän syöksyi veteen kuin villivarsa. Tuntui oudolta nähdä hänen menevän uimaan edeltä. Saunalta tuli savun tuoksu, ja kuulin, miten isä kolisutti grilliä, kaislikko keinui hiljaa aaltojen varassa. Juoksin Siljan perässä veteen ja sukelsin hetkessä hänen luokseen.

Yhtäkkiä päätän soittaa Siljalle. Vilkaisen kelloa: oppitunnin alkuun on vielä kymmenen minuuttia. Silja vastaa melkein heti. Hänenkin äänensä kuulostaa reippaalta. Menen heti asiaan.

– Mä näin viime yönä unta, että sä selvisit. Se uni tuntui niin todelliselta.

– Nytkö sä vasta sen tiedät? Mä oon tiennyt sen jo pitkän aikaa. Arvaa mitä?

– No?

– Mä tapasin aamupäivältä sen kirurgin.

– Millainen se oli?

– Se sanoi, että aikoo ottaa kasvaimen pois. Ja kirosikin, se sanoi, että jumalauta. Mua rupesi naurattamaan.

– Ei kai kirurgit voi kiroilla? Onko se ihan pätevä?

– Onhan tää nyt ihan perseestä. Ja googlaa sen nimi. Se on Suomen taitavimpia kirurgeja.

Silja haluaisi kertoa leikkauksesta vielä lisääkin, mutta minun on lähdettävä tunnille. Vieras poikaporukka juoksee pihalle, vaikka kello on jo soinut. Lähden hätistelemään heitä sisälle ja lupaan soittaa Siljalle myöhemmin.

Myöhään illalla minulle iskee hirveä siivousvimma. En ole tehnyt moneen päivään kotitöitä. Syöpä on pysäyttänyt arjen täysin, ja Antin aika on mennyt lasten kanssa. Nostelen sukkia pois sohvalta ja vien likapyykkiä koneeseen. Sitten otan rätin ja alan pyyhkiä pölyjä. Käyn järjestelmällisesti läpi kaikki pinnat ja pyyhin niin kauan, ettei missään ole enää hiukkastakaan. Ajattelen Jarkkoa, joka elää syöpäelämää joka hetki Siljan kanssa. Entä äiti ja isä, miten he kestävät tätä pelkoa? Jos Eevi tai Hilma sairastuisivat, tulisin hulluksi.

Siivoamisen jälkeen laitan tytöille iltapalaa ja pyydän heitä sohvalle, vaikken yleensä anna heidän syödä olohuoneessa. Otan molemmat tytöt kainaloon ja katson, miten he maiskuttavat iltapalaleipäänsä melkein samaan tahtiin. Kun iltapala on syöty, alan lukea tyttöjen lempisatua, haluan pysyä heissä vielä kiinni. Tänä iltana tytöt ovat aivan hiljaa, vaikka yleensä heillä on paljon kommentoitavaa. Eevin hengitys on tiheää kuin pakkaslinnulla, Hilma hengittää tasaisemmin. Kun satu on loppu, laitan kirjan pois ja silitän molempien tukkaa. Eevin tukka on liukas ja karkaa sormieni välistä, Hilman tukka on karhea ja tarrautuu sormiin. Olkaa tässä aina, ajattelen. Älkää ikinä kasvako. Eivätkä he liikahda, ovat melkein jo nukahtaneet syliini.

Tyttöjen mentyä nukkumaan laitan Jarkolle viestin ja kysyn, miten hän jaksaa. Jarkko vastaa melkein heti: "Päivä kerrallaan. Ei täällä mitään hätää ole. Nyt vain odotellaan." Sellainen Jarkko on, suunnittelija ja harkitsija. Suunnittelee ensin huolellisesti ajoreitin ja lähtee vasta sitten liikkeelle. Silja taas on sellaiseen liian malttamaton.

Kerran olin todistamassa, miten Siljalle ja Jarkolle tuli riitaa golf-kentällä. Jarkko oli golfannut koko kesän, ja me olimme Siljan kanssa ensimmäistä kertaa hänen mukanaan. Golf-pallojen lyöminen ranchille turhautti meitä molempia, Silja vain uskalsi sanoa sen ääneen. Hänen mielestään pallojen lätkiminen oli idioottien hommaa, vain lahjattomat harjoittelivat. Kesken kaiken Silja otti mailansa ja lähti kävelemään varsinaista rataa kohti.

– Mä meen nyt!

– Sun kannattaa vähän vielä harjoitella, Jarkko yritti huutaa perään, mutta Silja ei enää kääntynyt.

Olin kahden vaiheilla. Halusin mennä Siljan kanssa, mutta tuntui nololta jättää Jarkko yksin. Lopulta nyökkäsin Jarkolle pahoittelevasti ja juoksin Siljan perään. Minäkään en jaksanut odottaa, että palloon saisi juuri oikean kierteen, kun vain riittävästi harjoittelisi. Emme Siljan kanssa uskoneet sellaiseen. Uskoimme voimaan, tuuriin ja kohtaloon, emme harjoitteluun. Jarkko leppyisi kyllä nopeasti ja tulisi pian perässä.

Näpyttelen Jarkolle lyhyen vastauksen. Tällä kertaa Jarkko on oikeassa: nyt meidän täytyisi vain malttaa odottaa.

10

Pidän sormia kuumassa vedessä, vaikka ne helottavat jo punaisena. Pursotan lisää astianpesuainetta ja lasken kuumaa vettä päälle. Valitsen vaahtomerestä summanmutikassa yhden astian. Se on vaaleanpunainen muki, jossa lukee keltaisin kaunokirjaimin pikkusisko. Olen saanut sen Siljalta syntymäpäivälahjaksi. Tiskaan mukin varovasti ja nostan huuhteluveteen. Yhtäkkiä tunnen Antin kädet ympärilläni.

– Laitetaan loput koneeseen.

– Mä tiskaan nämä loppuun.

Työnnän käteni takaisin vaahtomereen, ongin uuden mukin. Tajuan olevani uhmaikäinen, joka ei tottele. Antti seisoo yhä vieressä.

– Ootko sä vieläkään kertonut Siljasta kenellekään töissä?

– Miten tällaista voi ottaa puheeksi?

– Kertoo rehellisesti, kun joku kysyy kuulumisia.

– Kyllä mä pärjään.

Ymmärrän, miksi Antti on huolissaan. Teen tiiviitä työpäiviä, käytän usein välitunnitkin työntekoon. Kukaan työkavereistani ei vielä tiedä. Iltaisin olen vetäytyvä, enkä jaksa leikkiä tyttöjen kanssa, en edes tehdä palapeliä. On vain ajan kysymys, milloin tytöt alkavat kysellä vielä enemmän. Lasken tiskiharjan veteen ja käännyn Anttia kohti. Annan märkien käsien valahtaa reisille. Kosteus leviää hetkessä housujen läpi ihoon.

– Pidä musta kiinni.

– Näinkö?

– Paljon lujempaa.

– Suhun sattuu.

– Mä haluan, että sattuu.

– Mä en tiedä enää yhtään, mitä sun päässä liikkuu.

Haluaisin kertoa Antille, miten paljon minua pelottaa. On tapahtunut jotakin, mitä en voi käsittää, enkä kontrolloida mitenkään. Ihan niin kuin olisin tiennyt tämän aina. Aistinut painon ja uhkan. Antilta pääsee kevyt huokaus, ja hänelle tulee se sama ilme, kun silloin, kun joudumme käymään jotakin asiaa jälleen uudelleen läpi. Antti ihmettelee, mihin luottavainen olo taas yhtäkkiä on kadonnut. En osaa vastata itsekään.

– Mutta et säkään voi luvata, ettei Silja kuole? Kukaan ei voi.

Antti irrottautuu minusta. Keittiön valossa hän näyttää väsyneeltä, silmäkulmien uurteet tuntuvat yhtäkkiä syvemmiltä kuin aiemmin.

– Antaisit mun auttaa. Sä oot aina ollut niin hemmetin itsepäinen. Heti ensimetreistä asti.

Viimeisen lauseen kohdalla Antin ääni pehmenee, muuttuu karheammaksi. Tiedän tarkalleen, mihin hän viittaa. Olemme monta kertaa palanneet siihen, miten epäluuloisesti suhtauduin kaikkeen, kun tapasimme. Minun oli vaikea luottaa, että suhteemme kestäisi ja jatkuisi ensihuuman haihduttua. Antin sormet kulkevat poskipäilleni, piirtävät kuvioita kaulaa kohti. Niin monta kertaa hän on osannut palauttaa minut tähän hetkeen, puhaltaa uudelleen eloon.

11

Jättimäisillä tunneleilla on valtava kita, ja ne nielaisevat lapsia toisensa jälkeen. Köydet ja liaanit roikkuvat, lapset ryömivät niiden alta kuin oikeassa viidakossa. Kaikkialta kuuluu töminää ja pauketta.

Yhtäkkiä takaani kuuluu eläimellinen huuto. Kaksi poikaa juoksee ohitseni aivan kuin valtava leijona ajaisi heitä takaa. Hetken tuntuu, että olen keskellä painajaista. Toinen pojista on Eeviäkin pienempi, mutta ei jää isommasta pojasta yhtään jälkeen. Edellä menevä on selvästi isoveli. Mikään ei ole pikkuveljestä yhtä tärkeää kuin pysyä isoveljen perässä.

Kiertelen ympäri valtavaa hallia ja etsin tyttöjä. Yhtäkkiä kuulen tutun kiljaisun, ja Eevi tulee kulman takaa vastaan. Silmät läikähtävät, adrenaliini iskee kehoon kuin salama ja hän pysähtyy, kääntyy ja juoksee pakoon. Takana oleva Hilma epäröi hetken ja kääntyy vasta sitten Eevin perään. Yritän tavoittaa tytöt katseellani, mutta he ovat jo hävinneet jonnekin. Välillä näen tutun paidanselkämyksen tai kuulen heidän äänensä liukumäessä, sitten he taas katoavat. Lopulta tajuan, että tyttöjen seuraaminen on mahdotonta. Otan kirjan laukusta ja yritän unohtaa ympärillä olevan melun.

Yhtäkkiä puhelin värisee taskussa. Siljan nimi välkkyy näytöllä.

– Hirveä huuto. Missä sä oot?

– Helvetissä, onneksi soitit.

Vitsini ei naurata Siljaa. Tulee hetkeksi hiljaista, sitten Silja nyyhkäisee.

– Iski yhtäkkiä hirveä tunne. Nyt pitää soittaa, kun vielä voi.

– Älä nyt. Ootko sä yksin?

– Jarkko on kotona.

Leikkaukseen on enää kolme päivää. Leikkauksen lähestyessä Siljan huoli on kasvanut. Hän alkaa käydä kymmenettä kertaa läpi vaihtoehtoja, pohtii leikkauksen kulkua ja nukutusta. Anestesia, leikkaussali, heräämö, kuulen hänen toistelevan tuttuja sanoja. Kun Silja on maassa, minun täytyy osata palauttaa tasapaino. Olemme keinulaudalla, toinen meistä on aina korkeammalla. Tyynnyttelen Siljaa, aloitan kärsivällisesti kertaamalla sen kaiken, mitä hän on kertonut. Suomessa on hyvä terveydenhoito, ja kaikki on pian ohi. Vähitellen Siljan hengitys tasaantuu.

– Kiitos.

– Mä vaan kerroin sen, mitä sä oot sanonut.

– Tytötkö siellä huutaa? Tuo on aivan Eevin ääni. Uskaltaako se jo laskea siitä korkeimmasta liukumäestä?

– Eevi uskaltaa vähän liikaakin.

– Hyvä, ettei ole tullut liikaa äitiinsä. Laita mulle kuvia.

– Ei täällä saa kuvia. Tämän paikan idea on se, että lapset katoaa.

– Ja ostat niille sitten jätskit. Sanot, että täti käski.

– Niillä on vasta huomenna herkkupäivä.

– Mulla on pian leikkauspäivä. Ostat ne jätskit nyt. Kunnon jätskit, et mitään nuukailupuikkoja.

Silja tietää, että valitsen yleensä Eskimot tai halvat mehujäät. Kun alakouluikäisenä tulin kotiin discoista, äiti ja isä usein ihmettelivät, etten ollut ostanut mitään. He huokaisivat, kun kerroin, etten malttanut ostaa edes limsaa, vaan kävin vessassa juomassa. Silja kiusasi, että olin niin arka, etten uskaltanut avata suutani tiskillä. Myöhemmin siitäkin asiasta on tullut vitsi, jolle nauran itsekin. Missä vaiheessa lapsuuden kipeät muistot ja pilkat hioutuvat kepeiksi muistoiksi? Vuodet kasvattavat niihin kerroksia, vievät mennessään kivun ja häpeän.

– Mä ostan, jos vielä löydän tytöt täältä viidakosta.

12

Kupit kilahtelevat toisiinsa ikävästi. Yksi vielä kostea lasi lipsahtaa kädestäni ja tippuu lautasen päälle, ja hetken olen varma, että se menee rikki. "Perkele", minulta pääsee ja tytöt kääntyvät katsomaan pöydästä. Käännän Eeville ja Hilmalle selän, häpeän itsekin kirosanaa.

– Ei saa kiroilla, Hilma sanoo.

– Ei niin. Syökää nyt.

Hetken päästä havahdun tiskipöydän äärestä voiveitsi kädessä. Milloin olen viimeksi sanonut jotakin? Tytöt istuvat yhä pöydässä. Hilman lautanen on melkein tyhjä, mutta Eevi ei ole syönyt montaakaan haarukallista. Jätän koneen tyhjäämisen kesken ja haen tyttöjen lempisatukirjan olohuoneesta. Istun pöydän ääreen ja alan kertoa tarinaa maailman kauneimmasta kanasta. Osaisin kertoa tarinan ulkomuististakin. Tarinassa on onnellinen loppu: lopulta kaikki ovat maailman kauneimpia kanoja, riippumatta siitä, kuinka kierot koivet tai punainen heltta niillä on.

– Äiti, mikset sä syö mitään?

– Miksi sä luit meille ruoka-aikaan? Eevikin puuttuu asiaan.

Katson pöytää: olen kattanut lautaset vain lapsille. Hilma alkaa liikehtiä levottomana paikallaan, vaikka hän ei yleensä häiriinny syödessä. Huomaan Hilman silmissä huolen. Hän vilkaisee kelloa, vaikka ei vielä ymmärrä sitä.

– Milloin isi tulee kotiin?

– Tunnin päästä, vastaan ja yritän saada ääneeni huolettoman sävyn.

Tytöt varmasti aavistavat jotakin. Huomaavat, etten ole läsnä, kun letitän heidän tukkaansa ja luen iltasatua. Iltaisin heidän nukahdettuaan juttelemme Antin kanssa kuiskaten keittiössä. Miten syövästä kerrotaan kolme- ja viisivuotiaalle? Sellaiseen ei ole opaskirjoja, ja ajatuskin puhumisesta tuntuu ylivoimaiselta. Omissa ajatuksissakin on tarpeeksi.

Haen kaapista lautasen ja annostelen sille nokareen muusia ja puolikkaan kauhan nakkikastiketta. Istun pöytään tyttöjen seuraksi, mutta ruoka ei maistu. On liian hiljaista, ja alan hyräillä tytöille tuttua lastenlaulua. Eevi katsoo lautastani pitkään:

– Sun ruoka jäähtyy.

Eevi on oikeassa: pitää syödä, vaikka väkisin. Hiljenen ja alan lappaa suuhuni nakkikastiketta. Nakit kelluvat kastikkeessa avuttomina, ne on helppo pyydystää haarukalla. Haarukan kilahdus lautasta vasten on tuttu ja turvallinen, tuo ruokailulle kaivatun rytmin. Kun tytöt ovat nousseet pöydästä, sanon itselleni ääneen, että Silja selviää.

– Sanoitko sä jotakin? Hilman ääni kuuluu olohuoneen puolelta.

– Itselleni vaan.

Iltaruuan jälkeen tytöt haluavat leikkiä laserleikkiä. Se on yksi heidän lempileikeistään: villalanka viritetään kulkemaan tuolin kulmalta ovenkahvaan, kahvasta kaapinreunaan ja siitä seuraavaan paikkaan niin, että olohuoneesta tulee valtava laserrata. Rata täytyy kulkea päästä päähän ilman, että lankaan tulee yhtään osumaa.

Mekin rakensimme lapsena laserradan. Pingotimme huoneen täyteen sinistä villalankaa. Kun rata oli valmis, sininen ja tappavan vaarallinen laserlanka kulki kaikkialla. Silja meni ensin, minä seurasin perässä. Tarkkailin Siljaa, ja toistin huolellisesti kaikki liikkeet täsmälleen samalla tavalla. Silja vaihtoi painoa jalallaan, pujotti itsensä mitä ihmeellisimpiin asentoihin, ei horjahtanut kertaakaan. Silja kumartui, ojensi, jännitti. Ja minä kumarruin, ojensin, jännitin.

Samalla lailla Hilma ja Eevi hivuttautuvat kapeista raoista, jännittävät kehonsa äärimmilleen, nostavat ensin varovasti toisen jalan ja sitten pujottautuvat toiselle puolelle. Lopulta he ovat perillä.

– Äiti, mä en osunut kertaakaan, Eevi riemuitsee ja hyppii tasajalkaa radan toisella puolella.

– Mä osuin kerran, Hilmaa harmittaa.

Miksi hosuva onnistuu, kun taas hillitty ja harkitseva tekee virheen? Kaikki on niin pienestä kiinni. Katson äärimmilleen venytettyä lankaa ja ajattelen, mitä tapahtuisi, jos se katkeaisi. Kirjahylly kaatuisi romahtaen, ja lattia olisi yhtäkkiä täynnä kirjoja, sirpaleita, katkenneita puunkappaleita, villalankaa. Tytöt olisivat kaiken sen keskellä ansassa, lasinsirujen keskellä paljain jaloin.

– Äiti kyllä pelastaisi teidät, kuiskaan puoliääneen.

Tytöt eivät kuitenkaan kuule, he ovat aloittaneet jo uuden kierroksen.

13

Minä olen sinun kanssasi joka hetki. Tunnethan sinä sen? Asetan sinut makuulle, painan sinut kevyesti sänkyä vasten, vaikka yritätkin vastustella. Luulet, ettet ole vielä valmis, mutta kyllä sinä olet. Ne eivät anna minun asettua vierellesi, eivät edes jäädä huoneeseen, mutta ne eivät tiedä, että minä puhun sinulle seinien ja vaikka satojen kilometrien läpi.

Meillä oli niin monta taikakieltä yhdessä. I-kieli, U-kieli ja koputuskieli, täysin meidän omamme. Yksi koputus sängynlaitaan tarkoitti, että uni teki tuloaan. Kaksi koputusta tarkoitti, ettei vielä yhtään tehnyt mieli nukkua. Kolme koputusta tarkoitti, että huolestutti jo, miksei uni tullut. Oli paljon tilanteita, joissa sanoja ei tarvittu. Monta kertaa pelkkä kulmien kohotus riitti tai pieni muutos leuan asennossa. Me osasimme lukea toisiamme niin kuin läpensä tuttua kirjaa.

Nyt sinun ei tarvitse koputtaa kuin kerran. Uni tekee jo tuloaan, ne ovat antaneet sinulle esilääkkeet. Pian anestesialääkäri tulee huoneeseen ja sitten tulee valoa, muutamaksi päiväksi valoa, Silja. Muista koko ajan, että se on valo, mikä tulee, se ei ole pimeää.

Ne tietävät, mitä ne tekevät. On parempi, että me emme tiedä ihan kaikkea. Olemme nähneet molemmat unia, joissa kaikki menee hyvin, ja niihin uniin täytyy nyt uskoa. Ajattelen koko ajan sitä unta, jossa uimme Kuhajärvessä, sinä, minä ja sinun arpesi, joka liukenee vedessä näkymättömäksi, lakkaa olemasta. Vesi kannattelee kyllä, vedessä paino tuntuu kevyemmältä.

Laita vain nyt silmät kiinni, Silja. Minä vartioin sinua joka hetki. Ja minä lupaan, että pian tulee valo.

14

En voi enää millään tavalla vaikuttaa siihen, mitä Siljalle tällä hetkellä tehdään. Hänet on puettu vaaleanpunaisiin sairaalavaatteisiin ja kuljetettu leikkaussaliin, annettu esilääkitys ja laitettu kyynärtaipeeseen kanyyli, jota pitkin nukutusaine kulkee ja saa hänet hetkessä syvään tiedottomuuteen. Pelkään, että ennen nukutusta Siljan kasvoilla on käynyt hätä. Tiedän tarkalleen sen katseen: aavistuksen hämmennystä ja huolta. Sama hätäännys, kuin silloin, kun tipahdin keinusta ja nenästäni tuli valtoimenaan verta. Ja silloin, kun löin jumppaleikeissä silmäkulmani sängynreunaan.

Edellisenä iltana meidän oli vaikea lopettaa puhelua. Molemmat halusivat keksiä koko ajan lisää juteltavaa. Aloin kertoa tyttöjen uimahallikäynnistä, jaarittelin turhia työasioita. Silja oli lopulta rohkeampi.

– Mä lopetan nyt.

– Älä vielä.

– Ei kun nyt. Nyt menee sitten vähän aikaa, että jutellaan. Älä huolehdi liikaa.

Älä lopeta, pyysin mielessäni, odota vielä. Mutta Silja oli jo sulkenut linjan, ja jäljellä oli enää pelkkää hiljaisuutta.

Ensimmäisellä oppitunnilla ajatus kääntyy koko ajan leikkaukseen. Silja ei enää vastannut aamulla lähettämääni tsemppiviestiin. Pelottiko häntä niin, ettei hän löytänyt oikeita sanoja? Kiertelen hajamielisenä luokassa katsomassa oppilaiden tehtäviä. Kirjaimet hyppivät vihon sivulla, ja yritän saada selvää käsialasta. Tuijotan ilmeettömänä oppilaan vihkoa, ja yhtäkkiä paperilta heijastuvat Siljan kasvot.

Kasvot ovat suoraan edessäni, hohtavat valkoista valoa. Leveät leukaluut, nenäluu, poskiluiden kaarteet, otsaluu. Ojennan käteni ja silitän jokaista luuta kerrallaan, kuin tunnustelisin Siljaa ensimmäistä kertaa. Niin sileät luut, ja kaikkialla valkoinen valo. Kuva katoaa, ja nyt Siljan leukaan tehdään syvä viilto, ja nahka nostetaan pois leuan ja poskien päältä. Hänet kuoritaan kuin appelsiini, viilto viillolta, osa osalta. Laitan silmät kiinni. Kädet tärisevät.

Oppilaat vaihtuvat, alkaa toinen tunti. Tämä luokka on uneliaampi kuin äskeinen, ketään ei tunnu kiinnostavan oikeinkirjoitus. Vaihdan ammattiroolin päälle ja opetan päälauseen. Todellisuudessa ajattelen Siljan kasvoja, hänen tapaansa kohottaa vasenta suupieltään. Siirryn sivulausetyyppeihin ja näen mielessäni kaikki ne kerrat, kun Silja irvistää ja näyttää kieltään. Luokassa on hiljaista, mutta silti tulee tunne, ettei kukaan oikeasti kuuntele.

Eturivissä istuvalla silmälasipäisellä tytöllä on suu hieman raollaan. ”Te ette tiedä, mitä minun siskolleni tällä hetkellä tehdään”, tekisi mieli huutaa, sen sijaan alan opettaa konjunktiolausetta. Luettelen ulkomuistista alistuskonjunktioita, mutta ajattelen leikkausta: nyt poskikaari ja alaleukaluun kaari, seuraavaksi vannasluu ja kieliluu. Silmälasipäinen on sulkenut vihdoin suunsa, ja hän katsoo minua hieman tylsistyneenä. Hän ei ymmärrä, että konjunktioiden kanssa on kysymys elämästä ja kuolemasta. Kun leikkaus onnistuu. Jos leikkaus onnistuu?

Oppitunnin jälkeen laitan oven kiinni ja yritän unohtaa käytäviltä kuuluvat äänet. Hörppään kupista tunnin vanhaa kahvia ja muistan, miten Siljalla on aina tapana kiusoitella siitä. Kukaan normaalijärkinen ei hänen mukaansa juo kylmää kahvia. Suljen silmät ja yhtäkkiä en näe enää edessäni Siljan kasvoja. Tilalla on vain valkoista väriä, tyhjyyttä.

15

– Millaista asiaa?

Katossa loistaa kirkas lamppu, joka räpsähtää aina välillä. Asento on epämukava ja toivon, että toimenpide olisi nopeasti ohi. Nainen vaikuttaa onneksi luonnolliselta, on varmaan tottunut ammatissaan kaikenlaiseen. Hänellä ei enää voi olla montaa vuotta eläkeikään.

– Mulla on kuukautiset jääneet pois. Enkä voi millään olla raskaana. Sellainen saattaisi kyllä olla haaveissa. Tai ei nyt, mutta ehkä -

– Oletteko jo yrittäneet?

– Mun mies ei vielä tiedä koko asiasta.

Gynekologin leuka kohoaa ja katse tarkentuu. Minua nolottaa. Yhtäkkiä joku ulkopuolinen tietää henkilökohtaisista asioistani enemmän kuin Antti.

– Katsotaan sitten.

Laitan silmät kiinni, kuvittelen makaavani itsekin leikkauspöydällä. Onkohan Siljan leikkaus vieläkin kesken? Kuvittelen, miten kirurgi venyttää posken nahkaa ja sovittaa sitä luiden päälle. Voiko hän saada Siljan kasvot näyttämään täsmälleen samalta kuin ennen?

– Odotas hetki.

Naisen ääni terävöityy ja palauttaa tähän hetkeen. Avaan silmät ja näen, että hänelle on kohonnut vielä entistäkin syvemmät uurteet kulmakarvojen yläpuolelle. Ajatus on yhtäkkiä kirkas ja selvä: syöpä. Tietysti minullakin on syöpä! Siljalla syöpä on pesiytynyt suuhun, minulla piilotettu sinne, mistä elämän pitäisi alkaa. Nainen kääntyy puoleeni, pitää pienen tauon.

– Täällä on tällainen suurentunut nesterakkula.

– Onko mulla syöpä? Mun siskolla on juuri todettu.

– Tämä on ihan vaaraton. Luultavasti tyhjenee itsestään pois.

Helpotus tuntuu kaikkialla. Keho on yhtäkkiä rento niin kuin jumpan loppuvenyttelyiden jälkeen. Gynekologi alkaa kertoa, että minun täytyy syödä kolmen kuukauden kuuri progesteronia ja estrogeeniä. Niiden avulla varmistetaan, että rakkula tyhjenee varmasti. Kolmen kuukauden kuluttua kontrollissa tarkistetaan tilanne, ja sen jälkeen raskauden yrittäminen on jälleen mahdollista.

– Ehdit sitten puolisonkin kanssa keskustella ensin. On enemmän aikaa taivutella.

Naisen kasvoilla käy hymy. Hän on minun puolellani, on ehkä joskus ollut samanlaisessa tilanteessa itsekin. Nyt hän voisi ikänsä puolesta olla jo isoäiti.

Kun lähden vastaanotolta, puhelin värisee taskussa. Sormet tuntuvat hikisiltä, lyhyessä hetkessä ehdin miettiä kaikki vaihtoehdot. Sitten avaan linjan.

– Missä sinä olet? Pystytkö puhumaan? äiti kysyy.

– Kaupassa.

– Leikkaus onnistui.

En ole koskaan kuullut äitiä yhtä helpottuneena. Yhtäkkiä aula pyörähtää ympäri, ja uutinen saavuttaa tajunnan. Minulla on vieläkin sisko! Minulla on taas sisko! Tekisi mieli huutaa se ääneen.

– Mitäs nyt?

– Silja siirrettiin teho-osastolle jatkamaan unta.

Hätkähdän hetken sanaa, kunnes muistan, mitä Silja on etukäteen kertonut teho-osastolle joutumisesta. Keho kaipaa nyt lepoa, Silja nukkuu syvää untaan, eikä tiedä mitään leikkauksen onnistumisesta. Kaikki muut saavat tietää ennen häntä. Nyyhkäisen helpotuksesta. Ohi kulkeva hoitaja katsoo hetken, mutta jatkaa sitten matkaa. Täällä, jos jossakin, on totuttu kaikenlaisiin uutisiin.

– Pahin on ohi, äiti lupaa langan toisessa päässä.

16

Luokassa on kova meteli. En ehdi millään auttaa kaikkia, liian moni tarvitsee apua. Yritän ehtiä mahdollisimman nopeasti avuntarvitsijoiden luokse, tiedän kyllä, että peli voi olla menetetty, jos aikaa kuluu liikaa. Jos hetki menee ohi, lauseenjäsenistä on vaikea innostua uudelleen.

– Ope, sun puhelin soi äsken!

Menen työpöydän luokse ja huomaan, että kännykkään on tullut yksi puhelu äidiltä. Vilkaisen meluisaa luokkaa, on huonoin mahdollinen aika lähteä käymään käytävällä. Siitä huolimatta kerron meneväni soittamaan tärkeän puhelun. Pujahdan käytävälle. Luokasta kantautuva melu tuntuu niin häiritsevältä, että päätän mennä ulos asti. Kylmä viima lyö vastaan ulko-ovella.

Äiti vastaa ja pyytää anteeksi, että soittaa kesken oppitunnin. Hänellä ei ollut ajantajua, teki vain mieli soittaa heti. Isä oli käskenyt lopettaa puhelun, muistutti, että olisin tunnilla. Äiti höpöttää hermostuneena, odotan, että hän menee jo asiaan. Laitan mielessäni kädet ristiin. Rakasjumala, anna kaiken olla hyvin.

– Silja on hereillä.

Silmät menevät vaistomaisesti kiinni, suu kääntyy hymyyn. Koko kehoon laskeutuu rauha. Silja on taas hereillä, Silja on taas täällä! Haluaisin soittaa hänelle heti.

– Miten se voi?

– On tietysti yhä letkuissa, mutta herätys meni hyvin. Saatiin pieni hymyntapainen, ennen kuin Silja taas nukahti. Voi johtua tietysti vahvoista lääkkeistäkin.

– Puhuiko se?

– Yksittäisiä sanoja.

– Miltä se kuulosti?

– Puhe oli epäselvää. Mutta ei sitä vielä lopullisesti tiedä. Kieli on niin turvoksissa.

– Mitä kirurgi sanoi?

– Kyllä se varoitteli, että kielen oikea ulkosyrjä voi olla kokonaan menetetty. Ässä nyt ainakin tulee tuottamaan hankaluuksia.

Edessä on pitkä tie. Silja ei välttämättä pysty puhumaan samalla tavalla kuin ennen, ja syöminen voi olla pitkään vaikeaa. Ruokavalio koostuu varmasti viikkoja pelkistä nestemäisistä ruuista, ja moni asia täytyy oppia uudestaan ihan kielen liikuttelusta lähtien. Mistä Silja saa tarvittavan motivaation aloittaa tällaisia itsestään selvänä pidettyjä asioita uudestaan? Oppiiko hän enää kunnolla puhumaan? Asiat eivät enää välttämättä koskaan ole samalla tavalla kuin ennen.

– Pääasia, että Silja on hereillä. Nyt odotellaan.

Äiti tuntuu vaistoavan huoleni. Hän yrittää kuulostaa pirteältä, mutta äänestä kuultaa päivien väsymys ja jännitys. Katson ankeaa maisemaa. Koivussa heiluu vielä muutama yksinäinen lehti. Lunta ei vielä ole, vaikka on melkein joulukuun puoliväli. Syksy on kestänyt tänä vuonna aivan liian pitkään.

– On odoteltu jo kauan.

– Jouluaattoon on kaksi viikkoa. On jäänyt joulu tänä vuonna laittamatta, äiti huokaa.

Lopetan puhelun ja menen takaisin luokkaan. Yritän iloita uutisista, mutta mielessä on liian monta kysymystä. Milloin Silja jaksaa jutella minun kanssani? Tulee jälleen kerran syyllinen olo, että olen niin kaukana. Ajattelevatkohan äiti ja isäkin, että minun pitäisi olla paikalla?

Kun lähden iltapäivällä töistä, pihalla alkaa sataa lunta. Isot lumihiutaleet leijailevat, muutama tarttuu auton tuulilasiin ja sulaa hetkessä. Radiossa alkaa soida Varpunen jouluaamuna, se on aina ollut yksi meidän lempijoululauluista. Kyyneleet nousevat silmiin, vastakkainen ajokaista hämärtyy. Tänä vuonna emme ensimmäistä kertaa mene Kauneimpiin joululauluihin yhdessä. Äänemme ovat soineet niin kauniisti yhdessä, kajahtaneet ylväästi kohti kattoa. Laulaakohan Silja enää koskaan? Jos ei, minäkin lakkaan laulamasta lapsille illalla, lopetan hyräilyn suihkussakin.

Seuraava laulu on reippaampi ja iloisempi. Mielialani kohoaa ja muistuttelen itseäni, miten hyvin kaikki on tähän asti mennyt. Miten onnellinen olin, kun äiti soitti ja kertoi Siljan heränneen. Kunpa Silja pääsisi ennen joulua kotiin. Silja on aina ollut jouluihminen, aloittanut korttien askartelun jo marraskuun puolessa välissä. Toivottavasti sairaalaankin on laitettu joulua, aseteltu ikkunoihin joulukynttelikköjä ja lumihiutaleita. Yhtäkkiä tulee hirveä ikävä Siljan ääntä. Tuntuu, että on iäisyys, kun olen kuullut sen viimeksi.

17

Lumihiutaleet muodostavat lavalla ympyrän. Hilman kohdalle tulee aukko, hän on muista lumihiutaleista irrallaan. Lapset kiertävät ympyrää, ensin myötäpäivään ja sitten vastapäivään, ja heiluttavat valkoisia huiveja. Muut lumihiutaleet leijuvat iloisina, mutta Hilmalla on suu mutrussa. Antti kuvaa vieressä ja mietin, näkyykö Hilman tympeä ilme videollakin.

Olisipa Siljakin täällä katsomassa kummityttönsä esitystä. Pahin on nyt ohi, Silja kotiutettiin kolme päivää sitten ja toipuminen on lähtenyt lupaavasti käyntiin. Tammikuun puolessa välissä kontrollissa selviää, onko kasvain saatu kokonaan pois.

Kun Hilma syntyi, en osannut olla äiti. Otin vauvan varovasti syliin ja pelkäsin, etten osaa tukea riittävästi päätä. Vastuu tuntui yhtäkkiä liian suurelta ja ahdistavalta; vauvan kanssa ei saanut tehdä virheitä. Katsoin kateellisena, miten tottuneesti Antti otti vauvan syliinsä ja pesi pientä peppua. Mitä, jos ote lipsahtaisi ja vauva tippuisi lavuaarin päälle tai pahimmassa tapauksessa lattialle? Ensimmäisinä öinä pyysin Anttia tarkistamaan, hengittikö lapsi. Jos tarkistin itse, en voinut enää kääntyä pois. Jotakin pahaa voisi tapahtua, kun olisin poissa.

Soitin Siljalle monta kertaa päivässä, joskus kesken työpäivänkin. Aina Silja ei voinut puhua, mutta soitti hetken päästä takaisin. Minulla oli vaikeuksia saada maito nousemaan ja olin varma, etten saisi vauvaa pysymään hengissä kuumien hellepäivien yli.

– Tämä kuolee syliini. Se vaan nukkuu, itkin Siljalle.

– Vauvat nukkuu koko ajan.

– Mutta se on niin veltto.

– Se vahvistuu koko ajan. Sehän syntyi melkein kolme viikkoa etuajassa.

– Miten mun pitäisi osata tämä kaikki?

– Laitat nyt vauvan vaunuihin ja lähdet pihalle.

Katsoin pihalle, jossa kesä teki tuloaan ja koivun lehdet vihersivät. Maailma jatkoi liikettään; bussit kulkivat samoja reittejä ja radiojuontajat kuulostivat yhtä huolettomilta kuin ennenkin. Koko muu maailma hengitti ja oli elossa, kun taas minulla kaikki oli nyrjähtänyt paikoiltaan. Näin yhtäkkiä, miten pölyhiukkaset leijuivat olohuoneessa ja muuttivat yllättäen suuntaa. Vastuu vauvasta painoi käsivarsilla ja tuntui aristuksena rinnoissa. Silja neuvoi minua kuin potilastaan tai pikkulasta, ja onnistui yleensä lopulta rauhoittamaan minut. Uskoin häntä aivan eri tavalla kuin neuvolantätiä. Miten hän osasi neuvoa, vaikkei hänellä itsellään ollut lapsia?

Esitys päättyy, ja Hilma katoaa lavan taakse. Hetken päästä lapset tulevat sivuovesta saliin ja päät kääntyvät, kun he etsivät vanhempiaan. Heilutan Hilmalle, joka puikkelehtii luoksemme ja kiipeää syliini. "Hienosti meni", kuiskaan, ja huulille leviää ujo hymy. Hän tuntuu eri tytöltä kuin äsken lavalla.

Vihdoin on Eevin ryhmän vuoro. Eevin ryhmäläiset ovat tonttuja, punaiset posket loistavat kilpaa tonttuasun kanssa. Eevi tupsahtaa lavalle ensimmäisenä. Eevi erottuu joukosta selvästi: hän aloittaa kaikki liikkeet aikaisemmin kuin muut ja kuperkeikasta tulee yhden sijasta puolitoista. Kärrynpyörässä Eevi ei malta jännittää käsiä suoraksi, vaan rysähtää suoraan maahan niskoilleen, mutta nousee saman tien ylös. Hilmalta pääsee tirskaus, ja minuakin hymyilyttää. Antilla tuntuu olevan vaikeuksia saada Eevi pysymään kamerassa.

– Eevillä on ihan oma show, kuiskaan.

Antti nostaa sormen suunsa eteen, muistuttaa, että kamera käy.

Hilma ja Eevi, minä ja Silja. Neljä tyttöä ja kuka meistä on kuka? Ketkä ovat eniten samanlaiset? Minä ja Hilma? Eevi ja Silja? Vai Hilma ja Eevi; minä ja Silja? Mikä meissä on samaa, mikä erilaista? Millaiseksi siskoksi olisinkaan kasvanut jonkun toisen kanssa? Ehkä olisin paljon rohkeampi, jos minulla olisi ollut isoveli tai kaksikin. He olisivat tuupanneet minulle kovat vauhdit pulkkamäessä ja työntäneet minut yllättäen laiturilta veteen. Pelkään, että opetan tyttöjäkin aivan liian varovaiseksi. Minun pitäisi antaa heidän temmeltää ja olla huolehtimatta jokaisesta liikkeestä. Antti osaa ottaa monet asiat huolettomammin.

Esitysten jälkeen menemme glögille ja piparille. Tulee ensimmäistä kertaa vähän jouluinen tunne. En ole tehnyt ensimmäistäkään jouluvalmistelua ja lahjojen hankkimiset ovat jääneet tänä vuonna Antin vastuulle. Silja oli toivonut, että kaikilla olisi mahdollisimman tavallinen joulu, Hilmalla ja Eevillä erityisesti. Meidän perhe lähtisi mummolaan ja Silja ja Jarkko jäisivät kotiin. Silja tarvitsisi nyt toipumisaikaa ja lepoa. Syöminen kävi voimille ja kieli väsyi vähäisestäkin ponnistelusta. Joulun tunnelma oli muutenkin tänä vuonna aika kaukana.

18

Tytöt ovat nukahtaneet takapenkille, emmekä jaksa Antin kanssa puhua. Katson takapenkille ja näen, että molemmilla on pää samalla tavalla vinossa, samaan suuntaan kääntyneenä. Hilma nukkuu suu auki, leualla kulkee pieni kuolavana. Ennen nukahtamista Hilma kiukutteli ja Eevikin oli saanut raivarit, kun olin kieltänyt syömästä eväitä tässä vaiheessa automatkaa. Perillä odottaisi mummon tekemä ruoka.

Jaloissa tuntuu viileältä, ja käännän lämmitystä kovemmalle. Ei tunnu yhtään aatonaatolta. Tekisi mieli laittaa radio päälle ja täyttää hiljaisuus musiikilla, mutta en halua tyttöjen heräävän. Vilkaisen hämärässä Anttia. Hän näyttää keskittyneeltä, niin kuin olisi autossa aivan yksin. Milloin olemme puhuneet viimeksi muustakin kuin Siljasta? Milloin olen viimeksi kysynyt, mitä hänelle kuuluu? Nyt olisi hyvää aikaa keskustella, mummolassa edessä olisi taas valtava tohina. Käännän katseeni Anttiin, jonka katse on keskittyneesti tiessä.

– Mä oon ollut aika rikki tässä viime aikana. Anteeksi.

– Ymmärtäähän sen.

Antti vilkaisee sivulle, nostaa hieman oikeaa suupieltään ja kääntää sitten kasvot takaisin tiehen. Märät lumihiutaleet liiskaantuvat tuulilasiin, kuolevat hetkessä. Maahan on vihdoin tullut pysyvä lumi. Ehkä se antaa talveen uudenlaista voimaa.

– Musta tuntuu, ettei kaikki voi olla enää koskaan samalla tavalla.

– Ai meidän välillä?

– Mun ja Siljan. Me ei olla vieläkään puhuttu puhelimessa leikkauksen jälkeen.

– Anna sille aikaa.

– Kuinka paljon?

– Niin kauan, kuin se tarvitsee. Se toipuu vielä. Äänteiden puuttuminen on kova paikka.

Siljan lähettämät viestit ovat lyhyitä, joskus hän jättää vastaamatta kokonaan. Voiko Silja olla minulle vihainen jostakin? Katkera siitä, että syöpä tuli juuri hänelle? Antti laittaa pyyhkimet päälle. Maisema kirkastuu hetkeksi, mutta samenee pian uudestaan. Alkaa sataa vaakasuoraan.

– Kyllä tässä on sanat olleet aika vähissä itselläkin, Antti sanoo hiljaa.

Katson Antin ääriviivoja hämärässä. Hän ei näytä heikolta, vaan tuntuu aina suurelta ja varmalta. Kaipaan yhtäkkiä Antin syliin. Haluaisin tuntea hänen ulkonevat kylkiluut, tunnustella keskellä vatsaa olevaa kylkiluiden kohoumaa, joka on kuin vuori, jolle kiivetä. Anttikin on vuori, olemassa aina. Jos minulle joskus tapahtuisi jotakin, hän ei saisi murtua. Auto kiitää pimeydessä, enkä tällä hetkellä osaa yhtään sanoa, missä kohdassa olemme.

19

Otin porraskaiteesta kaksin käsin kiinni. Pyörrytti, maailma tuntui pettävän jalkojeni alla. Koetin käsilaukkuani, se roikkui yhä olalla. Minulla ei ollut aavistustakaan, minne kaverini olivat hukkuneet. Joka paikassa jumputti voimakas musiikki. Törmäsin johonkin.

Nostin katseeni ja katsoin ruskeisiin, syviin silmiin. Poskilla oli pisamia, ne saivat miehen näyttämään nuorelta. Katsottuani tarkemmin huomasin, että silmäkulmissa oli alkavia uurteita, eikä mies ollutkaan enää niin nuori kuin ensin vaikutti. Kasvoilla oli jotakin etäisesti tuttua, mutta en keksinyt, missä me olimme tavanneet. Musiikki soi yhä täysillä.

– Etkö sä tosiaan tunne mua?

– Missä me on tavattu?

– Mä oon Antti. Sieltä juhannusfestareilta viime kesältä. Kannoin sut teidän telttaan, kun olit vähän huonossa kunnossa.

– Miksi?

– Ihmisistä pitää huolehtia. On varmaan vähän opintojenkin puolesta tuttua.

– Ootko sä lääkäri?

– Tuleva sairaanhoitaja.

Pää tuntui yhtäkkiä kirkkaalta. Olin lähtenyt juhannusfestareille opiskelukavereideni kanssa. Ensimmäisenä iltana olin juonut liikaa viiniä ja ystäväni olivat saattaneet minut takaisin telttaan nukkumaan. Minulla ei kuitenkaan ollut mitään mielikuvaa Antista. Kuvittelin Anttia peittelemässä minua makuupussiin. Jostakin syystä ajatus tuntui turvalliselta.

– Annoin varmaan hyvän ensivaikutelman?

– Kyllä mä sut muistan.

Häpeä teki tuloaan, mutta jokin Antin silmissä sai sen vaimenemaan ja jäämään taustalle. Antti ei tuntunut tuomitsevalta. Aivan kuin olisin tiennyt siitä hetkestä lähtien, että Antti tulisi pitämään minusta huolta. Hän oli heti ensimmäisellä kerralla pelastanut minut.

– Lähde mun kanssa tanssimaan.

Pyyntö tuntui vilpittömältä, ei sellaiselta iskurepliikiltä, joita olin tottunut kännisiltä illan aikana kuulemaan. Lähdimme kävelemään kohti tanssilattiaa. Se oli täynnä väkeä, mutta Antti raivasi meille sopivan kolon tanssilattian reunalta. En muistanut enää ystäviäni, enkä huomannut, miten kappale vaihtuu seuraavaan. Kaikki oli yhtäkkiä ihmeellisen kevyttä, soljuvaa virtaa.

Sinä iltana Antti auttoi minua unohtamaan kaiken. Unohdin tarkkailla ympäristöäni, tehdä tulkintoja, pohtia tulevia siirtoja. Annoin Antin viedä minut tanssimaan hitaita, painauduin hänen rintaansa vasten, niin kuin olisin ollut siinä ennenkin. Jossakin vaiheessa siirryimme yläkertaan, siellä oli rauhallisempaa jutella. Antti kyseli kuulumisiani, vaikutti kiinnostuneelta. Olin seurustellut ennenkin, muutaman kerran vakavastikin, mutta aiemmissa parisuhteissa jokin oli aina häirinnyt. Lähes kaikissa suhteissa se olin ollut minä, joka oli halunnut lähteä.

Loppuillan aikana humala katosi, ja tilalle tuli raukea, turvallinen olo. Toivoin, ettei ilta olisi loppunut koskaan. Illan päätteeksi annoin Antin suudella minua taksijonossa ja kerroin kerrankin oman numeroni. Pelkäsin koko yön ja seuraavan aamun, ettei Antti soittaisi. Tajusin olleeni liian sinisilmäinen, baarissa annetut lupaukset olivat lopulta liian harvoin totta.

Kahdelta iltapäivällä puhelin sitten soi.

– Onko sulla hetki aikaa jutella?

20

Nukutko sinä nyt? Vai pyöritkö sängyssäsi, aavistitko, että tulin sänkyysi nukkumaan? Kääriydyin peittoon samalla tavalla kuin sinä, tein mutkan jalkopäähän, niin kuin isä opetti.

Milloin olemme nukkuneet viimeksi yhdessä täällä? Haluaisin, että sinä olisit viereisessä sängyssä Antin sijasta. Ojentaisin käteni ja työntäisin sen kylmiin sormiisi, tekisimme kämmenlukon, juttelisimme vielä muutaman sanan joululahjoista.

Älä jätä minua nyt. Tänäänkin, kun soitin sinulle, annoit puhelimen Jarkolle. Halusin jutella kanssasi, on jouluaatto. Keneen muuhun me voisimme luottaa, jos emme toisiimme? Kukaan muu kuin sinä ei ymmärrä minua yhdestä sanasta, edes Antilla ja Jarkolla ei ole samaa ajatuksenjuoksua. Muistatko, miten monta kertaa me olemme aavistaneet asian, ennen kuin olemme päässeet lauseen loppuun asti? Aliasta pelatessakin olemme lyömättömät, kunhan vain pääsemme vauhtiin. Tänään Alias lepäsi koskemattomana kirjahyllyssä, vaikka meillä on aina ollut tapana pelata sitä jouluaattona.

Murehditko sinä sitä, että puheesi ei enää kuulosta samalta, kun ässäsi suhahtaa? Ässät ovat vain ässiä, minä voin opettaa sinut uudestaan puhumaan. Olen hyvä motivoimaan, olen harjoitellut monenlaisia temppuja Hilman kanssa. Teen kanssasi samat äänneharjoitukset, ne ovat tuoreessa muistissa. Vesihiisi sihisi hississä, mustan kissan paksut posket. Liimaan ässäsi paikalleen niin kuin olemme liimanneet sinitarralla nuo tähdet kattoon yli kaksikymmentä vuotta sitten. Siinä ne ovat loistaneet kaikki nämä vuodet. Olleet siinä aina niin kuin sinä ja minä.

Silja, muistatko, miten me vannoimme siskosvalan? Se taisi olla sinun keksimäsi juttu. Olit lukenut jostakin verivalasta, mutta se oli meille aivan liian vastenmielistä. Niinpä keksit meille oman version. Teit peukalosta ja etusormesta lenkin, jonka kiedoit oikean ranteeni ympärille, ja sitten meidän molempien piti toistaa kymmenen kertaa yhtä aikaa sana aina. Sitten teit täsmälleen saman vasemman ranteeni kanssa. Kun rituaali oli suoritettu sinun osaltasi loppuun, ojensit minulle oikean ranteesi ja toistimme kaikki vaiheet huolellisesti. Se oli aina sinä, joka aloitit valan, ja minä seurasin perässä.

Aina. Aina. Aina. Aina. Kymmenen kertaa aina.

Välillä tuli aikoja, jolloin unohdimme valan, mutta sitten jostakin se putkahti taas mieleen. Jossakin vaiheessa vala jäi, ja sen jälkeen emme ole koskaan palanneet siihen. Muistatko sinä sen vielä?

21

Silja makaa sohvalla ja pitää sylissään avattua suklaarasiaa. Hän tuntuu yhtäkkiä vieraalta, en uskalla katsoa häntä kunnolla silmiin. Silja ei nouse sohvalta, ei tule vastaan ja ota rutistukseen niin kuin yleensä. Posket ovat kapeammat, ja silmien alla on mustat renkaat.

– Tulithan sä viimeinkin.

– Juna oli myöhässä.

Siellä se on jossakin piilossa, hänen kielensä. En voi olla ajattelematta, mitä sille on tehty. Otan viimeiset metrit hänen luokseen. Siinä hän on, tunnen jo tutun tuoksun, häivähdyksen hajuvettä ja omenashampoota.

– Tässä mä nyt oon.

Ässät suhahtavat, niin kuin hän olisi humalassa.

– Silja, nyyhkäisen.

– Tule tänne.

Siljan kehosta huokuu lämpö. Painaudun häntä vastaan kuin pikkulapsi, en halua, että hetki päättyy. Sitten tunnen sen; välissämme on jotain. Sairaus on olemassa, vaikka kasvain onkin leikattu pois. Vielä on liian aikaista sanoa, onko kaikki ohi.

– Pelkäsitkö sä, että mä kuolen?

Yritän olla kiinnittämättä huomiota puheeseen, mutta kaikissa sanoissa on yhtäkkiä tuo suhahtava kirjain. Sairaala, suklaa, kasvissosekeitto. Silja lukee ajatukseni.

– Tuntuuko oudolta, kun mun puhe on tällaista sössötystä?

– Hyvinhän sä puhut.

– En puhu. Haluatko sä nähdä mun arven?

Hän nostaa hiuksensa sivuun. Arpi luikertelee käärmeenä leukaluuta pitkin, kurkottaa korvaa kohti. Se tulee olemaan siinä aina. Kyyneleet pyrkivät silmäkulmiin. Käännän katseen takaisin Siljaan. Hän huomaa katseeni ja laskee pitkän ruskean tukkansa kaulalle niin, että arpi peittyy.

– Älä itke.

Silja alkaa kertoa tarkemmin leikkauksesta. Kaikki tuntuu kuin unelta, käsittämätöntä, että hän on käynyt kaiken sen läpi. Uskallaudun kysymään jatkosta, varjoainekuvauksesta, siitä, milloin tulee lopullinen varmuus. Sekin vaihtoehto on, että kaikki ei vielä ole ohi ja pitäisi aloittaa vielä sädehoidotkin.

Silja avaa uudelleen suklaarasian kannen. Kaikki konvehdit on leikattu puolikkaiksi. Vilkaisen vasenta rannetta, siitä on otettu kaistale ihoa ja jännettä, joista on tehty kieleen siirrännäinen. Silja huomaa katseeni, mutta ei sano mitään. Sitten hän valitsee puolikkaan konvehdin ja asettaa sen huolellisesti kielelleen, ei puhu hetkeen mitään. Menee kauan, ennen kuin suu on suklaasta tyhjä. Sitten Silja ojentaa uudelleen kättään.

– Eikö ole ihmeellistä, mihin lääketiede pystyy? Tehdä nyt ranteesta kieltä.

Iho on punainen leikkauskohdasta, ja ranne on paljon kapeampi. Silja kohottautuu hieman parempaan asentoon ja laittaa käden sivuun. Sitten hän ojentaa minulle suklaarasiaa. Yhtäkkiä silmissä käy pilkahdus.

– Otatko säkin puolikkaan?

– Mä jaksan jopa kaksi puolikasta.

Pakotan kasvoilleni hymyn, vaikka tuntuu oudolta vitsailla. Kaikki tällainenkin on nyt toisin. Valitsen jäljellä olevista parhaan ja totean ääneen, miten samanlainen suklaamaku meillä on. Silja keskittyy taas liikuttelemaan kielellään konvehtia. Yritän syödä yhtä hitaasti, mutta se on vaikeaa. Konvehti sulaa liian nopeasti, vaikka kuinka yritän siirrellä sitä kitalakeen ja takaisin.

– Mitä sä pystyt syömään?

– Suklaa menee parhaiten, Silja hymähtää.

– Mutta ei puhuta leikkauksesta nyt. Mitä kaikkea Eevi ja Hilma saivat lahjaksi?

Kerron Eevin uusista eläinhahmoista ja Hilman askartelupakkauksesta. Silja hymyilee, kun kerron, miten kovasti Hilma on tykännyt kummitädin lahjasta. Askartelusetti on heti aamusta auki keittiön pöydällä, ja liimaa ja hilettä on kaikkialla.

– Mulla on kauhea ikävä tyttöjä.

Tulee hetkeksi hiljaista. Silja haukottelee, vilkaisee kelloa. Miten väsynyt hän vielä on, ihan toipilas. Yhtäkkiä hän hätkähtää, kohottautuu parempaan asentoon.

– Tänään olisi loppiaiskirkko. Lähdetään sinne. Meidän kuoro esiintyy siellä.

– Se ei tee sulle hyvää.

Silja ei ota kuuleviin korviinsa. Hän on jo punnertanut itsensä ylös.

– Ei, kun nyt mennään. Jarkko saa lähteä heittämään.

En halua väittää enempää vastaan. Juuri nyt, jos joskus haluan, että hän saa tahtonsa läpi.

Kirkko on vain puoliksi täynnä, mutta urkujen pauhu täyttää koko tilan. Jossakin tipahtaa virsikirja maahan, ja ääni kaikuu tilassa moninkertaisena. Olemme saaneet kirkon etuosasta rauhallisen paikan. Kaikki tähänastiset virret ovat olleet tuttuja, mutta en ole osannut laulaa mukana. Ääni on jähmettynyt kurkkuun.

Seuraava jouluvirsi on lempivirteni. Kuinka monta kertaa olemmekaan laulaneet sen jouluaattona ennen lahjojen jakoa. Kaikista maailman lauluista juuri tässä äänemme tuntuvat sopivan niin hyvin yhteen, että lopulta on kysymys vain yhdestä äänestä. Niityllä lunta, hiljaiset kadut. Kyynel vierähtää odottamatta poskelle, ja huomaan, että Silja näkee sen. Hän istuu vieressäni pienenä ja hauraana. Elossa.

– Laula nyt, Silja kuiskaa.

– En mä halua.

– Ei, kun laula munkin puolesta.

Etsin pettymystä Siljan kasvoilta, mutta hän peittää sen hyvin. Olisi pitänyt tajuta, että kirkkoon tulo on riski. Tietystikään Siljan kieli ei liiku tarpeeksi nopeasti, se makaa suussa kohmettuneena, talvihorroksessa kuin sisilisko. Otan Siljaa kädestä kiinni, ääneni pettää. Siljan sormet ovat kylmät. Haluan lämmittää hänet, herättää hänet jälleen horroksesta. Silja puristaa kovempaa, sormet lähettävät viestin. Laula.

Avaan suuni ja annan äänen tulla. Laulu on rinnastani ulos pyrkivä pääskysparvi, sieltä tulee ulos kaikki se, mikä minuun on viikoiksi patoutunut. Siljakin yrittää liittyä mukaan, poimii sanan sieltä, toisen täältä, mutta sanat ovat räystäältä alas tippuvia västäräkinpoikasia, töksähtävät pää edellä maahan.

Vähitellen totun siihen, ettei Siljan ääni kuulu vierestä. Ääneni on alaston ja voimaton ilman Siljaa. Lopetusvirren aikana itku on niin lähellä, etten pysty enää laulamaan muiden mukana. Vilkaisen kattoon, jossa kiertää kultainen ja koristeellinen maalaus paimenesta ja lampaista. Kaksi lammasta on muista syrjässä, toinen on isompi ja toinen pienempi. Silja seuraa katsettani ja hetken olen varma, että hän näkee täsmälleen saman kuin minä.

Kun tulen myöhään illalla kotiin, tytöt ovat jo nukkumassa. Raotan ovea, huoneessa tuoksahtaa uni. Tytöt nukkuvat aivan eri asennoissa. Hilma on sulkeutunut mytty, peitto on vedetty melkein korviin asti ja pehmolelu on puristunut tiukasti kainaloon. Hän näyttää unessaankin siltä, ettei häneen saa koskea. Käärin hellästi peiton hänen kasvoiltaan, tuijotan mutrussa olevaa suuta. Kunpa Hilma voisi rentoutua edes nukkuessaan, olisi niin kuin Eevi, joka makaa sängyssä leveästi, toinen käsi valuu velttona laidan yli.

Antti istuu keittiössä, on kaatanut itselleen viiniä. Kynttilän liekki leikkii Antin kasvoilla.

– Otatko sä?

– Kaada vaan.

Huomaan, että Antti on siivonnut keittiön, tiskipöytä ammottaa tyhjyyttään. Koti ei tunnu tällä hetkellä omalta. Milloin olen viimeksi tiskannut tai laittanut lapsia nukkumaan? Istun keittiön pöydässä kuin vieras, Antti on laittanut leivänkin minulle valmiiksi. Viinissä on karvas maku, silti se lämmittää.

– Mitäs Siljalle?

Tuntuu vaikealta aloittaa. Yritän kertoa sihahtavista ässistä, laulusta, suklaasta, jota on pitänyt syödä hitaasti ja säännöstellen. Kivusta, joka lävistää arvaamatta, avuttomuudesta, joka tekee toimintakyvyttömäksi. Selitän Antille, miten kieltä pitää käyttää ja jumpata. Miten Silja käy puheterapiassa ja joutuu harjoittelemaan leivänpalan kuljettamista kielenreunalta toiselle. Antti haukottelee, vilkaisee kelloa. Hän on turvallisen kaukana tästä kaikesta, saa kuulla kaikesta suodatetun version.

– Sä et jaksa kuunnella.

Hörppään mielenosoituksellisesti koko lasin tyhjäksi.

– Kyllä mä kuuntelen. Päivä vaan on ollut pitkä. Käytiin tyttöjen kanssa uimahallissa ja vielä illalla luistelemassa. Kiva, kun tulit iltajunalla kotiin. Syö nyt se leipä, puolikas edes.

Tuijotan voileipää. Se on juuri sellainen kuin haluan: pieni silaus voita, juusto, symmetrisesti asetellut kurkunsiivut. Silti ajatuskin syömisestä väsyttää. Mietin, miten Silja joutuisi taistelemaan jokaisen suupalan kanssa.

Antin nukahdettua kuuntelen hänen hengitystään, joka muuttuu vähitellen kevyeksi kuorsaukseksi. Unen rajamailla ajattelen, että nyt Siljan kielikin saa levätä. Nuku vain, Antti. Nuku nyt, Silja. Nukkukaa tekin, Hilma ja Eevi. Lapsuuden iltarukouksessa luettelin kaikki: sukulaiset, naapurit, lehmät, kissat ja kanat. Jos olisin jättänyt yhdenkin mainitsematta, joku ei olisi ollut turvassa.

22

Silja soittaa, kun tunnin alkuun on enää viisi minuuttia. Ympäriltä kuuluu meteliä, joku potkaisee vessan ovea. Teeskentelen, etten kuullut mitään ja siirryn hieman kauemmas, ja meteli jää taakse. Ehdin onneksi vastata puheluun.

– Missä sä olet? Hirveä mekkala!

– Välituntivalvonnassa, mutta nyt pitäisi olla vähän rauhallisempaa.

Käytävän toiselta puolelta kuuluu jonkun huuto. Käännyn katsomaan, että kaikki on kunnossa. Huomaan, että kädet hikoavat ja suu tuntuu kuivalta. Miksi Silja soittaa minulle kesken työpäivän?

– Kasvain on saatu kokonaan pois! Varjokuvissa ei näkynyt mitään ylimääräistä.

Siljan äänessä on riemua. Sama riemu kuin silloin, kun hän teki ensimmäisen onnistuneen kärrynpyörän puomilla. Olin salin toisella puolella, mutta yhtäkkiä huomasin, että Silja juoksi minua kohti. Näin heti hänen silmistään, että hän oli vihdoin onnistunut. Silja hyppäsi kaulaan, niin että melkein kaaduimme.

Ilo tarttuu hetkessä minuun. Oppilaat katoavat ympäriltä, menkööt vessaan nuuskaamaan, käykööt vaikka toistensa kimppuun. Äiti, tietääkö äiti jo? Antti, mitä Antti sanoisi? Kaappaisi tiukkaan halaukseen, siirtäisi tukkaa korvan taakse.

– Mulla on lisää hyviä uutisia.

– Kerro.

– Lääkäri sanoi, että sädehoitoja ei tarvita. Mä oon nyt virallisesti terve.

– Ihan mieletöntä!

Siljalla tuntuu olevan paljon asiaa. Ehkä minä olen ensimmäinen ihminen, jolle hän soittaa.

– Sopiiko, että mä soitan heti töiden jälkeen? Mulla alkaa nyt tunti.

Kävellessäni luokkaan kiinnitän huomioni lattiaan. Laattojen rivit ovat ihmeellisen suoria ja laatat ehjiä, vaikka tästä vaeltaa monta sataa nuorta joka päivä painavine huolineen ja reppuineen. Luokkani edessä huomaan yhdessä laatassa halkeaman, johon on vedetty lakkaa päälle. Samalla tavalla Siljakin on korjattu. Ässät sujuvat päivä päivältä paremmin, kieliharjoitukset tuottavat tulosta. Jogurtit ja smoothiet menevät jo hyvin, lähiviikkoina Silja saa siirtyä yhä karkeampaan ruokaan. Olisiko kaikki nyt lopullisesti ohi ja jokainen askel veisi eteenpäin?

23

– Äiti, meille tulee ehkä koira!

Eevi juoksee ulko-ovelle vastaan. Ehdin hädin tuskin laskea kauppakassit maahan, kun hän jo hyppää syliini. Pää kopsahtaa ikävästi leukaani, mutta en halua latistaa intoa. Antti ja Hilma ovat tulleet Eevin perässä eteiseen. Hilma hymyilee, mutta Antti näyttää vähän jännittyneeltä. Tajuan, että nyt puhutaan ihan oikeasta koirasta.

– Nyt joku voisi kertoa mullekin, mistä on kysymys.

– Isän kaverin koira muuttaa meille, Eevi sanoo.

– Siis se tulisi välillä kylään. Sen nimi on Zorro, Hilma lisää.

Koiran nimi kuulostaa pahaenteisestä, mieleen tulee jokin musta ja villi. Katson kysyvästi molempia tyttöjä, sitten Anttia. Antti alkaa kertoa, että hänen työkaverillaan on kahden vuoden ikäinen labradorinnoutaja. Töissä oli tullut puhetta, että koira tarvitsisi välillä hoitopaikkaa. Mies oli eronnut muutama kuukausi sitten, ja koira oli jäänyt hänelle. Ex-vaimon uudella miesystävällä oli allergia, eikä koira voinut niin vain siirtyä lasten mukana. Lisäksi mies kaipasi välillä omaakin aikaa silloin, kun lapset olivat äidillään. Ero oli ottanut koville.

– Mä vähän niin kuin lupasin jo, Antti sanoo, mutta ei näytä yhtään nololta.

– Mutta jutellaan nyt ensin rauhassa, hän jatkaa ja tulee hakemaan kauppakassit.

Antti kantaa ostokset keittiöön ja alkaa lastata ostoksia jääkaappiin. Hän näyttää minulle kännykältä Zorron kuvaa. Zorro on kokonaan musta, tummat nappisilmät tuskin erottuvat tummasta väristä. Koira on voimakasrakenteinen ja karkeakarvainen. Kuinka paljon tuollaisesta otuksesta lähtee karvaa? Tytöt häärivät yhä ympärillä, vaikka oikeastaan haluaisin käydä keskustelun ilman heitä. Kaadan itselleni lasin vettä ja istun pöytään. Antti on saanut tavarat kaappiin ja istuu vastapäätä.

– Mä näen tässä valtavasti hyviä puolia.

Antin mukaan koirasta olisi tytöille paljon iloa. Zorro on omassa perheessään tottunut lapsiin ja tämänikäistä koiraa ei tarvitse enää kouluttaa. Rotukin on kuulemma hyvä lapsiperheeseen, seurallinen ja uskollinen.

Yritän huokaista sisäänpäin. En ole koskaan ollut koiraihminen. Antti taas on aina rakastanut eläimiä. Jos kyläpaikassa on koira, hän löytää usein paikkansa koiran vierestä lattialta tai matolta. Tiedän, että hän on aina haaveillut koirasta. Kun Antti oli pieni, heillä oli kultainennoutaja.

– Kuinka usein se tulisi tänne? kysyn.

Antti on selvästi miettinyt vastausta. Hän sanoo, että tässä edettäisiin ihan perheemme ehdoilla. Eli minun ehdoillani, ajattelen. Tiedän, että minun täytyy saada pohtia asiaa vähän aikaa.

– Mä mietin muutaman päivän.

– Jee! Eevi huutaa ja alkaa hyppiä tasajalkaa lattialla.

Hän pomppii siskonsa luokse, ja hetkessä tytöt huutavat ja tanssivat lattialla villisti. Kun suurin huuto on loppunut, selitän, etten ole vielä luvannut mitään. Ehkä hoitokoira olisi sopiva alku jollekin uudelle. Tuntuu, että olen sen velkaa. Yhtäkkiä tekee mieli soittaa koirasta Siljallekin. Arvaan kysymättäkin, mitä Silja sanoisi. Käskisi ilman muuta suostua.

– Mä en sitten ota minkäänlaista ulkoilutusvastuuta. Koira olisi sun vastuulla.

Antti nyökkää ja hymyilee, näyttää sillä hetkellä aivan pikkupojalta, jonka suurin haave on toteutunut.

OSA 2

1

Päivä on jo aavistuksen pidempi. On valoisaa, vaikka kello on jo puoli viisi. Muutamassa viikossa paksu lumikerros on laskeutunut kaikkialle. Maisema uinuu tyynenä lumipeitteen alla, ja pimeä sydäntalvi on pian kääntymässä kevättalveen. Vastaantulevien autojen valot häikäisevät. Muutkin ovat palaamassa töistä kotiin. Etsin kännykästä Siljan numeron. Nyt on hyvää aikaa soittaa, koska illasta on tulossa kiireinen.

Silja on tänään hyvällä tuulella, ääni on reipas ja puhekin tuntuu selvemmältä. Hän kysyy malttamattomana minun työpäivästäni ja tuntuu kuuntelevan hajamielisesti. Hänellä on selvästi jotakin asiaa.

– Arvaa, mitä mä pystyin tänään syömään?

– No?

– Mä soin päiväkahvilla korvapuustin puolikkaan.

– Oho! Miten sä sen teit?

– Murustin pieniksi paloiksi ja otin maitoa päälle. Ei edes yskittänyt. Entä mun puhe?

– On se kehittynyt taas.

Siljaa pitää kehua joka puhelussa niin kuin pikkulasta. Puheterapeutti on Siljan mukaan aivan liian vaativa, vaikka todellisuudessa vaativin on luultavasti Silja itse. Hänen pitää jaksaa tehdä kieliharjoituksia joka päivä useita kertoja, kuljettaa leipäpalaa kielen laidalta toiselle. En osaa edes kuvitella, miten turhauttavaa on opetella sellaista, minkä on joskus osannut.

Olen tottunut olemaan koko ajan vähän varuillani. On paljon aiheita, joita en uskalla ottaa puheeksi. En voi kehua onnistunutta ruokareseptiä tai iloita siitä, miten Hilman ärrä ja ässä edistyvät. Roolit ovat kääntyneet ylösalaisin. Nyt minä olen isosisko, joka tsemppaa ja valaa uskoa. Välillä mietin, voiko syömisellä vitsailla ja uskallanko sanoa jotakin keventävää. Joskus lohkaisen, että nyt kukaan ei voi ainakaan valittaa, jos Silja jättää ruokaa lautaselle. Joskus Silja lähtee leikkiin mukaan, mutta toisinaan hän ei vastaa mitään.

Olen nähnyt itsekin, miten kova ponnistus syöminen edelleen on. Lusikallinen suuhun, kielen liikuttelua puolelta toiselle, ja silti yksi suupala tuntuu pyörivän suussa vaikka kuinka kauan. Puurot, keitot ja smoothiet menevät jo, pasta ja kanasuikaleet eivät liiku vielä millään. Yhtäkkiä hänen tekee mieli kaikkea sellaista, mitä hän ei yleensä syö, karjalanpaistia ja lihakeittoa.

Kolme viikkoa sitten Silja palasi töihinsä terveysasemalle. Ensimmäisellä työviikolla Silja soitti minulle itkien joka päivä. Sanat jäivät kurkkuun ja kaikki tuntuivat tuijottavan pidempään, kiinnittävän huomiota hänen suuhunsa. Yhtäkkiä Silja huomasi takeltelevansa yksinkertaisissakin sanoissa ja sekoilevansa asioissakin. Yritin lohdutella, että ensimmäiset päivät olisivat kaikista vaikeimpia. Muut kyllä tottuisivat uuteen puhetapaan, ja asia tuntuisi suurimmalta juuri hänen mielestään.

Kaarran kotipihaan, mutta en jaksa vielä nousta autosta. Alan kertoa Siljalle, miten paljon minua jännittää. Zorro on tulossa ensimmäistä kertaa hoitoon muutaman päivän kuluttua. Mitä, jos se onkin liian villi tai jopa arvaamaton niin, että meidän pitää olla varuillaan Eevin ja Hilman vuoksi? Ja voiko se mennä järsimään sähköjohtoja tai lirauttaa pissat olohuoneen matolle? Tekisi mieli peruuttaa koko juttu, mutta olisi ikävä tuottaa Antille ja tytöille pettymys, he ovat odottaneet koiraa jo monta päivää. Antti on käynyt ostamassa jo ruokakupinkin.

– Pörrökö sen nimi oli?

– Ei kun Zorro, naurahdan.

– No, melkein sama asia. Älä murehdi etukäteen. Mä oon ihan varma, että kaikki menee hyvin. Sä tulet vielä ihastumaan siihen.

2

Kun olin aivan vastasyntynyt, et halunnut ottaa minua syliin, vaikka äiti oli vierellä tukena. Olit kuulemma osoittanut kasvojani ja sanonut:

– Ruma.

– Se on sun pikkusisko. Sun täytyy pitää siitä huolta, äiti oli torunut ja nostanut minut syliinsä.

Lastenkirjoissa vastasyntyneet olivat jokellelleet, ojentaneet pulleita sormiaan ja nauraneet koko hampaattoman rivistön voimin. Minä en reagoinut sinuun millään tavalla. Vielä muutaman kuukauden ikäisenäkään en tarttunut ojentamaasi helistimeen, enkä kääntynyt vatsalta selälleen, vaikka kuinka yritit. Äiti kertoi myöhemmin, että olit kouluttanut minua kuin koiraa, yrittänyt opettaa uusia temppuja.

Jossakin vaiheessa se kaikki muuttui. Minusta tuli sinun koiranpentusi, pikkusisko, jolle teit kaiken, mitä halusit. Teit tukkani täyteen pikkulettejä, halusit leikata minun varpaankynnet. Puetit minulle kaikki vaatekaappimme vaatteet, teit mitä erikoisempia asukokonaisuuksia ja pyysit minua pyörähtelemään peilin edessä. Minä tein uskollisesti kaiken, mitä halusit. Minusta oli hauskaa, kun sinulla oli niin paljon mielikuvitusta. Ikinä ei tiennyt, mitä keksisit seuraavaksi.

Tiedätkö sinä, kuinka paljon minä ihailin sinua? Osoitin kaikille katsomosta, että tuolla kilpailee minun isosiskoni. Puomisarjasi aikana jännitin omatkin pohkeeni kivikoviksi, annoin mielessäni sinulle ohjeita ja osasin kaikki sarjasi ulkoa. Laskin mielessäni numerosarjoja yhä uudelleen ja uudelleen ja monta kertaa sain sinut onnistumaan ja välttämään loukkaantumisia. Äiti ja Liisa ja kaikki muutkin kehottivat minuakin kilpailemaan, mutta minä en halunnut. Kävin kilpailuryhmän treeneissä, mutta kisoissa pysyin aina turvallisesti katsomon puolella.

Seurasin sinua kaikkialle, joskus yritin tulla samaan aikaan suihkuunkin. Kuin olisin ollut uskollinen koiranpentu, jota sinä sait hoitaa ja paijata. Joskus mietin kateellisena, että joku päivä menettäisin sinun huomiosi jollekin toiselle, poikaystävälle, joskus ehkä omalle perheelle.

Joskus ne sitten tulivat. Hetket, jolloin kaikki pimeni. En osannut aavistaa sitä, enkä oikein ymmärtänytkään. Yhtäkkiä kaikkialla oli mustaa, syvää, ruosteista vettä. Muu maailma liukui kauemmaksi ja äänet loittonivat. Olin aivan yksin. En osannut sanoa kenellekään, kuinka paljon pelkäsin, että jotakin pahaa tapahtuisi. Pahimmassa tapauksessa kaikki voisi olla minun syytäni. Mitä, jos kamppaisin jonkun vahingossa liikuntatunnilla ja aiheuttaisin jollekin aivotärähdyksen? Mitä, jos lumipallo lipsahtaisi kädestäni ja osuisi jonkun silmään ja joku menettäisi näkönsä? Maailma oli yhtäkkiä täynnä uhkia.

Muistan kerran, jolloin naapurin Aune oli kahvilla. Istuin pöydässä ja vahvistin ruutupaperin ruutuja. Muut puhuivat ympärillä, minulle ruuduilla oli enemmän sanottavaa.

– Kyllä osaa lapsi olla omissa oloissaan, ei näe, eikä kuule, Aunetäti tokaisi yhtäkkiä.

Tietysti minä näin ja kuulin kaiken. Äiti meni vaivautuneen oloiseksi, vilkaisi vaistomaisesti Siljaan. Oli varmasti huolissaan itsekin, miten vaikea minua oli saada omasta maailmastani pois.

Yhtäkkiä sinä irvistit minulle Aunen selän takaa. Nostit suupielen samanlaiseen virneeseen kuin Aunella, vähän toispuoliseen irvistykseen. Silläkin kertaa sinä pelastit minut, asetuit minun puolelleni. Meitä alkoi naurattaa niin, että saimme vain vaivalla säilytettyä kasvot peruslukemilla. Aune jatkoi selittämistään, näytti yhtäkkiä rumalta ja vanhalta, sylki kiilteli suupielissä. Yhtäkkiä minun kävi häntä sääli, hän kuolisi vanhana ja yksin, meillä olisi Siljan kanssa aina toisemme.

Kerran sinä löysit minut mummolasta halkopinon vierestä, perhonen kädessäni. Perhosen siivet olivat haljenneet, mutta se värisi yhä. Jokin minussa toivoi, että perhonen kuolisi ja kipu loppuisi, ja toinen puoli pelkäsi kuolemista. Osasin laskea silloin vasta viiteenkymmeneen ja luettelin numeroita yksi toisensa perään. Perhonen ei enää koskaan lentäisi. Pian sitä ei enää olisi, eikä toista samanlaista enää tulisi.

Yhtäkkiä sinä olit siinä, seisoit edessäni kuin enkeli. Oli kirkasta, tuntui, että olisimme olleet taivaassa.

– Anna se tänne.

– Sen siivet liikkuu vielä.

– Jos se elää, se pitää tappaa. Se kärsii muuten.

Äänesi kuulosti käskevältä. Ojensin kättäni ja jalkoihin valahti paino. Miksi en ollut tajunnut perhosen parasta? Perhonen ryömi rampana kämmenelläni, otti viimeiset askeleensa. Otit perhosen ja asetit sen lähimmän halon päälle. Sitten nostit toisen halon ja iskit. Niin kevyesti ja helposti se kävi, suuri ja raskas teko. Kolmekymmentäkahdeksan, kolmekymmentäyhdeksän. Perhosta ei enää ollut.

– Nyt me mennään sisälle ja mä letitän sun tukan.

Näin sinä aina toimit, ratkaisit vaikeat tilanteet tekemällä ja toimimalla. Komensit minut sisälle, voitelit sämpylän, kaadoit lasiin viinimarjamehua ja pakotit juomaan. Tällä kertaa käskit minut lattialle istumaan ja aloit laittaa tukkaani. Sormesi olivat napakat ja lempeät, miten onnistuitkin yhdistämään kaksi niin erilaista otetta. Laitoin silmät kiinni, sormesi etsivät yhä uusia reittejä tukkaani. Vähitellen värit laskeutuivat tupaan, sohva näytti taas ruskealta ja ryijyssä oli sama ruma oranssi. Olin koiranpentu, joka oli emon turvallisessa sylissä. Vähän ajan päästä huomasin, että olit nostanut kätesi pois tukastani, mutta käsiesi lämpö tuntui yhä. Nousit ylös ja sanoit:

– Mennään ottamaan kellarista Jaffaa!

3

Ensimmäinen ajatus on, että olemme tehneet virheen. Zorro lönköttelee ympäri asuntoa, työntää kuonollaan makuuhuoneemme oven auki, kun se on epähuomiossa jäänyt raolleen. Antti komentaa koiraa, mutta tietenkään se ei vielä tottele. Antti menee perässä ja raahaa koiran kaulapannasta olohuoneeseen. Zorro on sen verran iso, ettei sitä niin vain oteta syliin.

Tutustumiskierroksen päätteeksi Zorro hyppää nojatuoliin ja pyyhkäisee vahingossa sivupöydällä olevaa kukkaruukkua hännällään. Ruukku kellahtaa maahan, ja mullat leviävät ympäri valkoista lattiaa. Komennan koiran alas, mutta se ei lotkautakaan korviaan. Pitääkö minun nostaa tuollainen mammutti alas? Onneksi Zorro viihtyy nojatuolissa vain hetken, ennen kuin se tassuttelee eteiseen. Kiitän mielessäni, että olemme kääríneet matot rullalle ja laittaneet sohvalle viltin suojaksi. Voi helvetti, mikä sotku tästä on kehkeytymässä!

– Ja tämäkö on muka säyseä ja koulutettu? kysyn pistävästi ja lähden hakemaan imuria.

– Kyllä se siitä rauhoittuu, Antti lohduttaa.

Antti painelee koiran perässä eteiseen. Napsautan mielenosoituksellisesti imurin päälle ja osoitan kiukkuisesti imurinvarrella kohti koiraa. Zorro on käpertynyt tuulikaappiin kerälle, Antti on istunut sen viereen lattialle. Pysyköön vaikka molemmat siellä loppuajan, mietin mielessäni.

Kun olen saanut imuroinnin loppuun, Zorro makaa yhä samalla paikalla. Se vilkaisee minua, ihan niin kuin se näyttäisi vähän katuvalta. Tytötkin ovat jo uskaltautuneet silittämään koiraa. Antti on vieressä varmistamassa, ettei Zorro käyttäydy arvaamattomasti. Hilma silittää päälakea, Eevin kädet kulkevat aina koiran lanteille asti. On pakko myöntää, että koko joukkio näyttää tyytyväiseltä. Ehkä koiralle on annettava vielä uusi mahdollisuus.

Aloitushulinoiden jälkeen Zorrosta ei ole sen suurempaa vaivaa. Tytöt viihtyvät koiran kanssa, ja Anttikin makaa melkein koko illan koiran vieressä lattialla. Olemme sopineet ensimmäisen vierailun tarkoituksella lyhyemmäksi, jotta Zorro saa tottua uuteen ympäristöön ja me siihen. Tytöt kilpailevat siitä, kumpi saa laittaa koiralle hihnan. Eevi ei vielä selviä hommasta itse, mutta haluaa olla Antin kanssa pujottamassa kaulapantaa. Hilmalla on vyölaukussaan kakkapusseja ja muutama nappula.

Katson ikkunasta, miten koko kolmikko kulkee suojatien yli. Antti taluttaa koiraa, tytöt kulkevat kuin henkivartijat koiran ympärillä.

– Kato, se kakkaa! Eevin huuto kuuluu sisälle asti.

Loppuillasta Zorro tulee viereeni ja katsoo kysyvästi ruskeilla nappisilmillään. Olen ainut, johon koira ei ole ottanut kontaktia päivän aikana. Mietin hetken, antaisinko koiran tulla sohvalle, mutta sitten tulen järkiini. Hetken päästä Zorro kyllästyy, tassuttelee Antin luokse ja painaa päänsä hänen reidelleen. Zorro tuhisee unissaan, ja hetken mietin, että koirassa on jotakin samaa kuin lapsissakin. Parhaimmillaan ihmeellistä rauhaa ja läsnäoloa, pahimmillaan kaaosta ja sekamelskaa.

Ennen lähtöä käyn taputtamassa Zorroa ensimmäistä kertaa. Zorro makaa eteisessä, ihan niin kuin arvaisi, että se haetaan pian. Haistan koiran ominaishajun, märän ja vähän tunkkaisen, sellaisen, joka jää leijumaan koko asuntoon ja tarttuu huonekaluihin pysyvästi. Zorro vilkaisee minua varovasti, ei selvästikään luota minuun vielä, korvatkin ovat aavistuksen koholla. Ojennan kättäni varovasti kohti päälakea, liikutan kättäni selkää kohti. Zorro vaikuttaa varautuneelta, luimistaa aavistuksen korviaan. Antti on aina sanonut, että koirat vaistoavat kyllä, kuka ei ole koiraihminen.

Hetken päästä Zorro laskee päänsä takaisin lattiaan ja tuntuu rentoutuvan hieman. Turkki tuntuu paljon pehmeämmältä, miltä näyttää. Antti on jäänyt toiselle puolelle olohuonetta seisomaan.

– Teistähän on tulossa kovaa vauhtia ystävät.

– Älä edes yritä, mä en ole vielä antanut sitä aamuista sotkua anteeksi.

– Sä olet vaan hitaasti leppyvää tyyppiä.

Zorro hengittää syvään, enkä ole varma, onko se unessa vai hereillä. Sen turkki hohkaa tasaista lämpöä. Yhtäkkiä siinä on ihmeen hyvä olla.

4

Äiti ja isä käyvät koko talven pari kertaa kuussa Siljan ja Jarkon luona. Ne ovat vanhemmilleni tärkeitä reissuja. Äiti soittaa heti kotimatkalta sunnuntai-iltana ja kertoo, miten he lämmittivät lauantai-iltana saunan ja miehet katsoivat jääkiekkoa. Kuuntelen äitiä kateellisena, on hirveä ikävä Siljaa. Emme ole nähneet leikkauksen jälkeen kuin kaksi kertaa, eikä puhelimessa jutteleminen ole sama asia.

Tytöt sairastavat läpi koko talven. Ensin tulee oksennustauti, sitten kuume ja lopuksi keuhkoputkentulehdus, ja sen jälkeen tautien sarja alkaa alusta. Monta kertaa joudumme perumaan suunnitellun koiravierailunkin, ja Anttia ja tyttöjä harmittaa. En ehdi kääriä vieraspatjaa rullalle, kun sitä tarvitaan taas ja jompikumpi meistä nukkuu lastenhuoneen lattialla. Yöt ovat repaleisia: kuuntelen tyttöjen hengitystä, heidän käännähdyksiään, yskähdykset rytmittävät yötä.

Olen töistäkin niin monta päivää pois, että hommat jäävät rästiin. Joskus oppilaiden tekstien korjaamiselle ei ole muuta aikaa kuin alkuyö. Muutaman kerran soitan aivan puolikuolleena Siljalle ja ajattelen, etten kestä, jos hän alkaa valittaa. Jostakin Silja aistii sen, eikä sillä kertaa valita yhtään.

– Laitat niille punaviinimarjamehua. Annat niiden käydä vähän ulkona, muuten teillä kaatuu seinät päälle. Syötte jäätelöä, se piristää aina. Kyllä sä taas ehdit tänne.

Vihdoin maaliskuun viimeisenä viikonloppuna pääsen Siljan luokse. Olen jättänyt Antin ja tytöt kotiin, lähtenyt matkaan aikaisin aamulla. Silja on minua asemalla vastassa niin kuin ennen vanhaan. Hänellä on uusi keltainen talvitakki, hän hymyilee ja heiluttaa ihmismeren läpi. Hän näyttää voimakkaalta ja on saanut takaisin pudonneet kilot. Halaamme pitkään. Sitten Silja irrottautuu ja ottaa pipon pois päästä, paljastaa tukan, jossa on kuparisia raitoja.

– Mitäs sanot?

– Ihan sairaan hieno! Sä oot niin pirteän näköinen.

– Mä teen nykyään kaiken, mitä mua huvittaa. Jos haluan mennä parturiin, varaan heti ajan. Tämä takkikin maksoi yli kaksisataa euroa, enkä miettinyt kuin puoli minuuttia.

Illalla päätämme tehdä pizzaa. Silja toimii keittiössä yhtä ripeästi kuin ennenkin. Hän kaivelee kaapista pannuja ja löytää hetkessä kuivakaapista oikeat raaka-aineet. Vasen ranne on vahvistunut, siitä on lähtenyt heiveröisyys ja puna. Silja pystyy jo syömään pizzaa, kunhan siitä tekee tarpeeksi pieniä paloja ja huuhtelee suullisen alas maitolasilla.

Silja käskee minua levittämään pohjan pellille ja raastamaan juuston jo valmiiksi. Tartun heti puuhaan. Olen mielelläni apukokki; nautin, kun Silja komentaa. Silja katsoo tiskiharja kädessä, miten kömpelösti levittelen taikinaa leivinpaperin päälle. Pohjaan repeää suuria reikiä. Silja tirskahtaa.

– Tuleekohan tuosta mitään? Sä et ole kyllä koskaan ollut mikään martta.

– Ja ajattele, meistä kahdesta musta tuli äiti.

Sanoinko liian varomattomasti? Ilme ei ainakaan paljasta mitään. Yhtäkkiä tekisi mieli sanoa, että olen alkanut haaveilla taas lapsesta. Kuukautiset ovat alkaneet normaalisti, ja kaikki on kunnossa. Hetki ei tunnu kuitenkaan oikealta.

– Mä tiesin jo lapsena, että susta tulee hyvä äiti.

Katson pohjaa tarkemmin. Olen saanut kurottua suurimmat aukot umpeen.

– Ei tästä taida tulla tämän parempaa. Jos vaan laittaisin tähän täytteet päälle?

– Anna mä autan.

Ruuan jälkeen istumme sohvalle. Jarkko antaa meidän olla rauhassa, on mennyt yläkertaan puuhailemaan omiaan. Silja napsauttaa television päälle ja työntää jalkansa minun vilttini alle. Missä vaiheessa kävi niin, että se mistä ennen riideltiin, kuului yhtä lailla toisellekin? Liikautan jalkojani sivuun ja teen Siljalle tilaa, vaikka oma asento muuttuukin huonommaksi. Silja työntää reitensä ihan kiinni minuun. Peiton alla tulee hetkessä liian kuuma, ja toinen jalka tuntuu puutuvan, mutta en halua liikahtaa. Silja on siinä, hetken hengityksemmekin kulkevat samaan rytmiin.

5

Auringonvalo paistaa suoraan Siljan hymyileville kasvoille. Siljalla on kuvassa kirkkaankeltainen mekko päällään, hän loistaa kuin aurinko. Jos suurentaa kännykän kuvaa ja katsoo oikein tarkkaan, huomaa leikkausarven enää pienenä kiemurtelevana käärmeenä kaulalla. Arpi on ollut kaulalla nyt viisi kuukautta, kasvanut osaksi ihoa, niin kuin se olisi ollut siinä aina.

Itävallan reissua edeltävänä iltana puhelin soi myöhään. Olin jo sängyssä ja ehdin ajatella, että jotakin oli hätänä. Pystyisikö Silja sittenkään lähtemään?

– Sori, kun mä soitin näin myöhään. Mä vaan en ole pitkään aikaan ollut näin onnellinen.

Huokaisin helpottuneena ja annoin Siljan jatkaa. Silja oli taas päässyt jatkamaan kuoroharrastustaan. Hän oli saanut johtajalta kehuja siitä, että pystyi pysymään hyvin muiden mukana, vaikka jättikin joitakin kohtia laulamatta.

– Ajatella, Itävallassa on jo täysi kesä.

– Onko kaikki jo pakattu?

– Ajat sitten jo.

Silja oli aina ollut tarkka siitä, ettei ottanut mitään turhaan mukaan. Muistan, miten tarkasti hän jo lapsena pakkasi vaatteensa muovipusseihin, puristi niistä turhan ilman pois. Ensimmäisellä ulkomaanmatkallamme neljän vuoden ikäero oli vielä suuri: minä en vielä osannut uida kunnolla, kun Silja paineli jo syvällä aalloissa, kerrankin vesi oli hänelle sopivan lämmintä.

Viimeisellä ulkomaanmatkallamme osasin jo uida hyvin ja olisin viihtynyt vedessä pitkiäkin aikoja, mutta Silja ei suostunut tulemaan mereen. Yksin uiminen tuntui tylsältä. Mitä hyötyä oli hyppiä aaltojen yli yksin? Katselin rannalle päin, Silja makasi pyyhkeellään katse taivasta kohti. Hetken kuluttua palasin muiden luokse. Silja oli levittänyt sillä aikaa iholleen paksun kerroksen aurinkorasvaa. Otsalla oli muutama punainen finni, aurinko sai ne kiiltämään vieläkin punaisempana.

– Otat sitten finneillekin aurinkoa.

Sen oli tarkoitus olla vitsi, mutta Silja vilkaisi minua vihaisesti kulmien alta ja kääntyi selälleen. Äiti kohottautui istumaan.

– Anna Siljan olla, ei se voi uida nyt, kun sillä on -

– Älä!

Silja mulkaisi äitiä ja nousi ylös. Hän käveli päättäväisenä rantaan ja alkoi huljuttaa varpaitaan vedessä.

– Silja on vähän kiukkuinen, kun sille sattui kuukautiset reissun ajaksi.

Miksi en tiennyt Siljan asioista enää mitään? Silja oli alkanut viettää vessassa pitkiä aikoja ja laittoi aina tarkasti oven lukkoon. Aikaisemmin olin saanut mennä koputtelemaan kesken kaiken. Hän ei enää suostunut tulemaan kanssani ulos leikkimään. Kun yritin mennä esittelemään hänelle uusia tuoksutarrojani, hän nyrpisti nenäänsä ja kieltäytyi haistelemasta. Kerran olin jopa löytänyt hänen tarrojaan roskiksesta, vaikka Silja oli aina ollut tarkka niistä. Poimin tarrat ja yritin silotella niitä kämmenellä kirjoituspöytää vasten. Sitten sujautin tarrat oman kansioni väliin ja mietin, suuttuisiko Silja, jos hän huomaisi.

Joskus, kun Silja oli oikein ilkeä minulle, menin valittamaan äidille. Äiti katsoi minua pitkään ja huokaisi:

– Siljasta on tullut teini.

Vihasin sanaa koko sydämeni kyllyydestä. Miksi äitikin asettui niin helposti Siljan puolelle?

Kaikista surullisinta oli se, että Silja oli yhtäkkiä lopettanut voimistelun kesken lukuvuoden. Liisa oli soittanut kaksi kertaa perään, mutta Silja ei ollut suostunut muuttamaan mieltään. Ei ollut enää ketään, kenen kanssa harjoitella kotona käsilläseisontoja ja spagaattia. Treeneissäkin tunsin oloni yksinäiseksi. Huomasin, että katse hakeutui vielä vanhastaan ympäri salia. Kun onnistuin jossakin, ei ollut ketään, kuka olisi iloinnut kanssani. Voimaharjoituksissa puristin itsestäni kaiken irti, halusin tehdä kahden puolesta.

6

– Jumalauta, mitä mökää täällä kuunnellaan!

Isän seisoi tulistuneena huoneemme ovella, äiti näytti rauhallisemmalta. Makasin sängyssäni kirja kädessä, vaikka lukemisesta ei tullut tässä metelissä mitään. Raptori oli puskenut ilmoille niin rumia sanoja, että minua hävetti. Miten Silja saattoi kuunnella tuollaista roskaa? Silja istui koulupöydän ääressä ja laittoi heti päiväkirjansa kiinni.

– Laita nyt ainakin vähän hiljempaa, aika rumia tuossa lauletaan, äiti sanoi.

Siljan käsi kävi mankalla ja musiikki vaimeni. Hän katsoi ensin äitiin ja isään ja käänsi sitten lopuksi katseensa minuun. Katseessa oli halveksuntaa.

– Te ette ymmärrä mitään! Mä haluan oman huoneen! Kaikilla mun kavereillakin on.

Miksi kaikesta oli tullut näin vaikeaa? Silja piti katseensa edelleen minussa, nosti hieman oikeaa suupieltään. Silmiin tuli entistäkin ivallisempi pilke.

– Onko Maaria taas käynyt valittamassa?

– Älä yritä syyttää ketään muuta, isän ääni kohosi uudelleen.

Isän katse kiersi seinillä. Ne olivat täynnä kuvia nahkatakkisista rokkitähdistä.

– Seinätkin on peitetty niin rumilla naamoilla. Naamassa on niittiä enemmän kuin nitojassa.

Näin, että äitiä alkoi hymyilyttää. Kun isä suuttui, hänellä ampui herkästi yli. Minua ei kuitenkaan naurattanut. Olin täsmälleen samaa mieltä kuin isä. Silja oli kerännyt eläinjulisteet seinältä ja sullonut pehmolelurivistönsä muovipussiin. Sängyn viereinen seinä oli ahdettu täyteen Suosikin julisteita. Minun sänkyni yläpuolella olevat koirajulisteet katselivat niitä surumielisesti pää kallellaan. Huone ei tuntunut enää omalta.

Siljalla oli nyt jotain, mihin minä en kuulunut. Oma maailmansa, kuukautiset ja ripsivärit. Hän kirjoitti päiväkirjaansa pojista, joista piti ja joita vihasi. Hän oli alkanut viettää tuntikaupalla aikaa peilin edessä, eikä huoneeseen silloin saanut mennä.

Kerran olin salaa sängyn alla vakoilemassa, kun Silja puristeli finnejä peilin edessä. Mokomakin matonaama! Tiesin, että Silja tappaisi minut, jos tietäisi. Yhtäkkiä kurkkua kutitti, teki mieli yskäistä. Yksikin yskähdys ja kaikki olisi pilalla, Silja ei koskaan antaisi anteeksi. Sydän takoi, pian olisi pakko yskäistä. Kuljetin kielellä limaa kurkkua kohti, ja lopulta yskänkohtaus meni ohi. Iäisyydeltä tuntuvan ajan jälkeen Silja lähti käymään vessassa, ja sillä aikaa tulin pois piilostani.

7

Ovikello soi. Hilma ja Eevi juoksevat kilpaa ovelle niin, että eteisen matto rullautuu makkaralle. Hilma yrittää räpeltää ovea auki, kääntää lukkoa väärään suuntaan. Lopulta ovi aukeaa ja Silja seisoo ovella. Hymy ulottuu korviin asti, ja Silja levittää kätensä.

– Tädillä on ollut teitä kauhea ikävä. Nyt meillä onkin monta pitkää päivää yhdessä.

Silja on tullut Hilman syntymäpäivää edeltävänä päivänä valmistelemaan juhlia. Tytöt epäröivät hetken, mutta menevät sitten syliin. He ovat nähneet viimeisen puolen vuoden aikana tätiään niin vähän, että ei ihme, että he vierastavat. Eevi irrottautuu Siljan otteesta ensin.

– Toitko sä jotakin?

Minä ja Silja purskahdamme nauruun, mutta Eevi näyttää hämmentyneeltä. Silja kokoaa itsensä nopeasti, ei halua nolostuttaa Eeviä.

– Tietysti. Toin teille tuliaisia Itävallasta. Ne on vielä paketissa.

Silja ojentaa molemmille oman paketin. Eevi sieppaa lahjansa Siljan kädestä, ja vikkelät sormet repivät kääreen hetkessä auki.

Papereista paljastuu vaaleanpunainen kiiltosilmäkissa. Eevin silmät loistavat, ja hän puristaa onnellisena pehmolelun rintaansa vasten. Hilma ei tee elettäkään lahjan avaamiseksi. Silja nyökkää rohkaisevasti.

– Avaa vaan.

Hilman paketista paljastuu sininen, kiiltosilmäinen koira. Eevi astuu lähemmäs, mittailee katseellaan koiraa. Sitten hän pyytää Hilmaa antamaan oman pehmolelunsa, ja asettaa ne vierekkäin lipaston päälle. Hetken pelkään, että tytöille puhkeaa riita, mutta sitten Eevi ojentaa koiran takaisin Hilmalle. Silja on sillä aikaa riisunut ulkovaatteensa.

– Onko teillä jotakin näytettävää tädille?

– Meillä on ihan uusi huone, Eevi innostuu.

– Uusi huone?

– Isi laittoi meille uudet tapetit. Me saatiin valita ne itse, Hilma tarkentaa.

Silja antaa tyttöjen esitellä huoneen uuden järjestyksen ja sängyt pehmoleluröykkiöineen. Lattia on hetkessä täynnä pehmoleluja ja pieniä eläinhahmoja. Sitten tytöt alkavat kertoa Zorrosta, se on tähän mennessä ollut kaksi kertaa hoidossa. Mietin, kertovatko he Siljalle siitäkin, miten viime kerran jälkeen olin aivan hermona, kun koirankarvoja oli kaikkialla, sohvalla ja meidän sänkypeitollakin. Huusin Antille, että hän oli jättänyt taas makuuhuoneen oven raolleen.

Lähden keittämään kahvia. Lastenhuoneesta kuuluu kovaääninen keskustelu, kun tytöt kilpailevat tädin huomiosta. Tytöillä on selvästi ollut ikävä Siljaa.

Olemme juuri ehtineet istua kahvipöytään, kun ovi käy ja Antti tulee kotiin. Silja nousee heti pöydästä, kävelee Anttia kohti. Hetkessä Antti kaappaa Siljan tiukkaan halaukseen.

– Kiva nähdä pitkästä aikaa.

Kahvien jälkeen menemme olohuoneeseen. Silja pyytää tytöt viereensä sohvalle ja ottaa kännykkänsä esiin. Jäämme Antin kanssa suosiolla sivummalle, arvaamme, mitä on tulossa.

– Millainen kakku leivotaan?

Silja näyttää kuvia seuraamastaan kakkublogista. Tyttöjen sormet pyyhkivät kännykän näyttöä, he haluaisivat pupukakun, kissakakun, ja vielä barbiekakunkin. Kohtaan Antin katseen, ja hymyilemme molemmat. Ihanaa nähdä Hilmakin niin innoissaan.

– Minkä sinä valitset? Silja kysyy Hilmalta lopulta, pitkään kestäneen etsinnän jälkeen.

– Ota pupukakku, Eevi kehottaa.

– Annetaan Hilman päättää itse.

– Minä haluan kissakakun.

– Se on oikein hyvä.

Silja hymyilee ja alkaa kirjoittaa reseptiä ylös. Seuraavaksi tytöt ja Silja alkavat etsiä keksiohjeita. Silja tajuaa ottaa Eevinkin mielipiteen huomioon, kirjoittaa häneltäkin muutaman ehdotuksen. Lopulta tarjottavien lista on valmis. Silja laskee kynän ja paperin pöydälle ja ojentaa kätensä venytykseen ja virnistää minulle.

– Loppuilta meneekin sitten leipoessa.

8

Hilman syntymäpäivä on kesän ensimmäinen lämmin päivä. Koivujensilmut vihertävät, ja valo on kirkasta alkukesän valoa. Koulujen loppuminen on jo lähellä. En tunnista maisemaa samaksi, jota tuijotin koko talven, kun notkuin Siljan kanssa puhelimessa.

Tuntuu hyvältä, kun talo on täynnä elämää, sekä Antin että minun perheet ovat molemmat paikalla. En muista, milloin olo olisi viimeksi ollut yhtä kevyt. Mitä, jos meitä olisikin vuoden päästä jo viisi? Saisimme yhdet syntymäpäivät lisää juhlittavaksi.

Olemme kokoontuneet Hilman ympärille seuraamaan pakettien avaamista. Hilma avaa jokaisen lahjapaketin hallitusti ja kiittää lopuksi lahjasta. Eevi hoputtaa ja huitoo vieressä. Minäkin haluaisin hoputtaa Hilmaa, kehottaa pihalle auringonpaisteeseen ja trampoliinille hyppimään. Hänen pitäisi pomppia korkeammalle, olla varomatta liikaa uusia vaaleanpunaisia sukkahousujaan. Kahvipöydässäkin Hilma puntaroi pitkään. Hän ottaa ohuen kakkusiivun ja vain yhden pikkuleivän, kun taas Eevi mutustaa kahta kerralla.

Kahvien jälkeen Antti tulee kanssani keittiöön ja auttaa laittamaan astioita koneeseen. Sipaisen ohimennen Antin kättä. Ihanaa, että hän tajuaa tulla keittiöön avuksi. Kerron Antille, miten viisi vuotta sitten oli samanlainen aurinkoinen päivä kuin nyt. Muistan, miten pienenä ja avuttomana Hilma makasi paljasta rintaani vasten.

– Sä olit koko ajan huolissasi siitä, pysyykö vauva edes elossa.

– Mutta mä tunsin itseni niin tärkeäksi.

– Oothan sä tärkeä nytkin.

– Hilma toi tullessaan auringon. Mä haluaisin kokea samanlaisen tunteen taas.

Olemme tulleet tänne asti yhdessä. Lähdimme liikkeelle kaukaa, epäilyksistä, minun vaikeuksistani kiintyä kehenkään. Jollakin ihmeen tavalla Antti on jaksanut pysyä vierelläni. Yhtäkkiä tulee halu karata hetkeksi Antin kanssa jonnekin. Seurustelun alkuaikoina teimme niin monissa juhlissa, karkasimme sanaakaan sanomatta pihalle hortoilemaan, joskus lähdimme juhlista kokonaan. Tässä vaiheessa elämää karkaaminen ei enää onnistu. Nostan käteni Antin poskelle, silitän terävää sänkeä. Antti on aina minun puolellani, silloinkin, kun en näe sitä itse.

Saunan jälkeen istumme Siljan kanssa raukeina terassilla. Päivä on ollut pitkä ja vauhdikas, olemme molemmat aivan poikki. Antti on jo mennyt laittamaan tyttöjä nukkumaan. Serpentiinit ovat unohtuneet terassin kaiteille roikkumaan ja väsähtäneet keltaiset ilmapallot leijuvat kevyesti ilmavirran mukana. Illassa on yhtäkkiä viileyttä. Kurkotan tuolin selkänojalta viltin ja ojennan sen Siljalle. Silja levittää peiton jalkojensa suojaksi.

– Ihana, kun sä tulit. Se on Hilmalle niin tärkeää.

– Jokainen syntymäpäivä on juhlittava huolella.

Sanoissa on jotakin pahaenteistä. Minun tulee hetkessä kylmä. Tekee mieli uudelleen saunaan, heittää uudelleen kovat löylyt.

Ajattelen päivänsankaria, joka nukkuu jo, kummitädiltä saatu pehmolelu kainalossaan.

Nukkumaan mennessä ristin käteni. Rakas Silja, rakas Jumala. Olen pyytänyt montaa asiaa elämässäni, mutta mitään en ole toivonut niin paljon kuin tätä: anna kaiken säilyä näin hyvin. Toistan rukouksen monta kertaa, vasta kymmenennen kohdalla irrotan kädet toisistaan.

Olen toista tuntia hereillä. Olohuoneen kello raksuttaa yöhön hiljaista tahtia, Silja käännähtää sohvalla. Ajatukset laukkaavat, tuntuvat yön pimeydessä kirkkailta.

Olohuoneen puolelta kajastaa jo valo. Tällaisina valoisina ja loputtomina muistan ne alkukesän yöt, kun Hilma syntyi. Olin niin lumoutunut pienestä vauvasta, että istuin Hilma sylissäni sohvalla osaamatta mennä nukkumaan, vaikka vauva oli jo syönyt ja nukahtanut. En halunnut hukata hetkeäkään. Sitä paitsi tuntui turvallisemmalta vahtia, että vauvalla oli kaikki hyvin. Aamuyön minuutit vaihtuivat varttitunneiksi, sitten tunneiksi ja toiseksikin. Antti tuli toisinaan ovelle ja pakotti sänkyyn.

Antti on kääriytynyt peittoon rullaksi niin, että vain pää näkyy. Yhtäkkiä haluan ottaa asian puheeksi juuri nyt. Ravistelen Anttia ensin varovasti, sitten voimakkaammin, vaikkei minulla ole tapana herättää häntä keskellä yötä. Se on meillä ihan virallinen sääntö; uni on niin tärkeää, ettei sitä saa tärvellä.

– Antti, herää. Kuuletko sä?

– Kuinka paljon kello on?

– Puoli neljä.

– Etkö sä saa unta?

– Mulla on tosi tärkeää asiaa.

Antti näyttää pöllämystyneeltä. Silmät ovat painumassa uudelleen kiinni.

– Mä haluan yrittää kolmatta lasta.

Antti ei reagoi, ei ainakaan asian edellyttämällä suuruudella. Aivan kuin kyse olisi siitä, että tyyny on tippunut lattialle.

– Nyt en oikein tajua. Puhutaanko aamulla?

– Ei, kun nyt.

Kaikki on yhtäkkiä valtavan kirkasta ja selvää. Hilma ja Eevi ovat jo kasvaneet hankalimman pikkulapsivaiheen ohi. Haluan tuntea itseni jälleen tärkeäksi, tuntea, kuinka joku kiinnittyy minuun tiukasti, alkaa kasvaa. Tahdon jotakin, jonka kehittymistä voin seurata joka päivä. Kaikista ihaninta olisi, jos meille tulisi kolmas tyttö. Hilmasta ja Eevistä tulisi vauvalle loistavia isosiskoja. Hilma osaisi jo auttaa askareissa, Eevi hauskuuttaisi siskoaan leikkimatolla.

– Tällä kertaa mä olisin parempi äiti. En enää huolehtisi kaikesta niin kuin silloin, kun tytöt oli pieniä.

Antti on noussut istumaan, napsauttanut yövalon päälle. Kelmeä valo osuu hänen kasvoilleen, hän näyttää yhtäkkiä vanhemmalta. Otsalla risteilee syviä juonteita, joita en ole ennen huomannut.

– Sä oot hyvä äiti. Ei sitä uudella lapsella tarvitse todistaa.

– Mä haluan olla tällä kertaa pidempään kotona. Ajattele, miten kätevää, että olisin kotona, kun Hilma tulee koulusta. Voisin leipoa sämpylöitä ja auttaa matikan tehtävissä.

Antti tuijottaa minua pitkään, punnitsee selvästi sanojaan. Hän vetäisee kerran henkeä ennen kuin muistuttaa, etten koskaan ollut mikään kotiäiti. Kun lapset olivat pieniä, olin heidän kanssaan koko ajan menossa. Etsin Antin äänestä ivaa, mutta en löydä. Antti pitää pienen tauon, ennen kuin jatkaa.

– Nyt ei ole oikea aika.

– Miten niin?

Antti vastaa, etten ole vielä täysin toipunut Siljan leikkauksesta. Hän on huolissaan siitä, että minulta kuluu usein liikaa aikaa nukahtamiseen tai sitten herään aamuyöllä valvomaan.

– Sittenhän mä oon hereillä, kun vauva valvottaa. Todennäköisyys tulla raskaaksi pienenee koko ajan.

– On kai mullakin joku osuus tässä? Me ei olla yhtään suunniteltu tällaista. Ja tähän kellonaikaan ei suunnitellakaan. Mä lähden neljän tunnin päästä töihin.

Antin ääni on yhtäkkiä varma ja tiukka. Ikuinen toppuuttelija ja järkeilijä. Antin pitäisi ymmärtää, että elämä on tässä ja nyt, kaikkea ei voi suunnitella. Tekee mieli kiukutella ja heittäytyä hankalaksi, uhkailla, että menen sohvalle nukkumaan. Sitten muistan, että Silja nukkuu siellä. Jokin Antin katseessa saa antamaan periksi.

– Hyvää yötä.

Antti kääntää minulle selkänsä. Unen rajamailla mietin, että synnytän sellaisen tytön, joka on vahva ja reipas. Laittaisin nuorimman jo varhain voimisteluun ja käsityökurssille, hänestä tulisi yhtä taitava käsistään kuin tädistäänkin.

9

Seurustelumme alkuaika oli Antille raskasta, koska epäilin kaikkea. Antti sen sijaan olisi ollut heti valmis heittäytymään. Hän olisi halunnut heti muutaman viikon jälkeen esitellä minut vanhemmilleen. Hän suunnitteli jo yhteistä kesää, etsi opiskelijabudjetille sopivia lentoja Välimerelle. Yritin kuvitella meitä Kreikan saaristoon veneilemään, mutta yhtäkkiä idea tuntui liian uhkarohkealta. Mitä, jos reissulla menisikin jokin pieleen?

Yhtenä iltana olimme yhtä aikaan baarissa, silloin Silja näki Antin heti ensimmäistä kertaa. Olimme seurustelleet silloin puolitoista kuukautta. Antilla ja Siljalla synkkasi heti. Heillä oli niin paljon yhteistä opintojen kautta, että tunsin itseni melkein ulkopuoliseksi. He kertoivat harjoitteluistaan, tekemistään hassuista kommelluksista. Kun Antti lähti hakemaan meille kaikille juotavaa, Silja kuiskasi:

– Pidä tuosta tyypistä kiinni.

Se oli Siljalta paljon sanottu, hän ei ollut pitänyt kaikista aiemmista poikaystävistäni. Muutaman kerran hän oli jopa mennyt puuttumaan asioihini ja saattanut minut noloon valoon. Tartuin Siljaa kädestä ja aloin kiskoa häntä tanssilattiaa kohti. Teki yhtäkkiä mieli tanssia aamuun asti.

Antin vakuutteluista huolimatta minun oli pitkään vaikea luottaa, että suhteemme kestäisi. Kun Antti vei minut ensimmäistä kertaa kavereilleen näytille yksiin bileisiin, koin itseni ulkopuoliseksi. Antti tuntui kavereidensa kanssa jotenkin toisenlaiselta. Hän oli äänekkäämpi ja riehakkaampi, avasi olutpullon hampaillaan ja otti pitkän huikan. Katsoin häntä sivummalta ja mietin, voisiko tuo ihminen koskaan ymmärtää minua täysin.

Myöhemmin samana iltana istuimme yhdessä rappusilla. Antti oli tullut seurakseni pihalle. Olin pyytänyt yhdeltä Antin kaverilta tupakan, vaikka en polttanut. Katuvalot loivat pimeään iltaan kelmeää valoa. Tuntui hyvältä, että sain puhaltaa levotonta, epämääräistä tunnetta pois. Vetäisin tupakkaa syvälle henkeeni ja puhalsin hitaasti ulos. Paleli, takki oli jäänyt sisään. Yhtäkkiä humala oli poissa ja väsytti. Oikeastaan olisin jo halunnut kotiin.

– Mä en ehkä koskaan halua lapsia, sanoin.

– Sä oot 22. Ei kai sitä voi vielä tietää?

– Mä vaan halusin varoittaa etukäteen.

Tupakka hehkui pimeässä, siitä saisi enää yhden henkäyksen. Tarjosin Antille, mutta hän kieltäytyi.

– Mä oon aika synkkä tyyppi. Meen välillä aika pohjamudissa, jään jumiin asioihin. Sellainen mä oon ollut lapsesta lähtien, jatkoin.

– En mä etsi mitään pintaliitäjää.

– Mä en ole ollenkaan varma, että tää juttu kestää.

Kylmä tuntui takapuolen alla, mutta en halunnut nousta ylös. Odotin, että Antti kysyisi jotakin, mutta hän tuijotti vain hiljaisena eteensä. Yhtäkkiä alkoi kaduttaa. Oliko minun todellakin loukattava Anttia tällä tavoin?

– Etkö sä halua kuulla enempää?

– En.

Antti nousi ylös, vilkaisi sisälle päin. En ollut vielä koskaan nähnyt häntä sellaisena. Kasvot olivat tyhjät ja ilmeettömät.

– Haluatko sä, että mä lähden? Antti kysyi.

Miksi minun oli niin vaikea uskoa, että Antti välitti minusta? Mikä minua oikein pelotti? Siljakin oli kehottanut heittäytymään juttuun täysillä. Joko nyt tai ei koskaan. Vilkaisin Anttia vielä uudestaan. Tyhjä katse oli muuttunut kysyväksi.

– Älä lähde.

– Mennään molemmat.

Antin ääni oli karhea, kun hän otti minut halaukseen. Pelkäsin haisevani tupakalta, mutta Antti ei tuntunut välittävän. Hän nosti leukaani, suuteli kevyesti ja kuiskasi:

– Ollaan tässä ja nyt. Lupaatko?

Tajusin silloin ensimmäistä kertaa, että rakastin Anttia.

10

Tyttöjen askeleet kääntyvät alamäessa juoksuksi, joudumme Siljan kanssa nopeuttamaan tahtia. Yritän huutaa auki olevista lenkkarinauhoista, mutta huuto katoaa kiljahdusten alle. Eevi viittoo minut Keinukarusellin jonosta luokseen ja työntää syliini kissareppunsa ja aurinkolasinsa. Alan sitoa hänen kengännauhojaan ja mietin, että tarralenkkarit olisivat olleet paremmat.

Vihdoin on tyttöjen vuoro. Tytöt juoksevat vierekkäisiin keinuihin. Hilma on valinnut keltaisen ja Eevi violetin keinun. Seuraan tarkasti ponnaripäistä työntekijää, joka käy varmistamassa, että kaikkien turvakaari on kiinni. Mitä tapahtuisi, jos Eevi keksisi ylhäällä avata turvaraudan ja kurkottaisi alaspäin? Laitan silmät kiinni ja päätän katsoa seuraavan kerran vasta, kun laite on jo käynnissä.

Silja tökkää kylkeeni, näen, että laite on jo käynnissä. Vielä vuosienkin takaa Silja osaa lukea minua kuin avointa kirjaa. Huomaa, miten käyn tarkistamassa hellan levyt kaksi kertaa, pistää merkille, miten varmistan kolmesti, että käsijarru on päällä. Heilutamme joka kerta, kun tytöt tulevat kohdalle. Keinujen raudat kolisevat ja posetiivimusiikki kaikuu korvissa. Viimeisillä kierroksilla Hilmalla on silmät kiinni, hän näyttää onnelliselta. Tiedän, että hän pitää eniten juuri tästä laitteesta.

Iltapäivällä aurinko menee hetkeksi pilveen, mutta ilma on yhä lämmin. Tytöt ovat mankuneet koko päivän jäätelöitä, ja Siljan mielestä nyt on hyvä hetki. Hän antaa molempien käsiin kasan kolikoita ja käskee tyttöjen mennä ostamaan jäätelöt itse.

– Ei ne vielä osaa.

– Anna niiden mennä. Me ollaan tässä lähellä.

– Riittääkö nämä? Hilma kysyy ja vilkaisee kädessään olevia kolikoita. Taidot eivät vielä riitä niiden laskemiseen.

– Ja sitten molemmille kaksi palloa, Silja vannottaa.

Tytöt katsovat toisiinsa ja juoksevat tiskille. Hilma tekee ostoksensa ensin ja jää odottamaan Eeviä. Eevi joutuu nousemaan varpailleen, jotta yltää tiskille. Eevi lähtee juoksemaan jäätelö kädessään. Jäätelö keinahtelee ilmassa, näen jo, mitä hetken päästä tapahtuu. Olen jo huutamassa, että älä juokse, mutta sitten vedän sanani takaisin. Eevi on jo ehtinyt maistaa jäätelöään, suupielissä on vaaleanpunaista todistusaineistoa.

– Katso, miten isot pallot!

– Mennään tuohon penkille syömään.

Jäätelöiden jälkeen tytöt haluavat Leppäkerttuihin. Jonossa on tyttöjenikäiset pojat, jotka eivät meinaa millään malttaa odottaa vuoroaan. Heidän äitinsä seisoo sivummalla ja komentaa. Äidillä on sylissään muutaman kuukauden ikäinen vauva, joka katselee suurilla ja pyöreillä silmillä ympärilleen. Sisaruksilla on juuri ihanteellinen ikäero: kaksi vähän isompaa, yksi pienempi. Vauvalla on suloinen vaaleankeltainen myssy päässä, vähän samanvärinen kuin Hilmalla pienenä. Eräällä puistoreissulla Hilman myssy katosi. Minua itketti, myssy oli Siljan tekemä, ensimmäinen lahja kummitädiltä. Meni monta viikkoa ennen kuin pystyin tunnustamaan asian Siljalle. Silja kuulosti huvittuneelta.

– Pääasia, että lapsi on tallella.

Ensimmäinen leppäkerttukierros on äkkiä ohi. Jonoa on niin vähän, että Hilma ja Eevi kirmaavat edelliseltä kierrokselta suoraan seuraavalle. Vallattomat veljekset seuraavat perässä. Seuraan katseellani tyttöjä, tällä kertaa he ovat valinneet punaisen vaunun.

– Mä haluaisin kolmannen lapsen.

Silja kääntyy katsomaan ja hörppää pahvimukistaan kahvia.

– Oho. Kuinka kauan te olette miettineet tätä?

– Antti ei oikein ole innostunut. Juteltiin tästä oikeastaan ensimmäistä kertaa viime yönä.

– Ei kai kukaan täysjärkinen nyt yöllä vauvasta innostu. Anna sille aikaa.

Silja kuulostaa huvittuneelta. Ihmetteleekö hän Antin reaktiota vai koko asiaa? Silja kääntää katseensa takaisin laitteeseen. Harmittaa, olisi tärkeää, että hänkin innostuisi.

– Mitä mieltä sä oot?

– Kysy Antilta, älä multa, Silja sanoo ja rutistaa kahvimukin lyttyyn.

Viimeiseksi menemme Tukkijokeen. Jono kiemurtelee pitkänä, mutta jonottaminen ei tunnu yhtään puuduttavalta. Aurinko on tullut taas esiin pilviverhon takaa, mutta paistaa nyt lempeämmin kuin keskipäivällä. Tällainen valo mummolassa oli kesäiltoina. Muistikuvissani on aina ilta, ja olemme palaamassa mummolan pihaan heinäpellolta, kauppa-autolta, rantasaunalta tai lehmälaitumelta. Loppumatkasta äiti käski meidän ottaa kengät pois. Hän halusi meidän kulkevan paljain varpain, sanoi, että jalanpohjien oli hyvä karaistua.

Hilma ja Eevi jaksavat jonottaa yllättävän rauhallisesti. Kun on meidän vuoro, muut haluavat, että minä menen vaunun ensimmäiseksi. Vastustelen hetken, mutta Silja työntää minut väkisin etupenkkiin. Hilma tulee taakseni, ja Eevi asettuu Siljan eteen. Vaunu nytkähtää liikkeelle ja vie meidät ensin ylämäkeen, sitten ajamme töyssyihin ja kastumme kaikissa mutkissa, minä tietysti eniten. Nauramme koko kierroksen ajan vedet silmissä. Tytöt kikattavat, Hilmankin suusta tulee villiä, holtitonta kikatusta. Viimeisessä laskussa huudamme yhtä tasaista huutoa, niin, ettei kenenkään ääntä voi erottaa toisista. Kun nousemme pois vaunusta, Silja pitelee yhä vatsaansa.

– Mulla tuli melkein pissat housuun.

Tytöt haluavat mennä vielä katsomaan meistä otettuja kuvia. Emme näytä kuvassa yhtään itseltämme, Silja näyttää enemmänkin minulta ja minä Siljalta, ja Hilmaa ja Eeviä tuskin tunnistaa. Tuntuu ihmeelliseltä nähdä itsensä niin iloisena. Silja haluaa ostaa kaksi kuvaa, enkä minä vastustele, vaikka ne ovatkin kohtuuttoman kalliita. Kun kävelemme porteista ulos kohti parkkipaikkaa, Hilma hymyilee ja painaa valokuvan rintaansa vasten.

– Mä muistan tämän päivän aina.

11

Muistatko vielä, miten makasin iltaisin sängyssä sikiöasennossa ja odotin unta? Joskus kyyneleet tulivat ja kastelivat tyynyn, mutta yleensä itku ei tullut. Makasin sängyssä kuin ruumis ja pelkäsin laittaa silmät kiinni. Jos ummistin silmäni, näin saman maiseman kerta toisensa jälkeen.

Autotallin, koivut heilumassa tuulessa, liikkumattoman tytön soralla.

Se oli minun syytäni, Silja, vaikkei kukaan koskaan sanonut sitä. Olin houkutellut Tiinan kiipeämään autotallin katolle ensin, olin valehdellut, että B-talon pojatkin olivat tehneet saman. Olimme kiivenneet molemmat roskisten päälle, minä ensin ja Tiina heti perässä. Olin laittanut kämmenet tiukasti toisiaan vasten ja luvannut kannatella Tiinaa. Hän kiipesi käsieni päälle, ojentautui kohti katon reunaa ja oli jo saamassa sormillaan otteen katon reunasta.

Yhtäkkiä käsistäni katosi voima, ja sormet lipsahtivat erilleen toisistaan. Putosin takamukselleni roskiksen päälle, ja Tiina horjahti taaksepäin ja sinkosi soralle kuin nukke. Kun hän osui maahan, kuului rasahdus. Samalla hetkellä aurinko meni pilveen, ja yhtäkkiä oli aivan hiljaista.

Oli aivan hiljaista, Silja, oli liian hiljaista. Yhtäkkiä koko siihenastinen elämäni vilisi silmieni edestä: kaikki aiemmat kiipeämiset, omituiset pelot siitä, että vielä joskus jotakin tapahtuisi. Kaikki ne kerrat, kun minut oli yhtäkkiä vallannut omituisen levoton, pahaenteinen olo, vaikka mitään ei ollut tapahtunut. Ikään kuin olisin kaikilla niillä kerroilla tiennyt, että sellainenkin kerta vielä tulisi, ja silloin kaikki olisi lopullisesti toisin.

Jostakin minä sain voimaa toimia. Hyppäsin alas roskiksen päältä, pyörrytti ja oksetti. Kumarruin Tiinan ylle. Huuda, sano jotain, hengitä. Mutta Tiina retkotti maassa selällään, silmät olivat kiinni. Oliko Tiina kuollut? Hädässäkin mieli haki vaihtoehtoja: Menisinkö karkuun vai hakisinko apua? Jos nyt lähtisin lopullisesti, en enää koskaan näkisi sinua, äitiä ja isää.

Yhtäkkiä jostakin kuului hätääntyneitä askelia. Tulija oli naapurin Aune, tietysti hän oli tiiraillut tapahtumia ikkunasta, niin kuin hänellä oli tapana. Aune huusi kovaan ääneen apua ja työnsi minut sivuun, kumartui sitten Tiinan puoleen ja ravisteli häntä.

Kävelin sivuun ja istuin kivelle odottamaan. Tuijotin lamaantuneena eteeni ja seurasin, miten väkeä tuli lisää. Kukaan ei tullut minun luokseni, enkä minä osannut mennä minnekään, meillä ei ollut ketään kotona. Kivi tuntui takamuksen alla kylmältä, palelsi, kädet olivat alkaneet täristä. Oksat heiluivat, oli alkanut yhtäkkiä tuulla, ja olin yksin koko maailmassa. Missä sinä olit silloin, Silja? En ollut vielä koskaan tarvinnut sinua yhtä paljon kuin nyt.

Kun kuulin ambulanssin äänen, lähdin kävelemään sisälle. En halunnut nähdä sinisiä valoja, sitä, miten Tiina nostettaisiin paareille. En halunnut mennä tyhjään kotiin, joten luikahdin kerhohuoneeseen.

Odotin kauan, Silja, niin kauan, että menetin ajantajun. Katsoin kerhohuoneen katossa näkyviä halkeamia, ne risteilivät silmieni edessä kuin haljennut jää ja ulottivat lonkeronsa yhtäkkiä kaikkialle. Sormet olivat ihan jäiset, ja työnsin ne kiinni patteriin. Lämpö alkoi levitä sormenpäihin, muuttui hetken päästä poltteeksi.

Anteeksi, Tiina, anteeksi äiti ja isä ja Silja, anteeksi rakas Jumala, minä hoin mielessäni. Näin kaiken yhä uudelleen edessäni: autotallin, oksan heilahduksen, täydellisen hiljaisuuden. Mitä minä olin mennyt tekemään?

12

Päällisin puolin kaikki oli hyvin, onnettomuudessa oli paljon onnea mukana. Tiinalla todettiin kaularankamurtuma, mutta hänet pystyttiin kotiuttamaan jo muutaman päivän päästä. Tiinan vanhemmat kutsuivat meidän koko perheen kylään ja vakuuttivat, että kaikki oli kunnossa. Tiina näytti reippaalta ja esitteli vaaleanpunaista kaulatukeaan. Hän oli saanut syödä sairaalassa joka päivä jäätelöä ja saanut sairaalaan paljon lahjoja: suklaata, kortteja ja valtavan pehmonallenkin. Yritin hymyillä, kun Tiina ojensi minulle nallea. Vaikka sen suu hymyili, nappisilmät olivat mustat ja surulliset.

Mutta minä tiesin, miten lähellä se oli, että Tiina ei olisi enää koskaan kävellyt. Olin kuullut äidin ja isän juttelevan, että halvaantuminen oli vain millien päässä. Otin viivoittimen käteeni ja tuijotin senttimetriä, joka jakaantui kymmeneen pieneen osaan. Niin pienestä kaikki oli kiinni. Olin melkein vastuussa siitä, että joku ei enää koskaan kävelisi tai juoksisi.

Äidin ja isän ja Tiinankin takia minun oli pakko olla reipas. Äiti tuli muutamana iltana luokseni ja kysyi, halusinko jutella, mutta en halunnut. En halunnut käydä sitä kaikkea uudelleen läpi.

Eikä sille ollut sanoja. Pelolle ja häpeälle, kivulle, joka painoi rintalastaa kokoon. Niinpä hymyilin reippaasti ja sanoin, että kaikki oli ihan hyvin. Tiina ja minä olimme yhä kavereita niin kuin ennenkin. Äidin silmissä pilkahti huoli, hän ei varmasti uskonut.

Sinä aistit, että jollakin tavalla minä menin rikki siitä kaikesta. Tiesit, että illalla en halunnut laittaa silmiä kiinni. En halunnut, että ne tulisivat taas. Unet, joissa olisin auton ratissa ja risteys lähenisi, enkä pystyisi pysäyttämään autoa. Yritin painaa jarrua, mutta ajatus ei muuttunut teoksi. Auto kiiti määrätietoisesti eteenpäin ja vasemmalta tuli punainen Volvo, jokaisessa painajaisessa täsmälleen sama.

Toisissa unissa joku perheestämme joutui vankilaan. Yleensä se oli isä, jota yritimme piilotella vaatehuoneessa ja sängyn alla. Poliisit olivat jo jäljillä, alaovi kävi ja kuulin heidän askeleensa ensin toisessa, sitten kolmannessa kerroksessa. Pian he olisivat oven takana, ja yleisavain kiertyisi lukossa.

Joskus kauhukuvat tulivat jo ennen nukahtamista. Jostakin ilmestyi musta ja pitkä käsi, joka kurkotteli, availi huoneiden ovia ja vaatekaappeja. Joku kuolisi pian, sitä tällaiset unet tarkoittivat. Ja miten vihasinkaan sitä hyppynaruleikkiä, jossa juostiin narun läpi vauhdilla ja laulettiin huolettomasti: "Niin musta kuin multa, ja valkea kuin varsa, Se ken tulee viimeiseksi, ompi kuolemaks." Jos naru pysähtyisi omiin jalkoihin, kysymys ei olisi pelkästä leikistä.

Yritin tehdä monenlaisia sääntöjä pitääkseni itseni rauhallisena. Olin alkanut laskea monissa tilanteissa, oppitunneilla opettajan jakaessa puheenvuoroja; jumppasalilla, kun odottelin omaa vuoroa. Kymmenen on hyvä tasaluku, oli hyvä päästä ainakin sinne asti. Lisäksi luettelin mielessäni aakkosjärjestyksessä erilaisia sairauksia. A niin kuin aaiideeäs, ee niin kuin enterorokko. Sääntöjä oli niin paljon, niiden noudattaminen hidasti kaikkea ja teki elämästä vaikeaa.

Mitä sinä ajattelit kaikkina niinä kertoina, kun nousin hiljaa sängystä ja kävin tarkistamassa, oliko kahvinkeittimen johto pois seinästä ja hellan levyt käännetty nollille? Sinun oli pakko kuulla seinän takaa, miten otin silitysraudan käteeni ja varmistin, ettei se enää huokunut lämpöä. Kun lopulta hiivin takaisin omaan sänkyyn ja asettauduin makuulle, sinun kätesi oli siinä heti.

– Nukutaan nyt.

Sinä tiedät, että aikuisenakaan minä en pidä lähdön hetkestä. Siitä, että ovi pitää laittaa kiinni ja luottaa siihen, että kaikki on hyvin vielä palatessakin. Tiedät, että laitan lapset ulos toppavaatteissa ja käyn vielä kerran tarkistamassa levyt. Ja jos mahdollista, annan jonkun muun lähteä viimeisenä kotoa. Menen itse jo autoon istumaan, laitan autoradion päälle, selailen huolettoman oloisena kännykkää. Katson tarkasti Anttia, kun hän istuu vihdoin autoon ja nyökkää tarkistamisen merkiksi. Sitten Antti kaasuttaa pihasta vauhdilla, laittaa radion ääntä kovemmalle, eikä anna minun kysyä enää.

13

– Äiti, oletko sä joskus ollut näin pieni?

Eevin sormi osoittaa albumin ensimmäistä kuvaa. Ruskea valokuvakansio on haalistunut reunoista, ja vanhat muoviset sivut rasahtelevat sormien alla. Tyttöjen sormet kääntelevät sivuja nopeaan tahtiin. Ehdin hädin tuskin katsoa aukeaman ensimmäiset kuvat, kun tytöt kääntävät jo uutta. Hilman sormi pysähtyy yhden kuvan kohdalle. Kuvassa Siljalla on synttärit, pöytä on täynnä herkkuja. Muita vieraita naurattaa, mutta minä katson alaspäin. Hilma katsoo kysyvästi.

– Miksi sä et naura niin kuin muut?

– Mä olin aika vakava lapsi. Silja oli se nauravaisempi.

Muistan vieläkin tuon illan. Koti oli täynnä huutoa ja iloa, popcornin ja vaahtokarkkien tuoksua. Muut ympärilläni mättivät suuhunsa kokonaisia kourallisia popcornia, mutta minä en saanut palaakaan alas. Tiina oli palannut kouluun kaulatukensa kanssa ja sai viettää vielä välitunnit sisällä. Opettaja antoi minunkin jäädä Tiinan seuraksi, vaikka se tuntui enemmän rangaistukselta kuin palkinnolta. Tiesin, miten kovasti Tiina halusi pihalle muiden kanssa leikkimään poliisia ja roistoa. Meni kuitenkin viikkoja, ennen kuin Tiina pystyi juoksemaan.

Seuraavaksi Eevi raahaa eteeni vielä vanhemman albumin. Niissä kuvissa Silja on ensimmäisellä luokalla, minä olen vasta kolme. Yhdessä kuvassa teen kuperkeikkaa, toisessa olen ryöminyt taikinakulhon kanssa pöydän alle. Minulla on pyöreät posket, molemmissa poskissa on syvä hymykuoppa. Yllätyn, että hymyilen melkein joka kuvassa.

Albumin viimeisellä sivulla on viiden kuvan sarja mummon 60-vuotisjuhlilta. Meillä on Siljan kanssa molemmilla samanlaiset siniset mekot ja valkoiset kauluspaidat, tukka tiukasti leteillä. Silja seisoo keskellä kuvaa, ja minä olen juoksemassa pakoon. Kasvoillani on ilkikurinen hymy. Sarjan viimeisessä otoksessa olen vihdoin suostunut kuvattavaksi. Silja pitää kättä harteillani, aivan kuin estäisi minua pinkaisemasta enää juoksuun. Lähetän sarjasta kuvan Siljalle. Hetken päästä hän vastaa:

"Mä muistan tuon päivän. Sä olit kolmivuotiaana tosi villi. Meillä oli se kirjakin: Kani Kuriton. Muistatko, mä luin sitä sulle? Mä olin juuri oppinut lukemaan."

"En. Miten mä nauran niin monessa kuvassa? Mä luulin, että mä olin aina vakava."

"Et sä aina ollut. Se tuli vasta myöhemmin. Se Tiina-juttu oli sulle kova paikka."

Yhtäkkiä mieleen tulvii vuosientakaisia muistikuvia: autotalli, rasahdus soralla, koivun lehdet heilumassa taivasta vasten. Hiljaisuus. Laitan silmät kiinni, en halua muistaa yhtään enempää. Eevi ja Hilma ovat jo kyllästyneet ja painelleet kylpyhuoneeseen. Kuulen, kuinka he riisuvat vaatteita, valmistautuvat iltasuihkuun. Antti yrittää komentaa tyttöjä, mutta he eivät tottele. Laitan albumin kiinni.

14

Silja makasi päälläni hajareisin, olin auttamatta alakynnessä. Siljan kynnet olivat syvällä ihossani, käsivarteeni nousi punaisia painanteita. Punnersin kaikin voimin vastaan, mutta Silja ei siirtynyt. Vielä äsken olimme kierineet maassa, olleet yhtä sotkuista vyyhtiä. Veljekset olisivat painineet, mutta me olimme kynsineet ja repineet, huutaneet rumia. Nyt en voinut tehdä enää mitään. Silja oli voitolla.

– Maaria ei tykkää Mikosta, Maaria se tykkää Nikosta! Silja ilkkui.

– Mä revin sulta silmät päästä!

– Milläs revit, kun mä pidän sun käsiä kiinni?

Sisällä kiehui raivo. Silja oli lukenut minun päiväkirjani, koko kirjan. Nyt hän tiesi, että minäkin olin muutaman kerran käynyt salaa hänen päiväkirjallaan, tiesin, missä hän piti avainta. Olin jäänyt kiinni. Heti perään tajusin, että Silja oli lukenut paljon muutakin. Sivukaupalla asioita Tiinasta.

– Senkin urkkija! huusin.

Yritin pakottaa ääneen voimaa, ettei itku kuultaisi läpi. Avasin suuni ja koetin räkäistä Siljan kasvoille, mutta hän onnistui väistämään.

– Itse oot! Sä luit mun päiväkirjaa ensin.

– Mutta sä luit koko kirjan! Mä vihaan sua niin paljon! Toivon, että sä kuolet!

– Sivukaupalla samaa vuodatusta siitä onnettomuudesta. Yritä jo päästä yli. Ei ihme, ettette te ole Tiinan kanssa kavereita enää, Silja ilkkui.

Vedet nousivat silmiin. Mitä tahansa, Silja, mutta ei tätä. Silja ei kuitenkaan tuntunut huomaavan pahaa oloani, vaan jatkoi:

– Sä oot maailman paskin sisko!

Oli pakko iskeä takaisin. En antaisi hänelle sitä iloa, että näyttäisin, miten paljon hänen sanansa loukkasivat.

– Sä oot ruma. Sitä paitsi sulla on nytkin ainakin seitsemän finniä naamassa.

Silja nosti vaistomaisesti toisen kätensä poskensa suojaksi. Näin hetkeni tulleen ja nappasin hänen ranteistaan kiinni.

– Sulla on niin vinot hampaat. Näyttää, että olisit törmännyt seinään, Silja jatkoi.

– Sulla on kyynärpäissä kilpikonnaihoa. Sellainen ällöttävä paksu kerros. Sua ei koskaan kukaan huoli.

– Ei suakaan!

– Mä vihaan sua maailman loppuun asti. Sä oot mulle kuollut!

Huutoni jälkeen tuli aivan hiljaista. Silja nousi päältäni, hänellä oli punaisia kynnenjälkiä käsivarsissaan. Silmät olivat vetiset ja punoittivat. Hetken tunsin olevani voitolla, mutta kaikki ei ollutkaan vielä ohi. Silja ryntäsi huoneeseemme ja vetäisi jotakin kaapista. Juoksin kärppänä perässä ja pysähdyin ovensuuhun.

– Et koske siihen mun barbilaatikkoon!

– Enkö?

Siljan silmät välähtivät vaarallisesti. Hän otti laatikosta lempibarbini ja otti sen kädestä kiinni. Sitten hän venytti käden ääriasentoon ja repäisi. Niks ja naks, toista kättä ei enää ollut.

– Helvetin ääliö!

Silja heitti barbin maahan ja lähti huoneesta, paiskasi oven kiinni mennessään.

Heittäydyin sängylle sikiöasentoon ja mietin, millä kaikilla tavoilla siskon voisi tappaa. Kuristaisin sen, kiduttaisin, irrottaisin varpaankynnen yhden toisensa jälkeen, lopuksi kuorisin ihon ja leikkaisin sen kynsisaksilla paloiksi. En kestänyt, että se oli lukenut kaikki ne kohdat, jonne olin vuodattanut kaiken Tiinan onnettomuudesta. Oli paljon sellaista, jota en ollut kertonut Siljallekaan. Ja nyt se oli lukenut kaiken. Katsoin seinälle, jossa oli Raptorin ja Hausmyllyn julisteita, mutta en nähnyt mitään. Värit olivat paenneet: kaikkialla oli vain valkoista.

15

Kesäkuun viimeisenä viikonloppuna menemme Siljan kanssa yhtä aikaa mökille. Siitä on aikaa, kun olemme viimeksi olleet yhtä aikaa mökillä. Molemmilla on tänne melkein kaksisataa kilometriä.

Se on ihana, loputtoman tuntuinen viikonloppu. Tytöt ovat jo sen verran isoja, ettei heitä tarvitse vahtia ihan joka hetki. Notkumme Siljan kanssa aurinkotuoleissa ja juomme kokista. Siljalla on hienot pilottityyppiset aurinkolasit, joissa hän näyttää ihan elokuvatähdeltä. Muutaman kerran huomaan, kuinka Siljan käsi käy kaulalla, tapailee arpea. Säädän aurinkotuolia alemmas ja hörppään kokista. Ehkä arpi on ärtynyt auringosta.

Isä on ostanut tytöille ison uima-altaan, jossa Eevi ja Hilma polskivat koko päivän. Aurinko paistaa jo sen verran matalalta, ettei tarvitse olla koko ajan vahtimassa, palavatko tytöt, eivätkä hyttysetkään enää häiritse. Ensi kesänä altaassa voisi polskia jo kolmaskin.

Illalla isä pyytää minua ja Siljaa kasvimaakierrokselle. Hän näyttää meille, missä porkkanat ja purjot kasvavat ja miten komeita sipuleita tänä vuonna tulee. Mieleen tulevat kaikki ne kerrat, jolloin isä laittoi meidät harventamaan porkkanapenkkiä ja kitkemään rikkaruohoja. Hetket kasvimaalla tuntuivat loputtomilta, edessä oli aina uusi penkki, vielä uusi laji. Keksimme jokaiselle kasville oman kirosanansa. Saatanan sipulit, helvetin herneet ja perkeleen porkkanat, rallatimme. Kirosanat antoivat kitkemiseen uutta pontta.

Kun tulemme Siljan kanssa saunasta, äiti ja isä ovat vetäytyneet jo aittaan nukkumaan. Jarkko ja Antti istuvat kesäkeittiössä, ovat löytäneet aitasta pullon valkoviiniä. Antti kaataa meillekin lasilliset, osoittaa paikkaa vieressään. Juuri nyt maailmassa ei ole mitään huolta. Tytöt nukkuvat jo, iltaa on vielä jäljellä.

Jarkko ja Antti päättävät lähteä vielä laiturille virvelöimään. Kaadamme Siljan kanssa vielä toiset lasilliset ja katselemme järvelle. Jarkko ja Antti kävelevät tasatahtiin rantaa kohti. Joskus vitsailemme, että voisimme hyvin vaihtaa miehiä, niin samanlaisia he ovat. Silja ehdottaa, että lähdemme huomenna pitkälle kävelylenkille, käymme kiertelemässä kaikki tutut paikat. Hän haukottelee, näyttää yhtäkkiä väsyneeltä.

– Jatkuisipa kesä aina.

16

Tuttu hahmo nostaa kätensä liikuntahallin parkkipaikalla. Katsomme hetken toisiamme epäuskoisena. Olemme juuri muistelleet kaikkia niitä kertoja, kun tulimme hallille. Muistelleet Liisaakin, miettineet, mitä hänelle tällä hetkellä kuuluu. Kaikesta on aikaa yli kaksikymmentä vuotta.

Liisa lähestyy meitä. Heti ryhdistä huomaa, että hän on ollut liikunnanopettaja koko ikänsä, vaikka ikä onkin vienyt häntä jo vähän kumaraan. Posket ovat kapeammat, ikä on tuonut leukaluut yhä vahvemmin näkyviin. Tutut kasvot sulavat hymyyn.

– No, siitä onkin sitten aikaa, kun on viimeksi nähty. Mitä kuuluu, tytöt?

Sanavalinta hymyilyttää, ja Liisa naurahtaa itsekin.

Alan kertoa tytöistä ja Antista, siitä, mitä teen työkseni ja missä asumme. Silja kertoo Jarkosta, ammatistaan ja asuinpaikastaan. Hetken mietin, mainitseeko Silja jotakin kasvaimestakin. Hetki menee kuitenkin nopeasti ohi, ja sitten Liisa jatkaa.

– Yksi päivä juuri mietin vanhaa jumppaporukkaa. Katselin vanhoja kuvia, tekin olitte monessa kuvassa. Vieläkö te olette voimistelleet?

– Ei kahteenkymmeneen vuoteen. Ei sitä enää osaisi, hymähdän.

– Mennään kokeilemaan. Olen juuri menossa käymään hallilla.

Vilkaisemme toisiamme. Emme kumpikaan kehtaa sanoa, että oikeastaan meillä on vähän kiire. Olemme vain lähteneet kävelylle ja luvanneet tulla viimeistään tunnin päästä kotiin. Liisalle ei kuitenkaan sanota niin helposti ei.

– Jos me sitten hetkeksi, Silja myöntyy.

Tuttu haju tulee vastaan heti ovensuussa: jumppatossujen, permannon, volttimontun ummehtunut, täyteläinen haju. Telineet ovat samoilla paikoillaan, keskellä lattiaa kaksi permantoa, vasemmalla puolella trampoliini ja hevonen, oikealla puomi ja puolapuut, laitimmaisessa reunassa volttimonttu. Niin kuin täällä ei olisi kahteenkymmeneen vuoteen käynyt ketään. Silja seisahtuu oven suuhun ja huokaisee, kertoo nähneensä tästä monta kertaa unta.

Liisa astelee jo kauempana ja pysähtyy permannolle. Hän viittilöi meidät luokseen.

– Verestellään vähän vanhoja taitoja. Teillähän on sopivasti urheiluvaatteetkin. Nyt ensin kädet ja jalat lämpimiksi.

Hän nostaa kädet kohti kattoa ja pyöräyttää ne muutaman kerran ympäri. Sitten hän kehottaa meitä jatkamaan, hänen omat olkapäänsä eivät enää pysty liikkeeseen. Seuraavaksi hän näyttää meille malliksi muutaman askelkyykyn. Hetkessä olemme muuttuneet pikkutytöiksi, joita Liisa komentaa. Minulla on sukassa etuvarpaan kohdalla reikä, jota yritän rullata vaivihkaa jalkapohjan alle. Olen yhtäkkiä jälleen pikkutyttö.

– Sitten sukat pois ja matolle. Menisiköhän kärrynpyörä vielä? Ei haittaa, vaikka tulee vähän horjuvia.

Silja astuu matolle ensin. Hän kääntää vasemman kyljen menosuuntaan ja ponnistaa itsensä käsien varaan. Ensimmäiset kärrynpyörät jäävät vajaiksi, mutta vähitellen Silja löytää paremmin tasapainon. Viimeisissä hän saa jo varpaat ojennettua suoriksi. Hetken päästä hän kävelee takaisin posket punaisena.

– Mä osasin vielä! Nyt kyllä pyörryttää.

– Ja sitten Maaria.

Vatsanpohjassa muljahtaa, kun astun matolle. Otan hyvän alkuasennon, jännitän kädet suoraksi ja nostan leukaa vähän koholle. Ensimmäisessä kärrynpyörässä horjahdan, mutta seuraavat menevät jo vähän paremmin. Muistan yhtäkkiä, miksi aikanaan rakastin voimistelua. Kaikki oli yhtä virtaa, liikkeet sulautuivat yhdeksi kokonaisuudeksi, ja keho lakkasi olemasta oma. Sillä hetkellä kaikki oli vain ilmaa, fysiikan lainalaisuuksia, opittuja taitoja. Kun palaan takaisin maton toiseen päähän, Liisa hymyilee.

– Mitäs minä sanoin lihasmuistista.

Seuraavaksi teemme etu- ja takaperinkuperkeikkoja ja kaurishyppyjä. Taidot ovat pahasti ruostuneet, mutta jotakin liikesarjoista on vielä jäljellä. Lopuksi yritämme käsilläseisontaakin, mutta siihen kumpikaan ei pysty. Siinä vaiheessa olemme jo niin väsyneitä, että molempia naurattaa. Liisakin naurahtaa epäonnistuneille yrityksillemme. Vilkaisen kelloa. Aika on mennyt siivillä, salissa on vierähtänyt jo neljäkymmentäviisi minuuttia.

– Nyt meidän on ihan pakko lähteä, sanon ja nousen ylös matolta.

Silja alkaa vetää sukkia jalkaansa. Hänen poskensa punottavat, ja hän näyttää energiseltä. Tajuan, etten ole kertaakaan treenien aikana miettinyt, jaksaako Silja varmasti. Kun teemme lähtöä, Liisa suuntaa kohti välinevarastoa ja huikkaa salin toiselta puolelta:

– Kun jotakin kerran kunnolla oppii, sen osaa aina. Sitten vaan tytöt uudelleen treenaamaan!

17

– Mä en muista, milloin olisin ollut näin vapaa.

Huokaisen syvään ja kaadan muovilaseihin kuohuviiniä. Muutama tippa roiskahtaa Antin takille, mutta nousuhumalassa sekin vain naurattaa.

Päivä on ollut jo pitkä. Aamupäivällä vuokrasimme pyörät ja seikkailimme päämäärättömästi ympäri kaupunkia. Ensin epäröin ilman pyöräilykypärää ajamista, mutta lopulta annoin periksi. Puikkelehdimme pyörillä autojen seassa, ja pysyin yllättävän vaivatta Antin perässä. Lopulta en osannut enää pelätä kaatumista. Ajella nyt kaupungin ruuhkassa ilman pyöräilykypärää! Ehkä jossakin toisessa maassa minusta olisi tullut toisenlainen, huolettomampi.

– Jos tyttöjä ei olisi, olisiko meillä aina tällaista? kysyn ja otan kulauksen kuohuviiniä.

– Voisihan meillä olla muutenkin.

– Kyllästyisikö siihen, jos aina istuisi katukahvilassa ja kylpylässä?

– Ehkä se ei enää tuntuisi samalta.

Reissupäivät ovat olleet yhtä vapaita ja kevyitä kuin seurustelumme alkuajat, jolloin emme jaksaneet vapaapäivinä nousta sängystä. Haimme ruokaa sänkyyn, juttelimme ja loikoilimme. Pyysin Anttia kirjoittamaan selkääni yhä uudelleen ja uudelleen. ”Mä rakastan sua”, Antti kirjoitti kerta toisensa jälkeen. Ennen tyttöjä moni asia oli helpompaa. Aikaa oli niin paljon enemmän, se riitti siihen, että saattoi puuhailla omiakin juttuja. Toisaalta monet asiat ovat nykyään yksinkertaisempia. Riitelemme harvoin, sille ei oikeastaan tunnu olevan aikaa. Tuntuu helpoimmalta unohtaa koko juttu.

– Otatko vielä lisää kuoharia?

– Kaada vaan.

Kunpa taas tulisi aika, jolloin olisi pakko kieltäytyä alkoholista. Ajatus kolmannesta lapsesta on tuntunut viime viikkoina niin vahvalta. Vilkaisen Anttia.

– Ootko sä yhtään miettinyt sitä asiaa?

– Ai lasta?

– Niin.

– Jotenkin haluaisin nyt ensin antaa meille vähän hengähdysaikaa.

– Mutta voisiko se olla mahdollista?

– Tuohon on vaikea vastata, ettei lupaa liikoja, Antti huokaisee.

Kuinka paljon aikaa Antti tarvitsee? Kuukauden, kaksi, puoli vuotta? Nostan lasin huulilleni ja hörppään loput. Vatsan pohjassa tuntuu muljahdus, ja taivas näyttää yhtäkkiä korkeammalta ja sinisemmältä kuin Suomessa koskaan.

18

Reissun jälkeiset päivät ovat helteisiä ja painostavia. Arkeen paluu on raskasta ja tahmeaa. Haluaisin vain maata sängyllä ja nukkua. Antin kaveri soittaa ja kysyy Zorrolle hoitopaikkaa, mutta Antti kieltäytyy saman tien.

Kolmantena reissun jälkeisenä päivänä alan yskiä. Seuraavina päivinä yskä pahenee. Olen niin kipeä, etten jaksa leikkiä tyttöjen kanssa. Laitan heille piirrettyjä ja kökötämme sisällä, vaikka kesä on kauneimmillaan. Antin painostuksesta soitan terveyskeskukseen, josta rauhoitellaan, että sitkeitä tauteja on liikkeellä. Kääriydyn kahteen vilttiin, mutta kylmyys ei hellitä. Antti tuo kahta eri kuumelääkettä ja työntää mittaria kainaloon. En ole ikinä elämässäni ollut näin sairas. En jaksa soittaa edes Siljalle.

Viidentenä sairauspäivänä Antti vie lapset hetkeksi naapuriin ja ajaa minut päivystykseen. Hän taluttaa minut kohti vastaanottoa, kiilaa vielä käytävällä kahden mummon ohi. Tämä on aivan uusi puoli Antista. Hän vaatii vastaanoton hoitajalta lääkäriaikaa, uhkailee, ettemme lähde ennemmin pois. Tuntuu helpottavalta, että Antti hoitaa puhumisen. Pyörryttää, tartun kaksin käsin tuolin reunasta, ja tunnen, kuinka Antti pitää minusta kiinni. Yhtäkkiä haluaisin olla pikkulapsi. Joku taluttaisi minut vuoteeseen, peittelisi ja sammuttaisi huoneesta valot.

Lääkäri nostaa sormet pois näppäimistöltä ja kääntyy katsomaan. Hän on juuri vahvistanut Antin diagnoosin oikeaksi. Röntgenkuvien mukaan minulla on keuhkokuume molemmissa keuhkoissa. Lääkäri näyttää olevan kahden vaiheilla. Hän nappaa pöydältä kynän ja naputtaa sillä pöytää.

– Mitenkähän me tehtäisiin?

– Maaria jää tänne. Täällä saa paljon paremmin levättyä kuin meillä kotona. Mä käyn kotona hakemassa hammasharjan ja vähän vaatetta.

Antin ääni on ehdoton. Lääkäri katsoo ensin Anttiin, sitten vasta minuun. Sitten hän nyökkää pienesti ja alkaa näpytellä uudestaan. Päätös sairaalaan jäämisestä tuntuu isolta ja yllättävältä. Synnytyksiä lukuun ottamatta en ole ikinä ollut sairaalassa.

– Entä Hilma ja Eevi? Kuka niitä hoitaa? kysyn.

– Mä jään pois töistä.

– Niiden ei saa antaa pomppia trampalla yksin. Niitä on vahdittava koko ajan.

Antti ei vastaa enää mitään, on jo ovella.

Makaan kolme päivää sairaalassa kovassa kuumeessa. Päivät sekoittuvat toisiinsa, enkä tiedä, mikä vuorokaudenaika on menossa. Kerran herätessäni minulla on kädessäni kännykkä, jossa on Antin lähettämä kuva tytöistä trampalla. Molemmat tytöt ovat ilmassa, luonnottoman korkealla. Yhtäkkiä tulee hätä. Tytöt lentävät, minne he ovat menossa, ovatko he tulossa enää takaisin? Ja missä Antti on, onko hän ollenkaan pihalla vahtimassa tyttöjä?

Silmälasipäinen hoitaja käy säännöllisin välein tarkistamassa vointiani. Ojennan käteni ja katson, miten siihen pistetään tippaneula. En tunne mitään. Vedän kättä lähemmäs, käsivarren ihohuokoset ovat suuria kuin silmät, avautuvat ja sulkeutuvat.

– Lisätään sinulle vähän särkylääkettä. Saadaan kuume laskemaan.

Näin Siljakin aina hoiti minua leikeissämme. Hän puki päälleen valkoiset vaatteet ja kääri minut vilttiin, työnsi kylmän kuumemittarin kainaloon. Roolit menivät aina samoin päin, minä olin aina potilas.

– Haluan Siljan tänne hoitamaan. Tai Antin. Missä ne ovat?

– Ei täällä ole ketään Siljaa tai Anttia.

Olen jälleen pikkutyttö, jolle äiti tuo sänkyyn juotavaa. Flunssassa viinimarjamehua, oksennustaudista keltaista Jaffaa. Muistan, että isä teki minulle jalkoihin mutkan, taittoi peiton jalkojen alle. Nyt kukaan ei tee mutkaa, vaikka vilunväreet lähtevät syvältä jaloista.

19

– Mä heräsin taas viime yönä, että kaulaa kutitti.

Huokaisen mielessäni, hetki on aivan väärä. Odotan Eevin muskarin päättymistä käytävällä, eikä missään ole rauhallista soppea puhua. Siitä ei ole kuin muutama viikko, kun lekottelimme mökillä huolettomana auringossa. Nyt Siljalle on yhtäkkiä tullut pakkomielle siitä, että kasvain on uusinut. Tämä on jo kolmas tällainen puhelu tällä viikolla.

Seinäkello näyttää, että on vielä viisi minuuttia muskarin päättymiseen. Hiljennän ääntäni.

– Sun mieli laukkaa. Kaikesta on vasta niin vähän aikaa.

– Kaikki ei ole kunnossa. Miksei kukaan muu usko sitä?

– Jos sua huolettaa, niin vaadi päästä tutkimuksiin.

– Kontrolli on vasta ensi kuussa.

– Mä oon muuten päättänyt varmuudeksi lopettaa sokerin syönnin.

– Miksi?

– Sokeri lisää tulehdusta.

– Eli ryhtyä karkkilakkoon?

– Tällä kertaa mä lopetan sokerin kokonaan. Annan kaikki karkkivarastot sulle, kun nähdään.

On vaikea uskoa, että Silja voisi onnistua. Kaikki karkkilakkomme ovat aina menneet mönkään. Meillä on ollut suklaalakko, irtokarkkilakko ja totaalinen herkkulakko. Parhaimmillaan olemme yltäneet kolmeen viikkoon, ja sitten toinen meistä on antanut periksi. Muutaman päivän päästä toinenkin on luovuttanut.

Seuraavana yönä näen unta, jossa Silja ojentaa minulle kangaskassillisen herkkuja: puoliksi syötyjä suklaalevyjä, lakritsipatukoita, epämääräisiä yksittäisiä irtokarkkeja. En voi kieltäytyä, en halua heittää sellaista määrää herkkuja roskiin. Ahmin kaikki Siljan karkit muutamassa viikossa. Menee muutamia viikkoja, sitten alan tuntea kirvelyä suussa ja paineen tunnetta vatsassa. Sisälläni kuplii. Syöpäsolut aloittavat kasvamisensa soluseinien sisällä, levittäytyvät aina uusien kerrosten läpi, sitten alkavat kulkeutua verenkierron mukana yhä uusille alueille.

Lopulta vatsa on niin kipeä, etten pysty menemään töihin. Antti käskee minua menemään sairaalaan, mutta minä en suostu, makaan vain sängyssäni. Lopulta Antti ajaa minut väkisin sairaalaan, ja minut kiidätetään magneettikuviin. Laitan silmät kiinni ja näen jo mielessäni magneettikuvat: kirkuvanpunaiset, atsovärien värjäämät verisuonet.

Seuraavina öinä tulee muitakin kuolemaunia. Yhdessä unessa keinumme Siljan kanssa salmiakkimerkkarit suussa. Kovissa vauhdeissa, lettinauhat ilmavirrasta heiluen, jalat kohti taivasta. Siljan kasvoilla käy yhtäkkiä vakava ilme.

– Kuollaan nyt.

– Nyt?

– Taivutetaan pää taakse ja nielaistaan. Silloin merkkari asettuu kuin tulppa henkitorven päälle.

Jos Silja lähtisi, lähtisin minäkin. Voisiko kaksi ihmistä kuolla täsmälleen samalla hetkellä vai kuolisiko toinen väistämättä ennen toista? Nyt pitäisi vain uskaltaa. Vilkaisen Siljaa, joka nyökkää rohkaisevasti.

– Ootko sä valmis?

– Oon. Mä laitan jo silmät kiinni.

Ennen kuin suljen silmäni, näen, miten Silja nojautuu taaksepäin. Hän valmistautuu lentoon, pian tuuli ottaa hänen tukkaansa. Hän on kaikki, mitä minulla on, minä seuraisin häntä vaikka helvettiin. Pian jostakin kuuluisi ambulanssin ääni, mutta silloin me olisimme Siljan kanssa jo toisaalla.

– Nähdään sitten taivaassa. Än, yy, tee, nyt.

20

Yhtäkkiä on elokuun kymmenes päivä ja koulut alkavat. Hilma on kasvanut pituutta niin, että koko vaatekerta on jäänyt pieneksi. Lupaan tulevalle viskarilaiselle uuden repun. Eevi kiukuttelee Hilman repusta yhden illan, mutta rauhoittuu, kun lupaan, että hänelle ostetaan uudet kerhotossut.

– Niiden pitää olla sitten vaaleanpunaiset, Eevi varmistaa.

Kesän joutilaisuus on poissa, arki on yhtäkkiä täynnä. Päivät jatkuvat yhä lämpiminä ja helteisinä, mutta niissä ei ole enää kesän tunnetta. Helle tuntuu tukahduttavalta ja tuskailen, miten kuuma luokassa on. Oppilaatkaan eivät ole vielä päässeet arkeen mukaan. He näyttävät yhä lomalaisilta rusketuksineen ja shortseineen ja vilkaisevat laiskasti, kun pyydän heitä päällystämään koulukirjansa.

Päiväkodin aloitus tekee Eeville tiukkaa. Hän osoittaa mieltään siitä, että isosisko on siirtynyt vanhempien ryhmään ja saa nauttia lyhyemmästä päiväuniajasta. Talutamme kärsivällisesti kiukuttelevaa lasta aamulla hoitoon, välillä kannammekin. Päivä alkaa aina vähän paremmin, jos on Antin vuoro viedä tytöt.

Yhtenä iltana olemme Antin kanssa sängyssä lukemassa. Olen hivuttautunut Antin kainaloon, suunnittelen, että pian laitan kirjan pois ja käännyn Antin puoleen. Vauva-asia ei ole vieläkään edistynyt. Aina, kun olen ottanut asian puheeksi, Antin kasvoille on tullut päättäväinen ilme. Hän on kuunnellut perusteluni vastaan sanomatta, mutta lopulta sanonut samat sanat joka kerta. Nyt ei ole oikea aika.

Yhtäkkiä puhelin soi. Silja ääni on hengästynyt, paljastaa itkun. Olen hetkessä valppaana. Anttikin laskee kirjansa. Silja aloittaa taas saman. Kertoo, miten hän on herännyt keskellä yötä ja tuntenut kaulallaan liikettä, kuin pienenpieniä muurahaisia. Tällä kertaa hän on aivan varma. Silja alkaa itkeä.

– Mitä mä teen, jos mulla on taas syöpä?

Vilkaisen Anttia, joka nyökkää rohkaisevasti ja muodostaa huulillaan jotakin, mistä en saa selvää. Muistutan Siljaa, että hän on pelännyt ennenkin ja käsken hengittää syvään. Mieli vain tekee tepposet, panikoi tulevaa kontrollia. Antti nyökkäilee vieressä hyväksyvästi, on kääntynyt taas kirjansa puoleen.

Puhelun jälkeen Antti rauhoittelee, ettei ole syytä huoleen. Silja näytti mökillä hyvävoimaiselta, jaksoi ihan samalla tavalla kuin muutkin. Hetken päästä Antti nukahtaa, mutta minä en saa unta. Kertaan käytyä keskustelua, kuulen korvissani Siljan nyyhkytyksen. Antti hengittää rauhallisesti, lasken ääneen hänen hengityksensä tasaista rytmiä ja yritän huijata itseni uneen.

21

Muistatko, kun me leikimme sairaalaleikkiä? Makasin sängyllä kuolemansairaana ja kovissa kivuissa, sinä olit sairaanhoitaja. Minulla oli sairaus, jonka nimeä ei saanut sanoa ääneen. Aa, ii, dee, äs, sinä kirjoitit, minä en vielä silloin osannut. Sairauteni oli niin tappavaa sorttia, että minut oli täytynyt eristää. Olit laittanut päälleni jätesäkin ja koskit minuun äidin kumihanskoilla. Sitten kuuntelit sydämenääniä leikkistetoskoopilla ja pudistelit päätäsi.

– Valita vähän.

Aloin vaikertaa ääneen. Ääni tuli jostakin syvältä, ei kuulostanut yhtään omaltani.

– Ja nyt: hengitä viimeistä kertaa. Ja sitten kuole.

Henkäisin vielä muutaman kerran syvään, sitten tuli loppu. Kuulin äänesi kasvojeni yläpuolella:

– Exitus kello 11.20.

Aika pysähtyi. Oli aivan hiljaista, ainoastaan olohuoneen kello tikitti. Sinä aloitit desinfioinnin. Kuljit rätin ja suihkepullon kanssa, ja suihkepullon ääni muistutti pissahädästä. Oli pakko avata silmät ja vilkaista varovasti luomien raosta. Tietysti katsoit juuri silloin.

– Silmät kiinni. Sä oot kuollut.

Yritin pidättää pissaa ja hengitystä. Lopulta en enää kestänyt, vaan avasin silmäni.

– Mun on pakko käydä vessassa.

Näytit ärsyyntyneeltä, mutta annoit minut nousta ja jatkoit puuhiasi. Hetken päästä makasin jälleen kuolinvuoteella. Leikki ei ollut vielä ohi. Peittelit ruumiini mustaan jätesäkkiin, jätit suun kohdalle pienen hengitysaukon. Hengitin jätesäkistä mahdollisimman huomaamattomasti. Kaikkialla oli kuolemanmustaa, eikä leikki tuntunut enää leikiltä.

22

Kiskaisen koiraa kovakouraisesti hihnasta. Zorro on jäänyt haistelemaan lyhtytolppaa, mutta minä en voi nyt pysähtyä. Koira seuraa minua kiltisti, ja jatkamme matkaa. Katuvalojen valossa maisema näyttää vieraalta. Hämärtää jo, näen, miten ihmiset istuvat keittiöissään ja syövät iltapalaa. Jossakin elämä jatkuu vielä samanlaisena kuin ennenkin. Ovatkohan Antti ja tytöt tulleet jo jumpasta kotiin? He ihmettelisivät, kun kotona ei olisikaan ketään. Tytöt huhuilisivat ja Antti kurkistaisi takapihalle.

Rintaa puristaa, vaikka kävelemme Zorron kanssa ihan tavallista vauhtia. Kiihdytän silti tahtia ja toivon, ettei lenkki loppuisi koskaan. Kuinka pitkälle jaksaisimme kävellä, jos vain kulkisimme päämäärättömästi eteenpäin? Kumpi meistä väsyisi ensin?

Soitosta oli nyt tunti. Vastasin puheluun aavistamatta pahaa, olin juuri rapsuttamassa Zorroa mahan alta. Yhtäkkiä käteni pysähtyi ja Siljan sanat iskivät tajuntaan. Silja oli ollut koko ajan oikeassa: kielestä oli löytynyt uusi kasvain. Lääkäri oli soittanut tänään virka-ajan jälkeen, ja minä olin ensimmäinen, jolle Silja soitti. Silja ei ollut yhtään oma itsensä. Saatanansaatana, Silja hoki, vaikkei yleensä kiroillut. Zorro katsoi minua kysyvästi tummilla silmillään, tuntui vaistoavan, että jotakin oli tapahtunut.

Puhelun jälkeen istuin sohvalla kykenemättä tekemään mitään. Kehosta oli kadonnut kaikki voima. Koira painoi kuononsa kiinni sohvaan ja laski katseensa apeasti alas. Kasvain oli tällä kertaa paljon suurempi, levinnyt kielen keskiosaa kohti. Puhelun loppupuolella Silja oli itkenyt lohduttomasti, hokenut kerta toisensa jälkeen, miksei kukaan ollut uskonut häntä. Minä olin yksi niistä, joita Silja tarkoitti.

Jälkikäteen yritin muistella, mitä olin sanonut Siljalle. Muistaakseni olin pyytänyt häntä rauhoittumaan. Mutta mitä hyötyä rauhoittumisesta oli, kun pahin oli jo tapahtunut? Piirsin oikean etusormen kynnellä syviä viiltoja kämmenselkään. Siljan kieli, muurahaiset vaeltamassa pitkin hänen kaulaansa, ottamassa haltuunsa yhä uusia kudoksia. Ei, ei, ei, raapustin kynnellä kämmenselkään. Lopetin vasta, kun kämmenselkä punotti.

Sitten olin lähtenyt Zorron kanssa ulos. Halusin pois. Vedin jalkaani Antin kengät, unohdin laittaa kiireessä takinkin, vaikka illassa oli jo syksyä. Pihalla naapuri oli katsonut minua pitkään.

23

Antin kainalo on lämmin, mutta ei lohduta. Paleltaa, kylmä lähtee syvältä luista, iho nousee kananlihalle. Antti silittää selkääni, sormet kapuavat niskaani. Kuulen, kuinka Zorro huokaisee olohuoneessa. Iltalenkin jälkeen koira makasi hiljaa eteisessä, ikään kuin varmistaen, että siitä ei olisi mitään vaivaa.

Yhtäkkiä hiljaisuudesta nousee raivo. Haluaisin huutaa Antille, että älä silitä, äläkä ole noin rauhallinen! Huuda ja raavi, ole vihainen Siljan puolesta. Tämä on yhtä lailla Antinkin syy. Eikö Antin ammattilaisena olisi pitänyt lukea tilannetta tarkemmin, vaatia Siljalle apua? Huuto jää huulille. Ei ole mitään keinoa saada Anttia ymmärtämään.

Muistan saman lapsuudesta, oikeita sanoja ei ollut. Monena iltana äiti oli niin lähellä, vieressäni lukemassa iltasatua. Olisin voinut viedä äidin käden vatsalleni ja näyttää: tässä se tuntuu, kiristävä vanne vatsan ympärillä. Huoli ja pelko kaikesta, tulipalo, onnettomuus ja kuolema, oma ja toisten. Olisin halunnut kertoa, miten yhtäkkiä kaikkea oli liikaa: katto natisi ja lopulta räsähti, antoi periksi. Sitten se alkoi, tiheä lumisade, ja valkeus peitti kaiken alleen. Lopulta kaikkialla oli valkoista paperisilppua.

Raskaushaaveet olisivat nyt mennyttä. En kykenisi huolehtimaan edes itsestäni, saati vauvasta. Antin viivyttely asiassa oli tuottanut tulosta. Minussa kasvaisi tästä lähtien pelkkä kipu.

– Nyt tuli ainakin hyvä syy olla yrittämättä raskautta.

Antin käsi pysähtyy kaulalle, sormet ovat yhtäkkiä vieraat. Antti vetää kätensä pois.

Käännän selkäni. Kipu tuntuu helpommalta kantaa yksin. Ei tule vauvaa, pellavaista tukkaa, maidon pakotusta rinnoissa. Antti ja minä liu'umme toisistamme kauemmas, niin että olemme lopulta enää nyökkäyksiä keittiössä, nopeita hipaisuja, kun toinen tulee vahingossa liian lähelle. Eevistä ei koskaan tule isosiskoa. En voi antaa tyttöjen auttaa vauvan hoidossa, pyytää hakemaan vaippaa. Haaveet tuntuvat yhtäkkiä valheellisilta ja lapsellisilta. Tekisi mieli nousta sängystä ja mennä olohuoneen sohvalle nukkumaan. Zorrostakin olisi tällä hetkellä enemmän lohtua kuin Antista.

24

Luokka on sotkuinen, oppilaat eivät ole muistaneet nostaa tuoleja päivän päätteeksi pulpetille. Katson viereistä pulpettia, johon joku on kaivertanut fuck. Miten joku on onnistunut kaivertamaan sen ilman, että olen huomannut mitään? Takarivin pulpetille on jäänyt yhden oppilaan vihko. Haen sen, vihko on puoliksi tyhjä. Käsiala on epäselvää, kirjaimet eivät pysy rivien välissä. Olen jo viemässä vihkoa pöydälleni, kunnes hetken mielijohteesta päätän heittää sen roskiin.

Päätän soittaa äidille ja kysyä, miten Siljalla on mennyt lääkärissä, siellä on suunniteltu tänään uutta leikkausta. On parempi soittaa tällaiset puhelut töissä, että tytöt eivät ole kuulemassa.

Kestää kauan, ennen kuin äiti vastaa. Äidin hengitys tuntuu puhelimessa vinkuvalta.

– Juoksitko sä jostakin? Kuulostat hengästyneeltä.

– Pesin käsiä. Oli kädet sämpylätaikinassa.

– Ethän sä vain ole kipeä? Ettei tartu Siljaan?

– Tätä normaalia kuivaa yskää.

Jokainen päivä on tärkeä, Silja ei saa nyt missään nimessä sairastua. Äidin yskä on selvästi pahentunut kuluneen vuoden aikana. Onkohan hän muistanut ottaa kortisonisuihkeet säännöllisesti? Tällainen stressi ei ole astmalle hyväksi.

– Onko isä jo soittanut sairaalasta? kysyn.

– Tunti sitten. Nyt kahdelta oli uudelleen lääkäri.

– Sanoivatko ne kasvaimen koosta lisää?

– Paljon isompi kuin viime kerralla.

– Entä puhe? Syöminen?

– Ei voi sanoa mitään etukäteen. Tällä kerralla vauriot tulevat olemaan paljon suuremmat.

Ei, en anna niiden tehdä sitä. En anna niiden viedä sinulta syömisen taitoa, jonka olet vaivalla hankkinut uudelleen. Sinut laitetaan taas puheterapiaan, joudut harjoittelemaan puuttuvia äänteitä saman tiukan puheterapeutin kanssa. Muistan, kuinka yhdellä kerralla itkit, miten kaikki muut odotushuoneen asiakkaat olivat pikkulapsia. Ääneni värähtää, mutta en halua itkeä äidin kuullen.

– Oletko sä saanut nukuttua? äiti kysyy.

– Ihan hyvin.

Valhe ei tunnu isolta. On turha huolestuttaa äitiä. Todellisuudessa olen nukkunut uutisen jälkeiset yöt surkeasti. Kun vain yritänkin laittaa silmät kiinni, näen Siljan leikkaussalissa, vihreät vaatteet päällä, ympärillä leikkaussalihoitajia ja instrumentteja.

Minä haluaisin vielä jutella, mutta äiti alkaa lopetella puhelua.

– Täytyy laittaa sämpylät kohoamaan. On iso urakka edessä, kahden litran taikina. Sano tytöille terveisiä. Kerro, että mummolla ja papalla on kova ikävä.

Kun tulen kotiin, Antti tekee olohuoneessa punnerruksia kuulokkeet korvilla, eikä huomaa tai ole huomaavinaan minua. Vilkaisen tyttöjen huoneeseen. Hilma ja Eevi istuvat sängyllä ja katsovat piirrettyjä Ipadilta. Kumpikaan ei nosta katsettaan. Tytöt eivät koskaan katso piirrettyjä tähän aikaan.

Jään ovensuuhun katsomaan hikistä ja keskittynyttä Anttia. Antti huohottaa maassa hoover-asennossa. Leukapielet ovat kovat, suu pysyy tiukkana viivana. Yhtäkkiä Antti huomaa minut. Hän nousee ylös, ottaa kuulokkeet pois korvilta.

– Kuinka kauan sä olit siinä?

Kävelen kohti ja pysähdyn Antin eteen. Antti näyttää isolta. Hän katsoo minua alaviistoon, huomaan harmaata parransängessä. Hiki helmeilee otsalla, valuu syviin otsajuonteisiin. Antti on vanhentunut tyttöjen syntymän jälkeen selvästi, on minua viisi vuotta vanhempi muutenkin.

– Anteeksi. Mä olin eilen kohtuuton. Kävin sun kimppuun, vaikkei Siljan sairastuminen ole sun vika.

Silmät näyttävät surullisilta. Treenikatse on poissa, esiin tulevat tutut silmät, syvät ja vilpittömät. Ojennan käteni, tartun Anttia käsivarresta, vaikka se onkin hikinen.

– Mä oon muuttunut parissa päivässä hirviöksi. Tuntuu, että olen kuin virtahepo olohuoneessa. Kaikki näkee, miten mä röhnötän sohvalla, ja yrittää elää häiritsemättä mua. Kun Hilma tarvitsi eilen apua askartelussa, se kysyi ensin sulta.

– Älä liioittele.

– En liioittelekaan.

– Et sä ole virtahepo. Sä oot sarvikuono. Möyrit hetken pohjamudissa, ja nouset sitten taas pintaan.

Pakotan itseni hymyilemään, vaikka olen yhtäkkiä valtavan poikki. Voisin vain romahtaa lattialle ja nukkua siinä aamuun.

– Mitä, jos sä jäisit lopultakin muutamaksi päiväksi töistä pois? Mä olen ehdottanut tätä jo monta kertaa. Sanoisit, että oot flunssassa. Tekisit jotakin, mikä rentouttaa.

Ajatuskin kotiin jäämisestä on ylivoimainen. En pystyisi ajattelemaan mitään muuta kuin Siljaa. Sitä paitsi lukuvuosi on vasta alussa. Mitä kaikesta tulisi, jos luovuttaisin tässä vaiheessa?

– En jää. Nyt on tärkeä pitää rutiineista kiinni.

– Pitäisikö tytöille kertoa jotakin?

– Odotetaan ensin leikkausta. Tee nyt rauhassa treeni loppuun. Mä alan laittaa ruokaa.

25

Tällä kertaa minä olen hoitaja, ja sinä potilas. Annostelen sinulle lusikkaan nestemäisen lääkkeen, tiedän, ettet tykkää niellä tablettia. Puen varovasti vaaleanpunaisen pyjaman päälle, enkä anna kenenkään muun koskea sinuun. Vien sinut jonnekin, missä kasvainta ei ole. Mennään Kuisminin metsään, ryömitään kuusten alle makaamaan ja ollaan aivan hiljaa. Sieltä meitä ei löydä kukaan.

Emmekö me joskus saaneetkin asioita tekemättömiksi ajatuksen voimalla? Muistatko, kun söimme salaa äidin suklaalevyn keittiön yläkaapista? Heti syötyämme iski katumus. Kummallakaan ei ollut rahaa, eikä koko talossa ollut kolikon kolikkoa. Enkö se ollutkin minä, joka keksin, että voisimme mennä kaupungille keräämään pulloja ja ostaa rahoilla uuden levyn? Kaikki sujui suunnitelmien mukaan, parin tunnin päästä olimme jo takaisin. Asettelimme uuden levyn tarkasti samaan asentoon niin, ettei kukaan voinut päätellä mitään.

Entäs silloin, kun avustit minua siltakaadossa äidin ja isän sängyllä, kun äiti ja isä olivat kaupassa? Minä olisin halunnut lukea, mutta sinä houkuttelit minut kokeilemaan siltakaatoa. Kaikki kävi nopeasti. Rojahdin käsillesi, kierähdin sängylle kyljelleni ja löin oikean ohimoni sängynkulmaan. Näin kauhistuneen katseesi, silmäkulma tuntui kostealta, jokin valui alas poskea. Sinä tärisit ja olit paniikissa.

– Menikö sulla silmä puhki?

Kävelin eteisen peilin eteen. Verivana juoksi poskella, kipua ei edelleenkään ollut. En halunnut nähdä sinua avuttomana, halusin, että lopettaisit itkun heti.

– Älä itke. Ei muhun satu. Hae pyyhe.

Teit työtä käskettyä. Kun olin pitänyt pyyhettä hetken silmäkulman päällä, veri oli tyrehtynyt sen verran, että haava näkyi. Vekki ammotti silmän yläpuolella, kaksi senttiä ylempänä. Värähdit näkyä, tärisit yhä. Katsoin palapeiliin ja osoitin siitä yhtä osaa.

– Katso vain tätä osaa. Mitä sä näet?

– Toisen puolen sun kasvoista.

– Näetkö haavaa?

– En.

– Sitten katsot vain sitä.

Sillä hetkellä haava lakkasi olemasta, Silja. Lakkasit vähitellen tärisemästä, annoit minun viedä sinut keittiöön ja juottaa sinulle lasin vettä.

Minä pelastin sinut silloin, ja minä pelastan sinut nyt. En anna niiden tehdä sinulle mitään pahaa, pidän sinusta yhtä lailla huolta kuin Eevistä ja Hilmasta. Rukoilen puolestasi kymmenen kertaa, ja sitten uudestaan kymmenen, ja vielä kymmenen päälle.

26

Vielä päiväkodin pihalla Eevi on prinsessa. Hän esittelee minulle ja Hilmalle tekemiään hiekkakakkuja ja hyvästelee päikkykaverinsa halaten. Sitten hän ottaa sangon ja lapion ja vie ne keräyslaatikkoon. Otan molempia tyttöjä kädestä, ja lähdemme kohti autoa. Piha on täynnä vaahteranlehtiä, tytöt potkivat niitä saappaillaan. Molemmat haluaisivat kerätä lehtiä mukaankin, ja lupaan molemmille yhden lehden kotiinviemisiksi. Molemmat haluavat samanlaisen, kirkuvanpunaisen lehden.

Kun pääsemme auton luokse, Eevi putoaa maahan vatsalleen. Hän makaa maassa kuin valtava tarantella, ei suostu liikuttamaan jalkojaan. Tuuli tarttuu Eevin asfaltilla makaavaan lehteen ja vie sen hetkessä mukanaan. Tekee mieli repiä Eevi autoon, sen sijaan laitan Hilman ensin autoon istumaan. Hilma pitää yhä punaista vaahteranlehteä tiukasti kädessään.

– Tämä menee pian ohi, sanon itselleni ääneen.

Yhtäkkiä huomaan viereisellä parkkipaikalla liikettä. Voi helvetin helvetti, ajattelen. Kaikista ihmisistä juuri Niilon äiti.

– Onko Eevillä vähän huono päivä?

Niilon äidin kasvoilla käy ymmärtäväinen hymy, hän on itsekin päiväkodissa töissä. Niillä on kaikki aina hyvin ja poikakin joka päivä yhtä hyvällä tuulella. Tervehdin hyväntuulisesti ja yritän nostaa Eeviä maasta. Mytty on yhtä jalkaa, kättä, ja hiusta. Tungen Eevin jalkoja autoon ja köytän hangoittelevan, kaarelle työntyvän lapsen turvavyöllä kiinni. Vilkaisen sivusilmällä viereiseen ruutuun. Niilon äiti on onneksi kaasuttanut pois.

– Nyt sitten hiljaa loppumatkan, sihahdan Eeville ja paiskaan oven kiinni.

Kotimatkalla katson Eeviä taustapeilistä. Pipo on syvällä päässä, ja silmiä ei näy. "Aja hiljaa isi nyt vain", alan hyräillä ja hidastan ennen jokaista suojatietä. Huomaan, että Hilma tarkkailee minua takapenkiltä.

– Mitä sä laulat? hän kysyy.

– Mummo lauloi tätä lapsena, kun pappa ajoi.

– Eihän isi nyt aja.

– Ei niin.

Kun tulemme kotiin, Hilma ja Eevi valloittavat kodin. Tytöt ovat hyönteisiä, koppakuoriaisia ja hämähäkkejä. He liikkuvat koko ajan, ryömivät kynnysten yli ja kantavat tavaroita paikasta toiseen. He levittävät legot, sukat ja murot lattialle, ja istumme Antin kanssa legosukkamuromeren keskellä.

– Täällä ei ole yhtään hiljaista hetkeä. Ihan niin kuin olisin valtavassa pesukoneessa.

– Haluatko sä mennä makuuhuoneeseen?

– En mä voi kaikkia iltoja maata pimeässä.

Myöhemmin illalla Eevi kaatuu kärrynpyörässä niskoilleen ja vollottaa täyteen ääneen. Antti yrittää ottaa hänet syliin, mutta Eevi ei suostu, vaan huutaa yhä kovempaa ja haukkoo hengitystä. Hetken ajattelen, että pian Eevi pyörtyy. Yksivuotiaana niin kävi muutaman kerran, kun hän suuttui oikein kovasti.

– Mä haluan äitin!

Otan mytyn syliini. Lapsi on lämmin ja hikinen, poskella juoksee räkävana. Alkaa itkettää, kun muistan, miten kovakourainen olin aiemmin päivällä.

– Hengitä. Äiti on tässä.

– Mua sattuu, Eevi huutaa.

– Niin minuakin, vastaan, mutta ääneni jää Eevin itkun alle.

– Sitä mun lehteä ei ole enää missään. Se jäi sinne pihalle.

– Otetaan huomenna uusi.

Vähitellen Eevi rauhoittuu, kipu hälvenee. Minäkin haluaisin kivun, joka alkaisi ja loppuisi. Sellaisen huudon, joka olisi niin kova ja pitelemätön, että naapuritkin kuulisivat. Ei auta, että Antti sanoo, että itke vaan. Minusta ei lähde niin paljon ääntä, että se helpottaisi.

Hetken päästä Eevi niistää ja pyyhkii silmäkulmansa. Silmät ovat hetkessä kirkkaat tähdet, niissä ei ole merkkiäkään äskeisestä. Pidän Eeviä vielä sylissä, tunnustelen hänen nikamiaan. Vien sormiani ylhäältä alas, hyppään nikamalta toiselle, tavoitan häntäluun.

– Äiti, kutittaa.

– Jos meillä ihmisillä olisi häntä, niin tästä se alkaisi.

– Alkaisiko?

Eevin silmissä syttyy kiilto ja hän ponkaisee ylös, lähtee juoksemaan kohti eteistä.

– Hilma! Äiti sanoo, että meillä voisi olla hännät.

Lapsen lämpö tuntuu yhä sylissä. Mietin, istuiko äitikin aikanaan samalla tavalla minä tai Silja sylissään. Saiko äitikin minusta ja Siljasta kiinnekohdan kaoottiselle arjelle, jossa maito oli aina loppu ja ainakin toinen villasukka kateissa?

27

Eevi ja Hilma seisovat kiipeilytelineen ylätasanteella ja kinastelevat siitä, kumman vuoro on ensin. Hilma yrittää törkätä Eeviä, joka seisoo kuin naulattuna paikallaan. Tytöt ovat kinastelleet koko päivän, enkä jaksaisi puuttua tähän riitaan. Ehkä se ratkeaa itsekseen.

Eevi käännähtää salamannopeasti ympäri ja livahtaa liukumäkeen, ennen kuin Hilma ehtii tehdä mitään. Eevin kasvoilla käy voitonriemuinen katse. Muistan, miltä tuntui olla jossakin parempi. Viidennellä luokalla joulutodistuksessani komeili keskiarvo 9,1, mikä oli parempi kuin Siljalla koskaan. Silja yritti näyttää välinpitämättömältä, kun heiluttelin todistusta hänen edessään. "Mulla on muutakin elämää kuin koulu", Silja sanoi ivallisesti ja kääntyi kannoillaan. Hän ei suostunut näyttämään minulle todistustaan, ja kurkkasin sen myöhemmin salaa. Siljan keskiarvo oli kaksi kymmenystä huonompi.

Hilma laskee Eevin perään ja käy heti maassa siskoon kiinni. Hetkessä tytöt ovat toistensa kimpussa, kaatuvat maahan yhdeksi mytyksi. Pikkusisko taistelee sisukkaasti vastaan, mutta jää alakynteen, kun isosisko onnistuu välttämään kovimmat potkut. Yhtäkkiä Hilman kädet käyvät Eevin kaulalla. Näyttää, että hän kuristaa.

– Hilma! Irti!

Huutoni ei auta. Astun tyttöjen luokse ja yritän kiskoa Hilmaa irti. Eevin nenästä valuu räkä, ja silmissä näkyy väsymys, alkava hätä.

– Nyt jumalauta, Hilma! Irti!

Ääneni täyttää koko pihan, ja Hilma kääntyy katsomaan. Hänen silmänsä ovat aivan mustat. Eevi makaa maassa uupuneena.

– Äiti, ei saa kiroilla, Eevi sanoo.

– Kylläpäs saa. Saatana! Nyt ylös sieltä!

Kirosanassa ei ole enää voimaa, ääni on enemmän väsynyt kuin vihainen. Hilma väistyy sivuun ja Eevi nousee ylös. Eevin käsi etsiytyy poskelle, jossa on punainen läikkä.

– Hilma puri.

Tuijotan epäuskoisena jälkeä, hampaanjäljet erottuvat selvästi. Käännyn hitaasti Hilmaa kohti.

– Miksi ihmeessä sinä purit?

– Mua suututti.

Hilma ei näytä yhtään katuvalta. Onko tämä tosiaan minun lapseni? Jonkun toisen lapset purevat ja potkivat. Itku ei ole kaukana. Hetken käy mielessä, että lähden sisälle ja jätän tytöt. Lopulta rauhoitun sen verran, että otan molempia kädestä kiinni ja talutan heidät hiekkalaatikon reunalle. Eevi tottelee kiltisti, mutta Hilma hangoittelee yhä vastaan.

Molemmilla on tiukasti katse maassa. Helvetin kiittämättömät kakarat, tekisi mieli huutaa. Silja voi kuolla, ja minun lapseni kinastelevat ja tönivät toisiaan tahallaan. Mitä, jos toinen horjahtaa ja putoaa, taittaa niskansa? Olisiko heistä kantamaan sellaista taakkaa loppuelämän ajan? Onneksi tajuan ajoissa, etten voi kaataa tällaista lasten niskaan. Tytöt eivät vielä edes tiedä Siljan kasvaimesta.

– Älkää enää viitsikö, leikkikää sovussa.

– Mutta oli mun vuoro, Hilma sanoo hiljaa.

Hän kaivaa kengänkärjellä maahan kuoppaa, eikä nosta vieläkään katsettaan. Eevi katsoo kohti, olisi jo valmis sopimaan. Tällaiset tilanteet tekevät Hilmalle tiukkaa, se, ettei joku toimi sääntöjen mukaan. Hän ei vielä ymmärrä, että maailmassa kaikki asiat eivät ole oikeudenmukaisia.

– Nyt pyydätte molemmat anteeksi.

Lopulta tytöt mutisevat anteeksipyyntönsä ja menevät kumpikin omiin puuhiinsa.

Illalla istumme Antin kanssa keittiössä, vaikka pitäisi jo laittaa tytöt iltapuuhille. Tytöt ovat käyttäneet tilanteen hyväkseen ja luikahtaneet lastenhuoneeseen piirtämään. Kerron Antille, mitä pihalla tänään tapahtui.

– Se on lapsi. Ei meidän mun mielestä tarvitse olla huolissaan.

– Sä et ollut paikalla. Hilma ei ole koskaan ollut sellainen. Oireileekohan se tätä tilannetta?

– Ei lapset mene rikki.

– Toiset lapset on tosi herkkiä. Mä olin juuri sellainen.

Antti haukottelee ja lähtee tyttöjen luokse. Pyörittelen teemukia kädessä, teepussi makaa kupin pohjalla mytyssä. Joskus tuntuu, ettei Antti mieti asioita loppuun asti. Hän vääntää tilanteen vitsiksi tai tyrehdyttää keskustelun rauhallisella kommentilla. Välillä tekee mieli yrittää raja, saada hänet hermostumaan.

Kun aloimme seurustella, yritin muutaman kerran suututtaa häntä oikein kunnolla. Yhden kerran hänen lähtönsä oli lähellä. Sinä iltana olimme kaveriporukalla baarissa. Muut olivat jo kaikonneet tanssilattialle ja baaritiskille, mutta me istuimme Antin kanssa yhä pöydässä. Halusin jatkaa hänen kanssaan keskustelua musiikista, kertoa, miten paljon minua ärsytti se, että Antti kuunteli 90-luvun teknoa, pinnallista ja halpaa. Antti antoi katseensa harhailla baaritiskille.

– Miksi sä käännyt pois? Kato tänne ja kuuntele mua. Puolusta itseäsi, älä ole pelkkä maalitaulu.

Antti ei sanonut mitään, siemaisi varovasti tuopistaan ja katseli edelleen ympärilleen niin kuin ei olisi kuullutkaan syytöstä. Ärsytti, ettei hän suostunut väittämään vastaan.

– Asiat ratkeaa muutenkin.

– Mikä mies sellainen on, joka ei koskaan suutu?

Antin käänsi katseensa suoraan minuun. Jokin silmissä oli sammunut, ne eivät olleet enää Antin silmät. Musiikki soi yhä, jyskytti korvissa paineena, lähestulkoon kipuna. Antti avasi suunsa, mutta ei kuitenkaan sanonutkaan mitään. Hän laski lasin pöydälle, nousi ylös ja lähti narikkaa kohti.

Nyt Antti lähtisi, eikä enää palaisi. Nyt minun ei enää tarvitsisi huolehtia, kestäisikö tämä. Se oli ohi. Kaikki ne hetket, jolloin olo oli tuntunut kevyeltä ja Antin syli lämpimältä. Olin päästänyt itseni kuvittelemaan, miten muuttaisin Antin luokse asemaan, toisin omat astiani kaappiin. Olin kertonut sille sellaisia asioita, joita en olisi voinut kuvitella kertovani kenellekään. Kun Antti oli hieronut hartioitani, olin kuvitellut olevani savimöykky, josta Antti muotoilisi jotakin uutta, paikkaisi kaikki minussa olevat halkeamat.

Ehdin hakea baaritiskiltä uuden juoman, kunnes tunsin, että olkapäätäni kosketettiin.

– En haluaisi jättää sua tuossa kunnossa tänne. Lähdetään.

Antin katse ei käskenyt, eikä suostutellut, hän vain oli taas siinä. Jossakin toisaalla jumputti musiikki ja jalat tarrautuivat tahmeaan tanssilattiaan, mutta me emme olleet siellä enää. Toimin kuin unessa, nousin ja kävelin Antin perässä, annoin hänen leveän selkänsä aurata minulle tietä ulos. Ulkona tartuin Anttia kädestä ja lupasin mielessäni, etten loukkaisi häntä enää koskaan.

28

Eevi ja Hilma jäävät hiekkalaatikolle, kun lähden Zorron kanssa ulos. Tytöt ovat kinunneet mukaan, mutta sanoin meneväni vain pienelle lenkille. Taivas näyttää sen verran uhkaavalta, ettei meidän kaikkien kannata kastua, jos sade yllättää. Sitä paitsi haluan hetken omaa aikaa. Siljan leikkaus on jo huomenna.

Talon kulmalla tiivistän kävelytahtia. Ilmassa on jo vesipisaroita, joten vedän hupun päähäni. Koira seuraa vaivatta perässä. Olen yllättynyt siitä, että miten mukavaa Zorron kanssa on lenkkeillä. Usein mukaan haluaa joku muukin, yleensä molemmat, ja silloin minulla on liikaa vahdittavaa. Kaikista parhaiten viihdyn koiran kanssa ulkona yksin. Joskus otan kuulokkeet mukaan ja soitan Siljalle. On helpompaa puhua raskaista asioista keskellä leikkipuistoa ja metsää. Toisinaan tuntuu, että kävisin koiran kanssa sanatonta keskustelua. Aivan kuin se tietäisi Siljasta yhtä paljon kuin muutkin.

Tuuli heiluttelee koivujen oksia, lehdet tanssivat ilmassa. Osa niistä on jo tippunut maahan, muuttunut ruskeaksi massaksi. Syksy on jo pitkällä, illat ovat pimeitä ja viileitä. Kauempaa tulee vastaan punainen auto. Arvioin etäisyyttä ja aloitan tutun ajatusleikin. Jos ehdimme ennen autoa roskalaatikoiden kohdalle, leikkaus onnistuu. Ensimmäisellä ja toisella kerralla ehdimme helposti. Päätän yrittää vielä kerran, tällä kerralla laitan maaliviivaksi suuren koivun. Jos ehdimme ajoissa, Silja selviää syövästä kokonaan. Seuraavasta tienhaarasta kääntyy yllättäen harmaa Volvo, joka ehtii paikalle ennen meitä. Tunnen sydämenlyönnit kaulalla, alkaa huimata. Tämä on vain leikki, sanon itselleni, mutta keho ei usko niin helposti. Zorro katsoo minua ihmeissään. Sade yltyy kovemmaksi, pisarat iskevät vasten kasvoja. Käännymme takaisin ja lenkistä tulee vielä lyhyempi, mitä suunnittelin.

Illalla Anttikaan ei saa unta. Hänen ihonsa on lämmin, aavistuksen hikinen, kun työnnän käteni hänen niskaansa. Antti säpsähtää, pyytää minua ottamaan kylmän käden pois. Antti arvaa ajatukseni.

– Huomistako sä mietit?

Haluan kerrata hänen kanssaan vielä kaiken. Sen, miten leikkaus aloitetaan kahdeksalta ja mitä kaikkia vaiheita Siljalla on edessä. Antti kuuntelee kärsivällisesti ja muistuttaa, että kaikki meni hyvin viime kerrallakin. Silja on itsekin luottavainen. Antin ääneen tulee sairaanhoitajan rauhallisuutta ja vakautta. Lääkkeet ja vastalääkkeet, milligrammat ja varasuunnitelmat. Jos toinen lääke ei tehoa, annetaan uutta. Kaikki ei kuitenkaan aina mene suunnitelmien mukaan. Pahojakin asioita tapahtuu, vaikka kuinka uskoo ja toivoo parasta.

Hetken päästä Antin puolelta kuuluu kevyt kuorsaus, mutta minä en edelleenkään saa unta. Jossakin vaiheessa havahdun siihen, että ovella käy ilmavirta. Parketilla kuuluu tassujen rapinaa ja tunnen, miten koira tulee viereen. Pitäisi komentaa Zorro pois, mutta en jaksa. Koira rauhoittuu viereeni, tunnistan sen ominaishajun, karkean turkin ja ulkoilman. Välillä Zorro nostaa kuonoaan, liikahtaa. Uni ei edelleenkään tule, mutta ainakaan minun ei tarvitse valvoa yksin.

29

– Älä ota liian kovia vauhteja!

Eevin pää tuntuu yltävän puiden latvaan ja kengät tulevat suoraan silmieni korkeudelle. Hän osaa ottaa jo vauhtia itse, on oppinut nojaamaan riittävästi taakse. Eevi tykkää, kun tömäytän kämmenillä kengänpohjiin. Hän huutaa ja kikattaa niin, että pitäisi ehkä toppuutella.

– Äiti, tee se vielä.

– Mennään pian sisälle laittamaan ruoka. Isi lähtee iltavuoroon.

Eevi keinuu vapaana kuin lintu, ja jossakin kaukana Silja makaa kahdeksatta tuntia leikkauspöydällä. Silja on haavoittunut pikkulintu, jolla on siivet väärinpäin. Äiti ja isäkin ovat siellä, he katsovat valkoista korkeaa rakennusta, eivätkä tiedä, missä huoneessa Silja on. Silja ei tiedä tällä hetkellä mitään tästä maailmasta. Havahdun siihen, kun Eevi ei enää naura.

– Nosta mut jo pois, Eevi sanoo kyllästyneenä.

Leikki on ohi. Eevi nousee keinusta kevyesti, haluaa seuraavaksi kiipeilytelineeseen. Pitää olla tarkka, Eevi voi hetkessä kiivetä kaiteen päälle.

– Eevi, tule tänne!

Eevi lähtee Anttia kohti, ja minä menen Hilman luokse. Hilma piirtää kepillä hiekkaan. Kysyn, mitä hän piirtää.

– Leikkipuistoa.

– Mitä kaikkea siellä on?

– Tuolla on karuselli, tuolla keinut ja tuolla kiipeilypuu.

– Hieno, kehun.

Piirros näyttää aivan oikealta leikkipuistolta. Kun Hilma tekee jotakin, siitä jää aina selkeä jälki. Hilma pysyy aina siellä, missä käsketään, ei katoa pihoilta tai tuota päänvaivaa. On huolissaan, ettei pikkusisko tipu keinusta.

– Hyvä, kun jäit meidän kanssa ulos, Hilma sanoo hiljaa.

Vesi on liian kuumaa, mutta tuntuu hyvältä, kun reisissä pistelee. Väännän termostaattia vielä kuumemmalle. Koko kylpyhuone on höyryssä. Yhtäkkiä Hilma avaa kylpyhuoneen oven. Hän ihmettelee, miksi olen suihkussa keskellä päivää. Pyydän Hilmaa ojentamaan pyyhkeen. Myös Eevi on tullut Hilman perässä ja osoittaa jalkojani.

– Miksi sulla on punaiset läikät jaloissa?

– Kävin tulikuumassa suihkussa. Tuli äsken puistossa niin kylmä.

– Sattuuko se, kun vesi polttaa?

– Se on juuri parasta, että se tuntuu.

– Missä isi on?

– Se lähti iltavuoroon.

Tiedän, että Antista tuntui vaikealta jättää minut yksin kotiin. Kuivaan itseni ja istun vessanpöntön päälle rasvaamaan jalkojani. Eevi tulee viereen ja alkaa raapia kuivaa päänahkaani terävillä kynsillään. Kädet käyvät päänahkaa läpi tottuneesti, siirtelevät hiusnippuja toisensa jälkeen sivuun. Hilma on laskenut lavuaariin vettä ja pursottaa reilusti saippuaa joukkoon. Vaahtoa tulee niin paljon, että Hilma nostaa molemmilla käsillään ilmaan kokonaista saippuapilveä.

Suihkun jälkeen alan leipoa tyttöjen kanssa sämpylöitä. Tuntuu helpommalta, jos on koko ajan jotakin tekemistä. Keittiö täyttyy hetkessä jauhopusseista, astioista ja uunipelleistä, mutta en välitä sotkusta. Molemmilla tytöillä on oma leivinalustansa, sillä tavalla tulee kaikista vähiten riitaa. Eevi laittaa omiin sämpylöihinsä aivan liikaa jauhoa, taputtelee niihin paksun jauhokerroksen vielä ennen uuniin menoa.

Eevi on lopettanut hetkeksi leipomisen ja työntänyt kätensä taikinakulhoon. Hän työntää taikinasormet suuhun ja sitten taas takaisin taikinaan. Peittelen hymyä.

– Äiti, katso, ei Eevi saa tehdä noin!

– Ei se ole niin vakavaa.

– Mutta se on ällöttävää. Mä en enää leivo!

Hilma avaa essunsa ja heittää sen lattialle. Jätän Eevin syömään taikinaa ja menen Hilman perään.

Hilma on mennyt olohuoneen pöydän alle, kääriytynyt sinne mytyksi niin, että kasvoja ei näy. Hänenkin suupielissään on taikinaa.

– Eevi pilaa aina kaiken.

– Eevi tekee sämpylöitä omalla tavallaan. Bakteerit kuolee uunissa. Laitetaan sun sämpylät vaikka ihan omaan pussiin.

– Eroatteko te? Hilma nostaa katseensa. Kestää hetki, että tajuan kysymyksen.

– Voi, rakas lapsi. Mistä sinä niin ajattelit?

– Amanda kertoi, että sen vanhemmat eroaa. Se on kuullut, kun ne juttelee keittiössä.

Muistan kaikki ne keskustelut, joita olemme käyneet Antin kanssa tyttöjen mentyä sänkyyn. Olen aivan varma, etteivät tytöt ole kuulleet mitään. Tietysti Hilma on huomannut jotakin outoa, on riittävän vanha yhdistämään palasia.

– Ei me erota. Mulla on vain ollut huolta, kun Silja on ollut sairas. Se on itse asiassa leikkauksessa tälläkin hetkellä.

– Mä kuulin, kun te juttelitte. Miksi sä et kertonut meille? Hilman silmät näyttävät syyttäviltä.

– En ole osannut.

– Toipuuko Silja?

– Toipuu.

Hilma on hivuttautunut lähemmäs, mutta huoli ei ole vielä poistunut silmistä. Hän on kahden maailman välitilassa, siellä, missä kaikki on jo vähän paremmin, muttei vielä riittävän hyvin. Ojennan käteni ja vedän Hilman ylös.

– Nyt mennään katsomaan, ettei Eevi ole syönyt koko taikinaa.

Illalla kerromme Antin kanssa tytöille lyhennetyn version leikkauksesta. Olemme kaikki iltapalalla, olen laittanut uunileipiä ja keittänyt kaakaota. Tytöt kuuntelevat tarkasti. Kerron, että Siljalla on kaikki hyvin ja Suomessa on laadukasta terveydenhuoltoa. Välillä pysähdyn ja haen oikeaa sanamuotoa, ja silloin Antti jatkaa. Tarkkailen Hilmaa, mutta ilmekään ei värähdä tai muistuta aiemmasta keskustelusta. Kun lopetamme, kysymme tytöiltä, onko heillä jotakin kysyttävää. Kummallakaan ei ole. Lopulta Hilma nousee pöydästä ja vie astiat tiskipöydälle.

– Mä meen jo sänkyyn lukemaan.

30

Eevi ja Hilma ovat levittäneet leikkinsä olohuoneen matolle ja järjestäneet kaikki eläinhahmot riviin. Antti istuu sohvalla kännykkä kädessä. Antti ja tytöt kääntyvät katsomaan minua. Kolmekymmentä eläinhahmoakin tuntuu odottavan vastausta. Eevi ehtii avata suunsa ensin:

– Paraneeko täti?

Olen juuri lopettanut puhelun äidin kanssa. Alan kertoa, että Silja on nyt herätetty ja kaikki on mennyt olosuhteisiin nähden hyvin. Loppujen lopuksi Silja pystyttiin herättämään melkein vuorokauden etuajassa, vaikka alun perin oli puhe kahdesta päivästä. Lääkäri oli antanut Jarkon, äidin ja isän käydä nopeasti katsomassa Siljaa, vaikka hän ei vielä ollut jaksanut jutella. Hän oli avannut silmänsä, mutta laittanut ne sitten saman tien kiinni. Pysyn eilen kuvatussa leikkauskertomuksessa ja vältteleh liian pelottavia asioita. Tytöt kuuntelevat tarkkaan. Tiedän, että Antille jää monta kysymystä, niiden aika on tänään myöhemmin.

– Koska me voidaan mennä katsomaan tätiä? Eevi kysyy.

– Nyt Siljan pitää levätä.

Hetken päästä Eevi alkaa kiemurrella levottomasti. Tajuan, että tytöille täytyy antaa jotakin muuta ajateltavaa. Menen heidän luokseen, varon astumasta pienten hahmojen päälle.

– Äitikin voi tulla leikkimään niillä petseillä.

– Ei leikitä enää petseillä. Nyt aletaan -

Eevin ajatus jää kesken. Hän alkaa kerätä petsejä koppaan ja Hilma seuraa perässä. Pian matto on jälleen tyhjä.

– Nyt mennään kaikki tähän matolle istumaan, Eevi komentaa.

– Ei tähän taida mahtua kaikki, sanon.

– Pitää mennä tiiviimmin. Isi kanssa.

Antti nousee sohvalta, tulee viereen. Hän hipaisee minua ohimennen olkapäästä, ja katseemme kohtaavat.

– Matto on turva, niin kuin saari. Jos jalat osuu lattiaan, niin sinivalaat käy kiinni. Niillä on terävät hampaat, ne ottaa kiinni näin –

Eevi nappaa pohkeestani kiinni pitkillä kynsillään. Laitan jalkani kippuralle niin, etteivät jalat enää osu lattiaan. Antti tekee saman perässä. Olemme niin lähekkäin toisiamme, että tunnen Eevin istuinluun reittäni vasten. Hetken tuntuu hyvältä, että on olemassa jokin konkreettinen paikka, jossa on hetken turvaa.

31

Heitän lisää löylyä, ja äiti painuu kyyryyn. Olemme aina olleet äidin kanssa kovia saunomaan, mutta iän myötä hän kestää huonommin löylyjä. En muista, milloin olemme viimeksi saunoneet kahden. Leikkauksen jälkeen äiti ja isä ovat olleet pitkiä aikoja Siljan ja Jarkon luona.

Tiedän, että menneet viikot ovat olleet raskaita äidille. Vaikka Silja on päässyt sovitusti kotiin ja toipuminen on alkanut, moni asia on muuttunut. S- ja R-kirjaimen muodostaminen on mahdotonta, eivätkä lääkärit uskalla tässä vaiheessa luvata mitään. Syömisen kanssa on vielä kovempi työ kuin edellisellä kerralla. Kuukauden päästä kontrollissa nähtäisiin, onko kasvain saatu kokonaan pois. Varmuuden vuoksi oli poistettu kasvaimen ympäriltä tervettäkin kudosta.

Pahin kuumuus on jo haihtunut. Nostan jalkani kaiteen päälle ja hieron pyörivin liikkein nilkkanivelen reunaa. Siitä lähtee irti kuivaa ja kuollutta ihoa.

– Mä olisin kestänyt tämän sairauden paremmin kuin Silja, sanon yhtäkkiä.

Äiti ojentaa selkänsä suoraksi ja näyttää kysyvältä. Muistutan häntä, että Silja on aina saanut flunssan herkemmin ja sairastanut pidempään, sai aikanaan sen mononukleoosikin.

– Ehkä mulla kasvain ei olisi ollut pahanlaatuinen.

– Et sinä voi ajatella noin. Nämä asiat on suuremmissa käsissä.

Äiti ottaa löylykauhan ja heittää puolikkaan kauhallisen. Siljan sairaus on käynyt hänen voimilleen. Kasvojen iho on harmaa, eikä poskilla ole tyypillistä punaa. Aiemmin päivällä olen katsonut vaivihkaa, että äiti ei ole muistanut käydä vähään aikaan kampaajallakaan. Yleensä hän on tarkka sellaisesta.

– Tuntuu niin raskaalta nähdä oman lapsensa kärsivän.

Äiti on laittanut kätensä ristiin. Tiedän, että hän rukoilee Siljan puolesta joka päivä.

– Tämä on niin pimeää aikaa muutenkin. Tulisipa jo lumi maahan, huokaisen.

– Miten sinä jakselet?

Nyökkään äidille ja kerron jaksavani ihan hyvin. On turha huolestuttaa kertomalla, että nukun koko ajan yhä huonommin. Monena aamuyönä nousen turhautuneena sängystä, kun uni ei tule. Istun pimeässä olohuoneessa ja tuijotan katulamppuja, toivon, että Silja sentään nukkuu. Jossakin vaiheessa silmät alkavat tuntua raskailta ja hiivin takaisin Antin viereen.

Äiti kurkottaa kätensä kattoon ja venyttelee, tapa on tuttu jo lapsuudestani asti. Äiti kertoo, miten allapäin Silja on viime päivinä ollut puheestaan. Erityisesti puhelimessa keskustelu on hankalaa, koska siinä ei voi samalla tavalla nyökkäillä tai viittoa. Muistan lukeneeni, että uusintaleikkaus on syöpäpotilaalle psyykkisesti raskaampi kuin ensimmäinen. Se on merkki siitä, ettei tauti välttämättä katoa lopullisesti koskaan.

Äiti nousee ylös. Hän ottaa kaiteesta kiinni, katsoo tarkalleen, minne astuu.

– Siljalla on sinua ikävä.

– Onneksi me nähdään jo parin päivän kuluttua.

Kun äiti on lähtenyt, päätän heittää vielä yhdet löylyt. Kiuas sihahtaa vihaisesti, kun isken kiville täyden kauhallisen vettä.

32

Olen syönyt oman ruokani jo ajat sitten. Katselen ikkunasta ulos, yritän olla häiritsemättä Siljaa. Kevyt lumihuntu lepää maan yllä, mutta maisema näyttää apealta. Vielä ei ole riittävästi talven tuntua. Ei tarvita kuin yksi sade ja musta maa paljastuu jälleen.

Ranskankermaklöntti tuijottaa keskellä lautasta kuin suuri silmä, kun Silja käy hidasta taisteluaan kasvissosekeiton kanssa. Syö nyt, ajattelen. Liikuta sitä kieltä. Vähän kerrallaan, vielä, vielä, vielä. Olen aina ajatellut, että Eevi on maailman hitain syöjä. Nyt Eevin syöminen tuntuu lastenleikiltä. Silja huokaa.

– Elämä on pelkkää syömistä. Kun on lopettanut edellisen, on jo uuden vuoro. En enää muista, että joskus tää oli mun lempipuuhaa.

– Lämmitänkö mä sitä keittoa vielä?

– Se ehtii jäähtyä kuitenkin.

Syömistä katselee nyt eri silmin. Ei porkkanasalaattia, puolukkahilloa, kimpaleita tai sekarakennetta, ainoastaan sileää. Lisäksi Siljan syljeneritys on vioittunut leikkauksessa. Vielä ei ole varmaa, onko vahingoittuminen lopullista. Muistan, miten biologianopettaja puhui yläkoulussa syljenerityksestä ja entsyymeistä, miten tärkeä osa niillä on ruuansulatuksessa. Istuin eturivissä tylsistyneenä, syljeneritys tuntui maailman turhimmalta asialta. Nyt tekisin vaikka mitä, että entsyymit taas toimisivat Siljan suussa.

– Olisipa Eevi nyt tässä, Silja sanoo yhtäkkiä hitaasti.

– Miksi?

– Oltaisiin samalla viivalla.

Silja on oikeassa. Eevi kiikkuisi tuolilla, nousisi istumaan, konttaisi pöydän alla, sieppaisi mukanaan leivänpalan. Vilkaisen Siljaa, hänen silmissään käy ensimmäisen kerran tämän päivän aikana hymy. Kunpa Silja jaksaisi säilyttää huumorintajunsa ja motivaationsa. Uskoisi, että voi kovalla tuloksella saavuttaa asioita, niin kuin edelliselläkin kerralla. Muistan, mitä Silja on kertonut peg-napista. Jos ravinto ei mene alas omin voimin, täytyy etsiä uusia vaihtoehtoja.

– Kyllä me Eevin kanssa pysytään hengissä, vaikka sitten pyhällä hengellä. Mä lupasin olla valittamatta, jos kasvain saadaan pois ja sädehoitoja ei tarvita, Silja huokaa ja työntää suuhunsa jälleen uuden lusikallisen.

OSA 3

1

Lapsena ajattelin, että olemme yhtä ihoa, samaa kehoa. Samaa runkoa ja nilakerrosta, samaa pullataikinaa, josta muovaillaan yksi pitkä pitko. Vielä aikuisenakin herään joskus siihen, että kuvittelen sinun olevan vieressä. Ihan niin kuin olisin sinussa kiinni kuin siamilainen kaksonen, kiinni kylkien välisellä kudoksella. Ojennan varovasti kättäni ja säpsähdän sitä, että vieressä nukkuukin Antti.

Kun sinua pidettiin unessa leikkauksen jälkeen, heräsin yöllä siihen, että olo tuntui levottomalta, ihoa kiristi, aivan kuin minunkin kehossani olisi ollut jotain vikaa. Kun uni ei edelleenkään tullut, kuvittelin itselleni kynän ja paperin ja yritin piirtää sinut.

Aloitin piirtämisen keskeltä paperia, keskeltä kehoa. Ensimmäisenä piirsin sinulle ulkonevat, voimakkaat lonkkaluut. Seuraavaksi jalat, pitkät ja hontelot, ne alkoivat lantiosta ja kulkivat pitkinä ja suorina jalkoihin asti. Kun jalat olivat valmiit, kuljetin kynää kohti kylkiä, hahmottelin sinulle hartiat, leveät kuin ladonovet. Niiden varassa olit koko elämäsi tehnyt jotakin: raahannut maalipönttöjä, kantanut heiniä vasikoille, nostanut minut pois kylmästä maasta, jonne olin jäänyt muiden lasten lähdettyä jo ajat sitten. Vielä aikuisenakin olet vahvempi kuin minä, otat kannettavaksi painavimmat muuttolaatikot ja raskaimmat huonekalut.

Kehosi ympärille minä pingotan ihon: ohuen ja kalpean, sellaisen, joka kuultaa läpi, on haurasta kuin paperi. Lapsena minun ei tarvinnut kuin kuljettaa sormiani kylkiäsi pitkin, niin säpsähtelit ja aloit kikattaa. Yritin siedättää sinua, tein sormillani pieniä reittejä vatsaasi kohti, mutta sinä et tottunut. Kun teimme saman toisinpäin, et voinut lakata ihmettelemästä, miten pystyin pitämään kasvoni peruslukemilla.

Myöhemmin sairauden aikana olen kulkenut kehollasi monta kertaa: hieronut sairauden kovettamia hartioitasi, työntänyt sormeni kylmään käteesi. Tiedän kämmenpohjiesi karheat kohdat ja kämmenselän verisuonien kohoumat, tiedän tarkalleen, mihin niissä on työnnetty tippa.

Sairauden myötä olet joutunut luopumaan niin paljosta sellaisesta, mitä ihmiset pitävät itsestään selvänä. Seuraan, miten ihmiset toisinaan suhtautuvat sinuun kaupassa tai lääkärissä. He kuulevat suhahtavat ässäsi, kiinnittävät huomiota epäolennaisiin. Tiedämme molemmat sen katseen, kevyen kulmakarvojen kohotuksen. Yrität pitää kasvosi peruslukemilla ja leukasi pystyssä, vaikka huomaan, että epäilevä katse tekee kipeää.

Tietäisivätpä muut sen kaiken työn, mitä sinä olet tehnyt; kuulisivatpa, miten paljon puheeksi on kehittynyt. Olet harjoitellut puhumista joka päivä, saavuttanut taidon, jolla pystyt taas osallistumaan keskusteluun, soittamaankin, kunhan sinulle vain annetaan riittävästi aikaa. Ne eivät näe, että muutamassa kuukaudessa on tapahtunut ihmeitä.

2

Menen vessaan ja katson itseäni peilistä. Silmät ovat turvonneet, kasvot ovat ilmeettömät. Täytän lavuaarin kylmällä vedellä ja työnnän pääni veden alle. Tekisi mieli sukeltaa niin syvälle, ettei pintaa enää näkyisi. Ehkä syvemmällä kaikesta tulisi keveää, kirkasta ja painotonta, kipu lakkaisi hetkeksi olemasta, ennen kuin palaisi taas odottamatta, vahvempana kuin koskaan.

Aavistinko minä jollakin tapaa, että tällainen puhelu joskus tulisi? Koko sairautesi ajan kaikki on ollut yhtä vuoristorataa, ala- ja ylämäkeä. Aina, kun ehdimme hetkeksi hengähtää, nurkan takana vaani jo uusi vaara. Joko verikokeissa oli löytynyt jotakin huolestuttavaa, tai sinulle oli tullut uusia kipuja.

Kertasin mielessäni sanoja, jotka tulisivat muuttamaan elämäsi, meidän kaikkien elämän, tällä kertaa lopullisesti.

Sinun molemmista keuhkoistasi oli löytynyt kasvain.

Kaksi kuukautta kestänyt yskä ei ollut pelkkä sitkeä flunssa, niin kuin olemme toivoneet ja niin kuin lääkärit ovat epäilleet, eikä pelkkää vastustuskyvyn laskua. Lopulta lääkäri oli määrännyt sinut varmuudeksi keuhkokuvaan. Vain puoli vuotta edellisen leikkauksen jälkeen sairaus oli osoittanut taas voimansa.

Kun kerroit uutisen, olin tajunnut heti saman tien, ettei uutta leikkausta tällä kertaa tulisi. Sisäelimiä voitaisiin operoida, mutta keuhkojasi ei voitaisi leikata. Ainut toivonkipinä olisi sädehoito, joka voisi estää kasvaimien suurenemisen.

Lopussa minä olin kysynyt sinulta, kuinka kauan. Sinä olit itkenyt niin, etten ollut saanut mitään selvää. Sitten olit toistanut uudelleen, että joitakin kuukausia, hyvässä lykyssä vuosi. Olin laskenut mielessäni kuukausia, syntymäpäivääsi olisi kymmenen kuukautta, ehtisitkö sinä vielä täyttää neljäkymmentä. Sinun elämäsi tulisi loppumaan kesken, ja minä joutuisin kestämään sen, että tulisi aika, jolloin sinua ei enää olisi.

3

– Äiti, mun on kamala nälkä!

Eevi hakkaa ovea. Kastelen vielä kerran kasvoni ja sitten kuivaan ne. Silmät ovat punaiset ja turvoksissa. On keksittävä jokin syy, en halua, että tytöt saavat tietää näin pian, tällä tavalla. Ajatus uutisen kertomisesta tuntuu mahdottomalta. Antin tuloon on vielä ainakin kaksi tuntia.

Avaan oven, mutta oven takana ei olekaan ketään. Kurkkaan olohuoneeseen, tytöillä on piirtelyt kesken. Päätän tehdä uunileipiä. Aloitan valmistelut yksin, mutta arvaan, etteivät tytöt malta kauaa pysyä olohuoneessa. Levittelen leivät leivinpaperin päälle ja avaan kaksi tonnikalapurkkia. Kun käännän selkäni, näen, että Eevin käsi käy juustoraastekeolla.

Hilma tulee avuksi, kun alan laittaa täytteitä. Hän haluaa asetella jokaiseen leipään paprikan niin, että leipä näyttää nauravan.

– Mutta jos niitä katsoo täältäpäin, niin ne on surullisia, Eevi sanoo suu täynnä juustoraastetta.

Yhtäkkiä tajuan, että kaikki minun ympäriltäni katoaa, ennemmin tai myöhemmin. Jokin päivä Hilma ja Eevikin kasvavat isoiksi ja muuttavat pois, katoavat minun elämästäni niin kuin Siljakin.

Ruuan jälkeen tytöt ovat levottomia, mutta en yritä rauhoittaa heitä. Yhtäkkiä haluan ympärilleni niin paljon ääntä, niin etten pysy ajattelemaan mitään. Maiskuttakaa, puhukaa, kinastelkaa vaikka, kunhan ei vaan tule yhtään hiljaista hetkeä. Hetken mielijohteesta ehdotan, että voisimme hakea vielä legot olohuoneeseen, rakentaa oikein ison legokaupungin.

– Nyt vielä? Hilma sanoo ja vilkaisee kelloa.

Hän on oppinut vihdoin kellonajat ja yrittänyt opettaa niitä innokkaasti siskolleenkin.

– Nyt.

Eevi raahaa jo painavaa laatikkoa olohuoneeseen. Pyydän häntä hakemaan vielä toisenkin. Hilman kulmat kohoavat. Olen sanonut monta kertaa, että olohuoneeseen saa tuoda vain yhden legolaatikon kerrallaan.

– Rakennetaan oikein iso linna. Sellainen, joka ulottuu kattoon asti, Eevi innostuu ja kaataa ensimmäisen laatikon lattialle.

Molemmat tytöt haluavat rakentaa oman tornin. Eevin torni alkaa kohota nopeasti, pienet sormet tarttuvat varmoin ottein paloihin. Hilman torni on leveämpi ja kestävämpi. Välillä Hilma ottaa muutaman kerroksen pois ja vahvistaa perustaa. Siinä vaiheessa Eevin torni ylettyy jo melkein kirjahyllyn puoliväliin.

– Olisiko se pian valmis? ehdotan.

– Ei vielä.

– Ei se taida enää kestää.

– Kestää se.

Eevi ei vielä tiedä, että lopulta kaikki hajoaa, vaikka se olisi kuinka rakennettu ohjeiden mukaan. Eevi laittaa vielä palan, sitten toisenkin, kolmannen ja neljännen. Lopulta torni saavuttaa lakipisteensä ja alkaa horjua. Hetkessä se romahtaa kymmeniksi pieniksi osiksi olohuoneen matolle. Me jäämme kaikki alle. Laitan silmäni kiinni, mutta palat ovat teräviä ja niitä on liikaa.

Yhtäkkiä tulee aivan hiljaista. En uskalla avata silmiäni, pelkään, että tyttöjä ei enää ole. Löytääkö Antti meitä enää koskaan?

Lattia tuntuu selkäni alla, päässä pyörii yhä. Jossakin yläpuolella häivähtävät Antin kasvot. Antin käsi laskeutuu painoksi rintani päälle.

– Katso muhun.

– Mä luulin, että sä et enää tule.

– Ihan rauhassa nyt. Hengitä.

– En mä pysty.

– Mieti joku paikka, missä haluaisit olla nyt.

– Siljan kanssa Kuhajärvessä.

Antti laskee ykkösestä kahteenkymmeneen. Laitan silmät kiinni. Jalat osuvat viileään veteen. Vähitellen tajuan, missä olen. Avaan silmät. Tutut olohuoneen katon rajat, kirjahylly, taulu vanhalla paikallaan. Jotakin kuitenkin puuttuu. Hätäännyn valtavasti.

– Missä tytöt ovat?

– Ne on iltapalalla. Hilma sanoi, että äiti meni vähän oudoksi. Epäili, että sulle nousi kuume.

– Silja kuolee. Se on varmaa nyt.

– Mä tiedän. Äitisi soitti mulle töihin. Se on niin huolissaan susta.

– Se kuolee ihan oikeasti.

Antti nostaa minut ylös ja kantaa sänkyyn. Kuvittelen Antin tilalle isän, joka kantaa kuumeista lastaan sänkyyn. Isä kantoi meille lasikaupalla keltaista Jaffaa, aina siinä samassa ruskeassa lasissa, jonka nimesimme kuumelasiksi. Olen jälleen lapsi, voin maata tuntikausia sängyssä ja tuijottaa katossa näkyviä oksankohtia. Joku pitää minusta kyllä huolen, käy säännöllisin välein sängyn vieressä varmistamassa, että kaikki on kunnossa.

Hilma ja Eevi tulevat ovensuuhun katsomaan. Hilmalla on puoliksi syöty leipä kädessä, Eevillä on vaniljajogurttia suupielissä. Minusta ei ole tällä hetkellä pitämään heistä huolta, huolehtimaan hampaiden pesusta ja iltasaduista. Heilautan heille pienesti kättä ennen kuin laitan silmät kiinni. Silmieni yläpuolella levittäytyy taivas, ja alla on kostea ruoho. Kerrostalon tutut pihakoivut piirtyvät korkeina taivasta vasten, vartioivat meitä joka puolelta.

Muistatko sinä sen pihan laitimmaisen koivun, sen, jossa oli tuulenpesä? Sen, joka jäi ihan autotallin viereen. Yhtenä kesänä huomasimme, että puussa oli tiheä ja epämuodostunut kohta, vähän niin kuin linnunpesä. Muistan tarkasti, miten huomasimme sen ensimmäisen kerran. Istuimme pihakeinussa, ensimmäiset koivujen silmut olivat juuri aukeamassa. Aloin etsiä, missä puussa niitä oli kaikista eniten. Yhtäkkiä se oli suoraan edessäni. Tiheä kohta, symmetrinen alue, selvästikin linnunpesä. Näytin sitä sinulle ja jäimme odottamaan, menisikö sinne yhtään lintua.

Unohdimme pesän pitkäksi aikaa, kun tuli kesä ja koivuihin lehdet. Vasta loppukesästä huomasimme sen uudelleen ja kysyimme isältä, onko se hylätty linnunpesä. Isä kertoi tuulenpesästä, miten sienitaudin itiöt lentävät tuulessa ja pääsevät puun kuoren halkeamasta oksakerroksen alle. Isän mielestä tuulenpesä oli kuvaava sana; tuuli käpertyi illalla pesäänsä heiluteltuaan koko päivän koivun oksia.

Meitä koko ajatus ällötti. Sotkuinen risupallo näytti jotenkin pahaenteiseltä, teki koko puusta sellaisen, että katseen halusi kääntää pois. Luonto oli sellainen, arvaamaton, valitsi kohteekseen satunnaisesti jonkun ja jätti toiset rauhaan. Onneksi tuulenpesä oli pihan laitimmaisessa koivussa, suunnassa, jonne voisi helpoiten olla katsomatta.

Tuulenpesä, Silja, tuulenpesä. Syöpä on rakentanut sinuun kolonsa, koonnut pesätarpeitaan kaikessa rauhassa, rakentanut kaksi tuulenpesää, yhden molempiin keuhkoihin, eikä meistä kukaan huomannut sitä ajoissa.

4

Pilkon perunoita tylsällä veitsellä, isken niihin lujaa, niin kuin kaikki olisi niiden syytä. Perunat ovat täynnä tummia kohtia. Yhden pienen perunan kuoren alta paljastuu vihreää, vaikka peruna on päällisin puolin vaikuttanut aivan terveeltä.

Kyyneleet tulevat, ja veitsi luiskahtaa maahan. Olen saanut veitsen Siljalta, lahjaksi ensimmäiseen omaan kotiini. Eikö se ollutkin juuri Silja, joka opetti minua, miten perunat kuoritaan mahdollisimman nopeasti? Monta kertaa kilpailimmekin siitä, kumpi oli nopeampi. Minunkin sormeni olivat vikkelät, mutta Siljan sormet olivat aivan omaa luokkaansa.

Hilma on tullut keittiön pöytään istumaan. Hänellä on kädessään värit ja värityskirja. Yritän pyyhkiä kyyneleitä, mutta Hilma huomaa itkuni.

– Siljaako sä itket?

– Joo.

– Kuoleeko se?

– Ei tietenkään.

Valhe polttaa ja kumarrun poimimaan veistä lattialta. Kun nostan katseeni, Hilma katsoo suoraan kohti.

– Kyllä sä voit itkeä meidän kanssa. Ei tarvitse mennä toiseen huoneeseen.

Hilma tulee kömpelösti kohti. Kyykistyn ja halaan häntä tiukasti, pyyhin silmäni hänen karheaan tukkaan. Lopulta irtaudun Hilmasta ja tartun uudelleen veitseen.

– Äiti jatkaa nyt ruuanlaittoa.

Antin silmien alla on tummat varjot. Tyttöjen nukuttaminen on kestänyt tänä iltana erityisen pitkään. Ei ihme, että Anttia väsyttää, kun hän vastaa arjesta melkein kokonaan yksin. Minä osallistun niinä harvoina iltoina, kun voimat riittävät. Antti oikaisee vierelleni, ojentaa kännykkäänsä ja näyttää puhelinnumeroa. Meillä on ollut jo aiemmin illalla asiasta puhetta.

– Soitat sinne työterveyteen huomenna. Mä en odota enää yhtään kauempaa.

Antin kommentti kuulostaa uhkaukselta. Hän kopioi puhelinnumeron ja lähettää sen minulle saman tien. Huokaisen syvään.

– Jos mä soitan sinne, niin mä alan valmistautua siihen, että Silja kuolee.

– Tämä ei liity pelkästään suhun, vaan meihin kaikkiin. Paniikkikohtaukseen pitää hakea apua. Ja tuo sun nukkuminen pitää saada kuntoon. Ei kukaan jaksa muutaman tunnin unilla.

– Mitä mä sanon, kun mä soitan?

– Sano, että sun puoliso vaati. Mä oon tosissani.

Antin katse on ehdoton. Joskus unohdan, että hänellä on tällainenkin puoli. Tiedän, että Anttikin alkaa olla äärirajoilla. Yöllä hänkin nukkuu levottomasti, kun nousen viereltä ja kuljen makuuhuoneen ja olohuoneen väliä. Aamulla Antti vilkaisee heti ensimmäiseksi silmiäni. Hän on jo oppinut tunnistamaan, kuinka kauan minä olen nukkunut.

– Mä soitan huomenna, lupaan.

Antti näyttää tyytyväiseltä ja laittaa kännykän pois. Hän ojentautuu ja sammuttaa yölampun. Tulee hetkessä säkkipimeää.

Antti ottaa korvatulpat ja alkaa työntää niitä korviinsa. Tiedän pimeässäkin kaikki hänen liikkeensä ulkoa.

– Mä ajattelin, että oltaisiin juteltu vielä hetki.

– Mun on ihan pakko nukkua, että mä jaksan. Edes toisen meistä on.

Antti käännähtää kyljelleen ja on yhtäkkiä aivan eri puolella sänkyä, aivan eri maailmassa.

5

Pöydällä on vesikannu, kaksi tyhjää lasia ja avattu paketti nenäliinoja. Naisella on suora ja utelias katse. Hän on suurin piirtein minun ikäiseni, mutta tuntuu, että olen häntä ainakin kymmenen vuotta vanhempi. Kaadan lasin täyteen vettä ja hörppään, ennen kuin aloitan. Nainen nyökkää rohkaisevasti.

– Aloita vaikka kertomalla, mikä sai sinut tulemaan.

On vaikea miettiä, mistä aloittaisin. Siljasta? Tytöistä ja Antista? Siitä, etten enää jaksa kauaa? Olisi osattava kertoa niistä alkuyön tunneista, jolloin pää on täynnä kaikkea ja uni ei tule. Ja siitä, miten katkonainen uni lopulta tulee, mutta loppuu viimeistään viideltä aamuyöllä.

Vähitellen alan löytää oikeita sanoja. Kerron, miten paljon tytöt ovat sairastelleet ja miten epävarma olen koko ajan, ihan kaikesta. Jossakin vaiheessa siirryn Siljan sairauteen. Ripottelen kertomukseeni konjunktioita, teen tarinasta selkeän ja loogisen. Puhuminen käy yhtäkkiä helposti, kuin kertoisin jonkun toisen elämästä. Psykologin ilme ei värähdäkään, mutta hän kuuntelee tarkasti. Mitä enemmän puhun, sitä tutummaksi nainen muuttuu. Hän vaikuttaa vähän vanhemmaltakin kuin alussa.

– Onhan siinä kaikenlaista. Sisko on sinulle selvästi tärkeä.

– Mua ei olisi ilman Siljaa.

– Sisaruussuhteet ovat pisimpiä ihmissuhteita elämässä. Teillä tämä suhde tulee katkeamaan aiemmin kuin tavallisesti. Se on luonnollisesti kova paikka.

Kiukustun. Miten hän voi noin vain viitata Siljan kuolemaan? Onko hänellä itsellä ollenkaan sisaruksia? Tekee mieli nousta ja lähteä huoneesta. Kaduttaa, että olen kertonut niin paljon itsestäni. Puristan sormiani tiukasti yhteen.

– Mä en halua vielä ajatella kuolemaa.

Nainen huomaa kireyden äänessäni. Hän vaihtaa vähän asentoaan, sanoo sovittelevammin:

– Mennään asia kerrallaan. Nyt teidän kannattaa viettää paljon aikaa yhdessä.

Rauhoitun, on turha lähteä väittelemään ventovieraan kanssa.

Nainen alkaa puhua, siirtyy selvästi kuuntelijan roolista asiantuntijaksi. Minulle se sopii, olen aivan poikki. Hän käyttää hienoja sivistyssanoja, mutta osaa avata ne niin, että ymmärrän. Kaikki reagoivat jollakin lailla suuriin muutoksiin: joillakin menee ruokahalu, toiset hukuttavat surunsa työhön. Unien menettäminen on huolehtivan ihmisen tapa kontrolloida. Unta on kuitenkin pakko saada, muuten arki ei pyöri. Psykologi kehottaa minua ottamaan käyttöön nukkumista tukevia lääkkeitä. Lisäksi pitää keksiä jotakin rentouttavaa ja palauttavaa, mitä vaan itselle mielekästä tekemistä.

– Onko jokin juttu, jossa pääset hetkeksi pakoon omia ajatuksia?

Mieleen ei tule mitään. Lukeminen ei ole viime aikoina huvittanut, enkä jälkikäteen muista mitään.

– Jotakin sellaista lempeää, jossa keho ei saisi liikaa rasitusta?

– Mä oon aina tykännyt uida. Sille ei vaan viime vuosina ole ollut yhtään aikaa.

– Uiminen on oikein hyvä. Sille pitää sitten järjestää aikaa. Sovitaanko, että ennen seuraavaa kertaa olet käynyt hallilla?

– Sovitaan vaan.

Kun neljäkymmentäviisi minuuttia on ohi, olen aivan uupunut, aivan kuin olisin kävellyt pitkän lenkin. Nainen nousee ylös, tulee saattamaan minua ovelle. Hänen katseensa on lämmin, eikä mikään hänessä ärsytä minua enää.

– Nähdään kahden viikon päästä.

6

Hallissa on yllättävän hiljaista. Viereisellä radalla on kaksi mummoa, jotka vesijuoksevat etananvauhtia. Toisella heistä on sininen ja toisella punainen uimalakki. Lakit keikkuvat vedessä kuin pullonkorkit.

Viime kerrasta on pitkä aika. Tyttöjen syntymän jälkeen uiminen on jäänyt vähälle. Lasten kanssa uiminen on stressaavaa: molempia pitää vielä vahtia täysin, eikä omalle uimiselle ole aikaa. Vähän väliä jompikumpi hörppää vettä tai tulee kiistaa. Antti on sisukkaampi, hän jaksaa käydä toisinaan tyttöjen kanssa hallilla. Häntä ei tunnu harmittavan, että uiminen tarkoittaa vahtimista tai lastenaltaassa kellimistä.

Lukioaikoina olin kova uimari. Niihin aikoihin telinevoimistelu oli jäänyt meiltä molemmilta, ensin Siljalta, myöhemmin minulta. Joskus yritin houkutella Siljaakin uimaan, mutta häntä ei kiinnostanut. Muutaman kerran hän suostui vastentahtoisesti, mutta aikuistenaltaan vesi tuntui hänestä niin kylmältä, että hän murjotti lasten altaassa. Vähitellen lakkasin pyytämästä Siljaa mukaan.

Veteen hyppääminen tuntuu oudolta pitkän tauon jälkeen. Keho muistaa kuitenkin hetkessä oikeat liikkeet. Muutaman altaanvälin jälkeen olo tuntuu jo paljon kevyemmältä. Kuinka olenkaan voinut unohtaa, miten vaivatonta uinti on? Vesi tuntuu kuljettavan eteenpäin kuin itsestään. Kilometrin kohdalla pidän tauon ja katselen ympärilleni, huomaan, etten ole ajatellut Siljaa vähään aikaan. Sitten kaikki vyöryy taas päälle.

Sädehoito on aloitettu neljä viikkoa sitten. Äiti ja isä ovat asuneet arkipäivät Siljan ja Jarkon luona. Osaan kuvitella, miten äiti kuuraa lattioita, laittaa ruokaa. Pakastin on luultavasti ääriään myöten täynnä, Siljasta ei vain ole syömään hänen ruokiaan. Eikä Siljasta ole ollut iltaisin puhelimeen. Äiti on nyyhkyttänyt, miten Silja makaa sängyssä tai kylpyhuoneen lattialla, oksentaa monta kertaa illassa. Kuin ihmeen kaupalla olo kuitenkin aina kohenee seuraavaan aamuun mennessä niin, että uusi hoitoannos voidaan toteuttaa.

Uinnin jälkeen menen hetkeksi porealtaaseen. Pitäisi jo mennä päästämään Antti omiin hommiinsa, mutta tekee vielä hetken mieli viivytellä. Uimahalliin tupsahtaa yhtäkkiä äänekäs lapsilauma, ja rauha on poissa. Uinninopettaja puhaltaa pilliin ja kieltää lapsia juoksemasta, mutta kaksi tummatukkaista poikaa kieltäytyy tottelemasta. Osa lapsista odottaa kiltisti vuoroaan, yksi tyttö hytisee kylmästä. Ajattelen jälleen Siljaa.

Laitan silmät kiinni. Havahdun siihen, että mummokaksikko lähestyy. Lähempää he näyttävät vielä vanhemmilta, molemmat ovat luultavasti reippaasti yli seitsemänkymppisiä. He ovat selvästi sisaruksia, molemmilla on samanlainen kumara ryhti ja köpöttävä askel. Sinilakki auttaa sisarustaan portaita alas ja hymyilee, venyttelee ryppyisiä käsiään.

– Mahtuuko tänne kaksi ryttyistä rusinaa?

– Hyvin mahtuu.

– Piti lähteä, kun tuonne altaalle tuli niin kova mekkala. Vaan hyvähän se on, että lapset liikkuu. Me oltiin sinun ikäisenäsi kovia uimareita, tuli vähän mitaleitakin. Nyt on vähän vauhti hidastunut ja laji vaihtunut vesijuoksuun, sinilakki jatkaa.

Sinilakki on puheliaampi, punalakki ei ole avannut suutaan vielä ollenkaan. Onkohan se aina jäänyt jollakin tavalla enemmän varjoon, uimakisoissakin kakkossijalle? Siinä samassa punalakkikin avaa suunsa:

– Tämä se vasta on elämää. Kuka kaipaa kilpaa uimista, kun voi kölliä lämpöisessä vedessä kuin peruna?

7

Kesäkuun alku on poikkeuksellisen lämmin, uimaranta on täynnä lapsiperheitä, piknik-vilttejä ja aurinkorasvan tuoksua. Ilmassa on jotakin toiveikasta, kesä on vasta alussa. Silja istuu suuren auringonvarjon alla ja katsoo, miten tytöt juoksevat rantahiekalla. Hän on niin laiha, että kylkiluut kohoavat kesämekon läpi. Silmien alla on mustat renkaat, ja poskessa on punaista ihottumaa. Sädehoito laittaa kehon koville.

Hetken päästä tytöt tulevat juomaan. Eevi lösähtää viltille meidän väliin, mutta Hilma on varautuneempi. Silja huomaa sen ja siirtyy vähän reunemmalle niin, että Hilmakin mahtuu.

– Onko täti teidän mielestä erinäköinen kuin viimeksi?

– Vähän.

Hilman ääni on hiljainen. Eevi ei malta pysyä paikoillaan, alkaa kaivaa varpailla hiekkaa.

– Ei tätiä tarvitse varoa. Tämä ei tartu, ihan tavallisesti voidaan olla. Ihanaa, kun tulitte tällä kertaa kaikki.

Eevi nousee pystyyn ja kääntyy Siljaa kohti:

– Tuutko sä uimaan?

– Uiminen voi olla vähän liikaa, mutta voin tulla kahlaamaan. Jos lupaatte, ettette roiskuta.

Silja ojentaa kätensä molempien kainaloihin kutittaakseen. Tytöt alkavat juosta kirkuen rantaa kohti ja Silja kävelee hitaasti perässä. Hän on ohut ja kapea, ei näytä takaapäin yhtään itseltään.

Silja on ollut koko vierailumme yllättävän energinen. Hän on tarjoutunut tyttöjen seuraksi palapelin rakentelussa ja askartelussa. Eevi on pyytänyt Siljaa lukemaan, mutta Silja on vastannut, että lukeminen on nykyään tädille vähän liian hankalaa. Äänessä on ollut surua; on paljon asioita, joista Silja on joutunut luopumaan. Jarkko tuntuu tarkkailevan sivummalta, ettei Silja väsytä itseään liikaa. Päivät ovat erilaisia, tiedän, että joinakin päivinä matka yläkerrasta alakertaankin on liikaa.

Illalla Silja pyytää minua siivoamaan kanssaan vaatekaappia. Hän haluaa, että käymme yhdessä vaatteita läpi, perkaamme pois liian suuria kokoja. Hätkähdän, kun Silja avaa vaatekaapin. Kaappi on tyhjentynyt selvästi. Siljalla on aina ollut paljon vaatteita, niitä on riittänyt lainaksi minullekin. Tiedän, että hän on antanut osan ystävilleen, loput ovat menneet kierrätyskeskukseen. Silja ojentaa minulle vaaleansinistä mekkoa, yhtä lempimekoistaan. Hänellä oli se aikanaan päällä Eevin ristiäisissä.

– Haluutko sä tämän?

– En mä halua sun mekkoa.

– Tämä on mulle ihan liian iso. Ota nyt vaan. Mä en tästä enää kasva.

Silja viikkaa mekon sängynreunalle ja ottaa uuden kasan tarkistettavaksi. Ihmettelen, miten hän voi olla niin tyyni. Ehkä hän on alkanut tehdä hidasta luopumista. Aiemmin päivällä Silja oli kertonut, että ennuste on pysynyt samana. Aikaa on ehkä puoli vuotta, hyvällä tuurilla vuosi, riippuu, miten sädehoidot onnistuvat. Tuntuu, etten pysty käsittämään koko asiaa.

Silja laittaa vaatekasan hetkeksi sivuun ja istuu sängylle. Otsalla helmeilee hiki ja hän näyttää kalpeammalta kuin äsken.

– Kaikkeen on alkanut suhtautua eri tavalla. Monena aamuna en jaksaisi nousta sängystä, mutta yritän kuitenkin aina miettiä, että tekisin edes jotakin pientä. Yhtenä päivänä aloin maalata vesiväreillä. Kerran pyysin Jarkkoa tuomaan kirjastosta tähtitieteestä kertovan kirjan.

– Ethän sä lue kirjoja.

– Mua kiinnosti se, mitä siinä kerrottiin maailmankaikkeudesta. 13 miljardia vuotta. Onko sillä loppujen lopuksi väliä, oonko mä täällä neljäkymmentä vai kahdeksankymmentä vuotta?

Silja nousee uudelleen ylös, ottaa käteensä kasan t-paitoja, niitä on kaikissa eri väreissä. Päällimmäisenä olevan oranssin paidan olen ostanut hänelle muutama vuosi sitten syntymäpäivälahjaksi. Silja siirtää paidan säästettävien kasaan.

– Mä en ole varma, selviänkö mä tästä.

– Sä oot paljon vahvempi mitä luulet.

Sanon Siljalle, että minulla on sellainen muistikuva, etten lapsena koskaan tehnyt mitään ilman häntä. Silja oli aina mukana, opetti minulle kaiken.

– Mä ehkä näytin mallia, mutta sä teit kaiken ihan itse. Sä uskalsit montaa asiaa, joita mä en uskaltanut.

– En mä muista tuollaista.

– Mä muistan.

Sitten tulee itku. Itku, jota olen joutunut pidättelemään koko päivän, uimarannalla, syödessä, tyttöjen nähden. Siljan kapeat ranteet, mekon alla pilkottavat kylkiluut. En kestä, en yksinkertaisesti pysty tähän.

Hetkessä Silja on siinä, painaa minut olkapäätä vasten. Pelkään nojata, hän on niin hauras. Silja painaa minut kuitenkin tiukemmin itseään vasten. Itken kaikkea. Syöpää, itseäni, sädehoitoa ja Siljan kipua, sitä, että minulla on vain yksi sisko. Siljaa ei tällä kertaa itketä. Hänen ääneensä tulee lämpöä.

– Muistatko, miten mummo neuvoi, miten itkun voi lopettaa?

– Niistämällä.

– Mä haen nenäliinan. Sen jälkeen alat kokeilla näitä vaatteita. Sulla on iso urakka.

8

Sakset syövät Siljan tukkaan suuria lovia, nakuttavat tasaiseen tahtiin. Jarkon kädet käyvät rauhallisesti ja varmasti, ja hiukset tippuvat isoina tuppoina kesäkeittiön lattialle. Istumme äidin kanssa penkkiarkulla, enkä uskalla edes vilkaista äitiä, ettei hän purskahda itkuun. Silja näyttää päättäväiseltä ja tuijottaa ikkunasta ulos.

Uusi sädehoitojakso alkaa viikon päästä. Lääkärit ovat kertoneet, että seuraavan neljän viikon aikana tukka lähtee. Silja on tahtonut leikkauttaa sen lyhyeksi jo valmiiksi. Hän on lisäksi halunnut, että juuri Jarkko leikkaa tukan.

Leikkaaminen ei kestä kovin monta minuuttia, ei ole tarpeen viimeistellä tai tasoitella. Kun työ on valmis, lattia on tummien hiusten peitossa. Hiukset näyttävät lattialla vielä tummemmalta. Huomaan, että äiti pyyhkii vaivihkaa kyyneliä. Minä en osaa itkeä. Alan olla jo tottunut siihen, että uusia luopumisia tulee eteen koko ajan. Tästäkin olemme puhuneet Siljan kanssa jo monta viikkoa.

Silja pyytää minua ojentamaan peilin. Hän nostaa sen kasvojensa eteen, kääntelee päätä. Ilme ei värähdäkään, vaikka ajattelen, että tämän täytyy olla kova paikka. Meillä on aina ollut molemmilla pitkä ja paksu tukka.

– Aika hyvä, Silja sanoo hiljaa, kuin tunnustelevasti.

Äiti on niistänyt nenänsä. Hän nousee ylös ja astuu Siljan vierelle, nostaa kevyesti polkkatukkaa. Tuntuu omituiselta nähdä Siljan niska, kaula näyttää sirolta ja kapealta. Äidin silmissä on yhä kyyneleitä.

– Jotenkin korostuu eri tavalla niskan kaari, hän sanoo ääni väristen.

Minäkin nousen katsomaan lähempää. Jos ei tietäisi, voisi kuvitella, että Siljalla on aina ollut lyhyt tukka.

– Mä en olisi ikinä uskonut, että antaisin Jarkon leikata. Ja vielä tavallisilla keittiösaksilla.

– Parturiainesta, Jarkko vastaa, eikä äänessä sillä hetkellä kuulu surua.

Äiti lähtee käymään ulkona. Luulen, että häneltä pääsee pihalla uudelleen itku. Jarkko hieroo varovasti Siljan hartioita. Kasvain painaa hermosäikeitä niin, että kipu heijastuu eniten juuri sinne. Yhtäkkiä kyyneleet alkavat valua Siljan poskia pitkin.

– Onkohan tämä mun viimeinen juhannus?

Haluaisin sanoa, ettei ole, mutta en voi valehdella. Mietin, miten paljon hän joutuu esittämään, kannattelemaan meitä muita. Jarkko kumartuu halaamaan Siljaa. Sillä hetkellä tajuan selvästi, miten monen asian loppu se on, jos Silja kuolee. Jarkko jää ilman vaimoa, vanhempani ilman esikoistaan, minä ilman siskoa ja tytöt tätiään. Ajatus on niin tosi, että se tuntuu kipuna vatsassa.

Äiti on tullut takaisin keittiöön pullapussi kädessään. Hilma ja Eevi ovat tulleet hänen vanavedessään, aavistavat, että pian on pulla-aika.

– Mitäs mieltä tytöt on tädin uudesta tukasta?

– Riippuu vähän, miten sen ottaa, Eevi lipsauttaa ja silloin purskahdamme kaikki nauruun, äitikin.

Illalla Silja tulee kanssani hetkeksi saunaan. Hän astuu alalauteille, avaan ikkunan, jotta lämpö ei olisi liikaa. Hetken olemme hiljaa, tuijotamme tuttua järvimaisemaa, kaislikkoa, aurinkoa laskemassa vastakkaiselle rannalle. Kiuas sihisee ja tuli rätisee saunan pesässä, jostakin pihalta kuuluu isän ääni.

– Tämä on mulle rakkain paikka koko maailmassa. Näkymä tuonne järvelle päin.

Ajattelen, että Silja on aina täällä, en tule koskaan saunomaan täällä yksin. Siljan silmissä kimaltaa, mutta itkua ei enää tule, se on tältä päivältä loppu. Yhtäkkiä se on lohdullinen ajatus, kyyneleetkin loppuvat. Kumarrun silittämään Siljaa niskasta ja tajuan, että se on paikka, jota en ole koskaan aiemmin nähnyt siinä valossa, paikka, johon en ole aiemmin koskenut.

9

Silja haluaa jäädä kanssani vielä muutamaksi päiväksi mökille. Minua epäilyttää: seuraava hoitojakso on jo niin lähellä. Miten pärjäämme, jos hänelle tulee huono päivä, ja osaanko varmasti antaa hänelle oikean määrän kipulääkettä? Silja ei ole asiasta huolissaan.

– Mä oon sairaanhoitaja. Ja onhan mulla luotettava apuhoitaja, Silja kiusoittelee.

Lopulta annan periksi. Niin se on aina ollut: hän voisi pyytää minulta vaikka mitä.

Katsomme Siljan kanssa saunan portailta, kun Hilma ja Eevi kapuavat turvaistuimiinsa ja Antti kaasuttaa pihasta. Tytöt heiluttavat takapenkiltä siihen asti, kun auto kaartaa mutkan taakse. Tiedän, miten pettynyt Hilma on. Ennen lähtöä hän tuli vielä kerran luokseni, rutisti kainalossaan unipupuaan ja pyysi, että voisi jäädä meidän kanssamme.

– Kyllä me jäädään Siljan kanssa nyt kahdestaan.

Muiden lähdettyä makaamme Siljan kanssa ruohikolla. Olen levittänyt allemme kukikkaan, kulahtaneen viltin, jolla olemme maanneet kymmeniä kertoja. Keskipäivän aurinko paahtaa kuumasti, ja varmistan, että Silja on varjossa. Yhtäkkiä Siljan ilme muuttuu tuskaiseksi, ja hän irvistää, ojentaa kätensä lapaluiden kohdalle.

– Taas tätä hermokipua. Voisitko sä hieroa vähän?

Silja menee vatsalleen. Alan kuljettaa kättäni hänen selkäänsä pitkin; yhtäkkiä tuntuu oudolta koskettaa häntä, vaikka olemme koko lapsuuden olleet toisissamme kiinni. Silja ynähtää, kun löydän oikean paikan, ja laittaa silmät kiinni, nukahtaa. Kasvoille tulee jälleen rauhallinen ilme.

Sairaus näkyy Siljan kasvoilta, kortisonihoidot ovat turvottaneet poskia. Katson nenän kaarta, silmäripsiä, joihin sädehoito ei ole vielä ottanut, kaulalla näkyvää arpea. Minulle hän on maailman kaunein, minun siskoni. Osaan jo kuvitella, miten hän pian avaa silmänsä ja hymyilee, kertoo, ettei ole oikeasti unessa.

Tällä kertaa hän ei kuitenkaan avaa silmiään. Välillä hän kipristää pienesti kasvojaan, osaan jo tunnistaa sen kipuaalloksi. Laitan itsekin silmät kiinni ja kuuntelen, kuinka pääskyset lentelevät ympärillä, viereisellä pellolla ajaa traktori, järveltä kuuluu moottoriveneen ääntä. Lähimpänä kuuluu Siljan hengitys.

Kun Silja herää, hän on yllättävän virkeä. Hän pyytää minua hakemaan vesipullon ja sanoo sitten haluavansa lähteä kävelylenkille.

– Mä haluan kiertää kaikki paikat, joissa me lapsena käveltiin. Käydä mattolaiturilla ja katsomassa lampaita.

Lasken, että meille tulee ainakin parin kilometrin lenkki. Jos Siljalta loppuvat voimat, joudun jättämään hänet tien varteen ja hakemaan auton. Silja näyttää kuitenkin niin päättäväiseltä, että suostun.

Kävelemme rauhalliseen tahtiin, poikkeamme tieltä ojanpientareelle poimimaan päivänkakkaroita ja apiloita. Kesä on kauneimmillaan, tällä hetkellä melkein kaikki kukkii. Hiekka rahisee jalkojen alla, eikä Silja vaikuta yhtään väsyneeltä. Tajuaakohan Silja joka hetki, että monet asiat voivat tapahtua hänelle täällä viimeistä kertaa?

Lampaat alkavat määkiä heti, aivan niin kuin ne tuntisivat meidät. Tuntuu jännältä ajatella, että ne ovat tulleet tänne jokaisena kesänä. Ne ovat kasvaneet karitsoista uuhiksi ja lopulta kuolleet, ja niiden jälkeläisistä on kasvanut uusia. Nyhdän tukun apiloita ja tarjoan niitä lähimmälle karitsalle. Kun se on syönyt apilat, se hamuaa koko kättä. Karitsan kieli on aivan yhtä karhea kuin muistinkin.

– Ajatella, että nämä paikat ovat olleet täällä kaikki nämä vuodet, sanon.

– Me on muututtu, mutta tämä paikka ei.

– Vai onko mekään pohjimmiltaan muututtu niin paljoa?

Silja kumartuu nyhtämään vielä lisää voikukanlehtiä. Muiden lampaiden takana on lymynnyt pieni musta lammas, joka ei ole uskaltanut tulla aiemmin lähemmäs. Silja siirtyy sivummalle ja heiluttaa lehtinippua. Kun lammas kävelee lähemmäksi, näen, että se ontuu hieman. Lammas epäröi vielä hetken, sitten se ojentaa arasti kaulaansa.

– Niin kuin mä olisin tällä hetkellä tosi kaukana syövästä. Mulla on ihmeen rauhallinen olo. Sunkin pitäisi lakata pelkäämästä.

– Helpommin sanottu kuin tehty.

– Sun on pakko alkaa luottaa itseesi.

Illalla istumme saunan jälkeen verannalla. Olo on raukea. Siljan kasvoilla leikkii kesäillan valo. Muistan psykologin sanoja, miten Silja on aina ollut minulle olemassa. Kysyn, uskooko hän siihen, että jokaisella sisaruksella on omanlaisensa muistot. Silja nyökkää heti.

– Mitä sä muistat lapsuudesta? kysyn.

– Sen, että aina oli ilta. Isä tuli tekemään peittoon mutkan ja hetken päästä tuli äiti lukemaan iltarukouksen.

Saan mielikuvasta heti kiinni. Eteisestä loisti valo, olohuoneesta kuului vielä television ääntä.

– Muistatko sä, kun meillä oli se siskosvala, se sormien kiertäminen toisen ranteen ympäri?

Siljan kasvoille syttyy hymy. Meille tulee hetkeksi kiistaa siitä, kuinka monta kertaa aina piti toistaa. Siljan mukaan viisi, mutta minä olen aivan varma, että kymmenen kertaa. Lopulta Silja myöntyy ja sanoo, että olen varmaan oikeassa.

Yhtäkkiä osaan kuvitella kirkkaasti, miten Siljaa ei enää ole. Istun täällä silloin yksin, eikä minulla ole enää ketään, kenen kanssa muistella lapsuutta, mennyttä. Äidillä ja isällä ei ole samoja muistoja, eikä Antti voi koskaan ymmärtää, vaikka selittäisin kuinka.

Aamulla herään aitasta hikisenä, yö on ollut lämmin. Yllätyn, että Silja ei ole vieressä. Puen nopeasti vaatteet ja kävelen kesäkeittiöön. Radion ääni kuuluu pihalle asti. Silja on keittänyt jo kahvit valmiiksi, vaikkei ole itse pystynyt enää moneen kuukauteen juomaan sitä. Silja näyttää pirteältä, istuu penkkiarkulla ja selailee kännykkäänsä. Silja nyökkää viereensä. Penkillä on lankakori, ja päällimmäisenä on puikot.

– Mitä sä teet?

– Rupean kutomaan sulle villasukkia. Sun pitää vaan valita malli.

– Nyt on kesäkuu.

Silja ei kuitenkaan anna periksi. Hän sanoo, että oikea aika aloittaa on juuri nyt, muuten ei tule valmista. Jossakin vaiheessa kutominen ei enää onnistu. Silja liikuttelee sormellaan kännykän ruutua, huokailee ihastuneena.

– Katso nyt! Täällä on vaikka mitä kivoja malleja! Millaiset sä haluat? Kuviolliset vai yksiväriset? Mitä värejä?

– Päätä sinä.

– Ei kun sä päätät itse. Miten tällaiset kettukarkkisukat tai sitten Geishat? Tai sitten nuo kuviolliset sydänsukat?

– Kukaan ei voi olla noin innoissaan villasukista.

– Höpöhöpö. Villasukat on parasta maailmassa.

Istun Siljan viereen ja katson hetken Siljan näyttämiä malleja. Lopulta valitsen kettukarkkisukat, ne, jotka hän näytti ensimmäisenä. Silja suurentaa ohjetta, alkaa valita korista sopivanvärisiä lankoja.

Seuraavana yönä herään siihen, kun Silja huohottaa vieressäni. Hän on noussut istumaan ja hengittää syvään. Peitto on rullautunut mytyksi jalkopäähän. "Yksi, kaksi, kolme, puhallus", hän laskee ja aloittaa pian alusta. Hänen kehonsa jännittyy kaarelle ja kädet puristuvat nyrkkiin. Kännykkä näyttää puolta kolmea.

– Maaria, auta.

Kipu tulee. Silja päästää tuskaisen äänen, jää uikuttamaan. En ole ikinä nähnyt häntä niin heikkona. Lähden hakemaan kännykän taskulampun valossa vettä ja kipulääkettä. Kädet tärisevät, kun irrotan oikean määrän tabletteja liuskasta. Tarkistan kolme kertaa Siljan kirjoittamasta listasta, että lääke ja määrä on oikea.

Kun menen takaisin Siljan luokse, huomaan, että kipu on voimistunut. Silja on aivan hikinen, kääntelehtii sängyssä. Tuen häntä hetkeksi pystyasentoon, annan lääkkeet ja vettä. Yhtäkkiä saan jostakin uutta voimaa. Muistan, miten rauhoittelin itkevää Eeviä, löysin yrityksen ja erehdyksen kautta tavan, jolla lapsi rauhoittui.

Käännän Siljan varovasti vatsalleen ja alan painella varovasti päälaelta selkää kohti. Kevyitä, pyöriviä liikkeitä takaraivolla, siitä hitain liikkein kohti niskaa ja selkää. Väistän kipeän lapaluun seudun ja kuljen kohti selkärankaa, asetan lopuksi kämmeneni alaselälle.

– Helpottaako yhtään?

– Vähän. Laula mulle jotakin.

Sanat tulevat jostakin kaukaa:
– Hiljainen tienoo, hämyinen maa.

Vähitellen Silja rauhoittuu. Huohotus hidastuu, hengitys muuttuu raskaaksi, ja lopulta Silja nukahtaa vatsalleen. Levitän peiton hänen päälleen ja asetun hänen vierelleen kyljelleni, olen puoliksi sängynlaidan päällä. Menee pitkään, että uni tulee, mutta kun lopulta nukahdan, nukun sikeästi aamuun asti.

Seuraavana aamuna Silja on hyvällä tuulella, yön kivuista ei ole enää mitään tietoa. Laitan kahvia tippumaan ja valmistan meille aamupalaa, valitsen jääkaapista Siljalle sopivaa syötävää. Sillä aikaa Silja tarttuu kutimeen, sukanvarteen on ilmestynyt jo muutama rivi. Silja kohottaa katsettaan, kysyy, säikähdinkö yöllä.

– Mä näin ensimmäistä kertaa, miten paljon suhun voi sattua. Se oli pelottavaa.

– Jollakin tavalla kipuun tottuu. Ja toisaalta taas ei, se on joka kerta yhtä kamalaa.

Silja kurtistaa kulmiaan ja purkaa muutaman silmukan. Kaadan hänelle lautaselle luonnonjogurttia, sitä lipsahtaa paljon enemmän, mitä Silja saa alas.

– Nyt puikot sivuun ja aamupalalle.

Aamupalan jälkeen kannan meille aurinkotuolit rantaan. Katselemme raukeina Kuhajärvelle päin. Siljalla on silmät puoliksi raollaan.

– Muistatko, miten me oltiin lapsena vedessä kaikki päivät? Tai sä uit, mä värjöttelin rannalla. Joskus kotonakin kuvittelen olevani täällä. Kaislikko suhisee ja aallot lyö kiviin.

– Mä oon alkanut käydä taas uimassa.

– Hienoa. Sähän rakastit uimista yli kaiken.

Silja kääntyy katsomaan minua, huomaan, että hänellä on tärkeää sanottavaa.

– Mä haluaisin, että mun tuhka sirotellaan tänne.

– Mä en pysty tähän vielä.

– Tällaisiakin asioita pitää alkaa miettiä. Mutta lähdetään nyt, mä käyn vielä katsomassa, että ovet on kiinni.

Silja nousee tuolilta yllättävän ketterästi. Annan hänen mennä edeltä, haluan olla vielä hetken aikaa yksin. Kaislikosta lipuu esiin sorsapoikue, emo ui päättäväisesti edellä ja kuusi poikasta tulee perässä. Viimeinen poikanen ui vähän muiden perässä, olisi helppo kohde hauelle tai harmaalokille. Seuraan katseellani poikueen kulkua ja tunnen helpotusta, kun se katoaa kaislikon suojaan.

OSA 4

1

Lokakuinen aamu näyttää ikkunoiden takana niin pimeältä, että tuntuu, kuin olisi keskiyö. Vielä neljäkymmentäviisi minuuttia sitten olen maannut lämpimän peiton alla, yrittänyt turhaan saada unta, kunnes olen tuskastunut ja noussut ylös. On järkevämpää tehdä jotakin hyödyllistä, kuin yrittää odottaa unta, joka ei enää viiden jälkeen tule.

Uimahallissa on vain muutama ihminen. Vilkaisen viereistä rataa, jossa kaksi tutunnäköistä hahmoa etenee verkkaista tahtia. Sinilakki heilauttaa minulle kättä, ja punalakkikin hymyilee kuin olisimme vanhoja tuttuja, vaikka emme ole nähneet moneen kuukauteen. Viime keväänä meillä oli usein yhteinen uintipäivä, kun pääsin maanantaina jo yhdeltä töistä. Mikä ihme on tuonut heidät tänne tähän aikaan aamusta?

Hyppään altaaseen. Ensimmäisillä vedoilla hengästyn, mutta pian hengitys tasaantuu. Veto vedolta kehosta lähtee paino.

Siljan vointi on huonontunut alkusyksyn aikana selvästi. Uusi sädehoitojakso on aloitettu syyskuun alussa, koska edelliset eivät tehonneet. Kipulääkeannoksia on jouduttu kasvattamaan sädehoitojen takia reilusti. Joinakin iltoina Silja on niin sekava, ettei puhelusta yksinkertaisesti tule mitään. Sairauden merkit näkyvät jo kaikkialla. Silja hengästyy, yskänkohtauksia voi tulla montakin kertaa puhelun aikana. Joskus yskä ei lopu millään. Silja yrittää juoda vettä, toisinaan sanoo soittavansa hetken päästä uudestaan. Joskus tuntuu menevän iäisyys, kun puhelin lopulta soi uudelleen.

Näin Siljan viimeksi kolme viikkoa sitten. Kävin silloin sairaalassa katsomassa häntä, veriarvot olivat niin alhaiset, ettei hän pysynyt tolpillaan kotona. Silja näytti peittojen alla pieneltä ja hauraalta, oli laihtunut ainakin kymmenen kiloa. Silja yritti keventää tunnelmaa kertomalla, että nyt ei enää tarvinnut laihduttaa, mutta vitsi ei hymyilyttänyt kumpaakaan. Sairaalaöitä oli tullut viime aikoina melkein säännöllisesti, lähes parin viikon välein. Koko ajan tuli uusia ongelmia: valkosoluarvo kävi liian matalaksi, ruoka ei pysynyt sisällä tai Silja ei yksinkertaisesti pärjännyt kotona kipujen takia.

Kilometrin kohdalla minua alkaa pyörryttää niin, että päätän uida tänään vähän lyhyemmän matkan. Kun avaan saunan oven, punalakki tulee oven suussa vastaan posket punottaen. Sinilakki istuu vielä ylälauteella. Hän tarttuu löylykauhaan ja kysyy, olenko uimassa ennen töihin menoa.

– Kahdeksaksi pitäisi ehtiä.

– Aikainen lintu madon nappaa. Me on Lyydian kanssa siirrytty aamu-uinteihin. On paljon rauhallisempaa tähän aikaan.

Naisessa on jotakin samaa kuin mummossani. Istuimme usein mummon kanssa tuvassa kaksin sanomatta mitään. Mummo puhui ja hääräili omiaan, kutoi sukkaa tai puuhaili keittiössä. Mummoa ei tuntunut koskaan häiritsevän, että luin tai piirtelin omassa maailmassani. En kuullut hänen koskaan vertailevan Siljaa ja minua, maininneen, miten Silja oli minua puheliaampi.

Yhtäkkiä haluaisin kertoa sinilakille kaikesta. Siljasta, sairastelevista lapsista, unesta, joka ei tule. Miten juuri tänä syksynä meihin tuntuvat iskevän kaikki taudit: rota-virus, pitkään kestäviä flunssia ja korkeaa kuumetta. Yhden pitkän flunssaputken jälkeen meille tuli vielä täitäkin. Silloin Siljaa nauratti. Kerrankin vaiva, josta ei olisi hänelle enää mitään huolta. Vaikka Silja vitsaili, tiesin, että tukan puuttuminen oli kova paikka. Näin toisinaan hänet peilin edessä kääntelemässä kasvojaan, haromassa lyhyttä tukkaa.

Ennen kuin ehdin sanoa mitään, sinilakki nousee seisomaan ja lähtee varovaisesti portaita alas. Pian saunan ovi käy, ja hetki on ohi.

2

Zorro työntää kuononsa kämmenselkäni päälle, tönäisee hieman. Se on selvästi seurankipeä, Antti ja tytöt ovat lähteneet käymään kaupassa. Viime hoitokerrasta on aikaa. Jopa minunkin on ollut vähän koiraa ikävä. Hetken mielikohteesta taputan sohvatyynyä ja Zorro hyppää viereeni. Se painaa päänsä syliini, huokaisee syvään. Upotan käteni sen mustaan turkkiin.

– Soitetaanko Siljalle?

Kumarrun ottamaan puhelimen sohvapöydältä. Soittaminen on alkanut viime aikoina vähän jännittää, ikinä ei tiedä, mitä on vastassa. Tänään Silja vaikuttaa yllättävän pirteältä. Kerron Siljalle Zorrosta, lupaan lähettää puhelun jälkeen muutaman kuvan. Silja ja Zorro eivät luultavasti koskaan tule tapaamaan.

– Ootko sä kertonut tytöille, että mä kuolen?

Kysymys tulee yllättäen. Vedän käteni pois, ja koira nostaa hämmästyneenä päätään. On pakko olla rehellinen.

– En mä tiedä, miten kertoisin niille.

– Sanot niille, että täti kuolee. Niiden kuuluu tietää. Lupaatko?

Silja kuulostaa hetken pettyneeltä. Olen luvannut ainakin jo kaksi kertaa hoitaa asian. Silti askel tuntuu ylivoimaiselta. Jos tytötkin tietävät, menetän viimeisenkin maailman, jossa Silja ei ole kuolemassa. Lupaan hoitaa asian muutaman päivän sisällä. Silja haukottelee ja kysyn, pitäisikö meidän lopettaa. Minunkin pitäisi jo ryhtyä laittamaan ruokaa. Antti ja tytöt voivat tulla hetkellä millä hyvänsä.

– Älä vielä lopeta. Puhu mulle jotakin, Silja pyytää.

– Mitä?

– Kerro, mihin me mentäisiin, jos mä voisin vielä matkustaa.

Vielä vuosi sitten haaveilimme, että matkustaisimme yhdessä Välimerelle, ottaisimme all inclusive -loman kaikilla mukavuuksilla. Miten ihanaa olisikaan ollut istua pimenevässä illassa ja juoda viiniä. Nyt yhteistä matkaa ei enää tule.

Työnnän käteni Zorron kuonon alle, sieltä löytyy lämmin ja turvallinen paikka. Laitan itsekin silmät kiinni ja alan kertoa Siljalle matkakertomusta. Kuvailen yksityiskohtaisesti, miten matkustaisimme Kreikkaan ja istuisimme aamusta iltaan altaalla ja siemailisimme drinkkejä. Iltapäivät olisivat pitkiä ja loputtomia, kerrankaan ei olisi minnekään kiire.

– Mä olisin halunnut oppia sukeltamaan, Silja huokaisee.

– Ei se olisi ollut sun juttu. Mä veisin sut mieluummin shoppailemaan. Kokeiltaisiin hassuja vaatteita ja myyjät tunnistaisi meidät heti siskoiksi. Ja illalla me löydettäisiin jokin syrjäinen kuppila. Istuttaisiin terassilla ja katseltaisiin tähtiä.

– Mitä, jos mä väsähtäisin kesken kaiken?

– Mä huolehtisin sut kotiin. Lopulta me kaaduttaisiin väsyneinä sänkyyn ja oltaisiin niin poikki, että jätettäisiin hampaatkin pesemättä.

– Mä en ole koskaan tehnyt niin.

Toisessa päässä tulee hiljaista. Huhuilen hetken Siljaa, sitten tajuan, että hän on nukahtanut.

– Mä rakastan sua, sanon, ennen kuin suljen linjan.

Zorrokin on vaipunut uneen. Tuntuu, että se kehrää, siitä lähtee samanlainen ääni kuin kissasta. Vedän varovasti käteni sen kuonon alta ja lähden laittamaan ruokaa. Katson vielä ovensuusta sohvalle päin. Näyttää siltä, että Zorro olisi ollut siinä aina.

3

Käännän suihkua kuumemmalle. Kylpyhuone on täynnä höyryä, peilistäkään ei näe läpi. Tytöt ovat lempipuuhissaan, lotraavat kylpyammeissaan saippualeikkejään. He ovat laittaneet vaahtoa niin paljon, ettei se millään mahdu ammeeseen, vaan pursuaa isoina kekoina lattialle. Tiedän, että varoitukset liukkaasta lattiasta ovat turhia.

– Tule saunaan, Antti huutaa, tyttöjen metelin läpi.

– Pian.

Istun vessanpöntölle katsomaan tyttöjen puuhia. Hilma ja Eeva kelluvat saippuavaahdossaan ja tekevät siitä kampauksia ja eläimiä. Tuollaisia mekin olimme Siljan kanssa. Millainen Hilmasta olisi tullut, jos toista lasta ei olisi ikinä kuulunutkaan? Ja olisiko meille tullut kolmas lapsi, jos Silja ei olisi sairastunut?

Jompikumpi loiskauttaa vettä niin, että Hilmalla menee saippuaa silmiin. Hän nousee ylös ja hieroo silmiään. Suupielet ovat painuneet alaspäin.

– Eevi heitti mun silmiin saippuaa.

– Se oli varmaan vahinko. Mä tuon pyyhkeen.

– Sä et huomaa enää mitään!

Hilma roiskaisee ammeesta vettä minua kohti. En muista, että hän olisi hetkeen ollut niin vihainen. Antti on hetkessä kylpyhuoneessa ja näyttää ärtyneeltä.

– Et puhu äidillesi tuolla tavalla.

– Mä puhun niin kuin mä haluan!

Hilma ei ole yhtään oma itsensä, mutta ei pysty enää perääntymään. Näen sen läpi, alahuuli väpättää jo.

– Mä hoidan tämän, Antti sanoo pehmeämmin.

– Ei kun minä. Anna äiti kuivaa sut ja mennään olohuoneeseen.

Hilma tärisee ja näyttää siltä, että voisi purskahtaa itkuun hetkenä minä hyvänsä. Käärin Hilman pyyhekapaloon ja kannan sohvalle. Tytön kyyneleet alkavat valua. Ne ovat suuria ja painavia, niin kuin ne olisivat odottaneet tuloaan pitkään.

– Anteeksi, Hilma nyyhkyttää.

Sanon Hilmalle, että hän on ihan oikeassa. En taida nähdä kaikkea, mitä ympärillä tapahtuu.

– Milloin Silja kuolee? Onko se täällä enää, kun tulee talvi?

Tietysti Hilma tietää, on tiennyt varmaan jo pitkään. Hän on kuunnellut vaimealla äänellä käytyjä keskusteluja, yhdistellyt kesken jääneitä lauseita. Hetken päästä hänellä ei ole enää kummitätiä, joka askartelee tai leipoo piparkakkuja.

– Mistä sä tiedät?

– Olen tiennyt jo kesästä asti. Ja Sara sanoi päikyssä, että kun on syöpä, niin kuolee.

Rakas Hilma. Tällaisia asioita se on joutunut pitämään sisällään uskaltamatta sanoa mitään. Olen ollut niin kiinni omissa suruissani, että olen jättänyt omat lapseni ihan yksin. Kylkeen pistää kipeästi.

– Äidin olisi pitänyt kertoa.

Hilma nyökkää. Kysyn häneltä, tietääkö Eevi.

– Ei se tiedä. Mutta sillekin pitäisi kertoa.

– Kerrotaan sille heti huomenna.

Hilma nyökkää uudelleen, haluaa uskoa minuun. Pidän häntä toisinaan vanhempana kuin hän onkaan, vaadin keräämään leikit ja hoitamaan pukeutumisen itsenäisesti. Todellisuudessa hän on ihan lapsi vielä. Puristan tytön tiukasti syliin, tunnen sydämenlyönnit rintaani vasten. Lohduttaa, että joku on niin lähellä minua. Samalla en voi olla miettimättä, oliko joku toinen Hilmalle ja Eeville parempi äiti kuin minä. Joku sellainen, joka jaksaisi askarrella ja leipoa tai olisi ainakin rehellinen.

– Äiti rakastaa teitä maailman eniten.

Hilman silmissä on jotakin tuttua. Hetken aikaa tuntuu, että olen siinä itse.

4

Hilmalla on keittiön pöydällä värityskirja. Hän on levittänyt kaikki värikynänsä keittiön pöydälle ja valitsee huolellisesti aina yhden. Yksisarvisen harja loistaa kaikissa sateenkaaren väreissä. Menen viereen ja kehun, miten tarkkaa työtä hän on tehnyt. Yksikään väri ei mene viivan yli.

– Mennäänkö hoitamaan se nyt? Se, mistä eilen puhuttiin?

Hilma nousee ylös ja otan häntä kädestä kiinni. Askeleet tuntuvat raskaalta, kun kävelemme kohti tyttöjen huonetta. Eevi on levittänyt sairaalaleikkinsä koko huoneeseen.

– Nyt ei saa tulla enää lisää potilaita. Sairaala on kiinni tältä päivältä.

Eevi osoittaa valkoista rakennusta ja kertoo, että on tapahtunut suuri maanjäristys. Kissa- ja koirahahmot makaavat pienissä sairaalasängyissä vieri vieressä. Kaikkien potilaiden ylle on levitetty peitoksi nenäliinanpala. Joskus valkoinen lakana vedetään Siljankin kasvojen yli. Nyt, pakotan itseäni, kerro nyt.

– Äiti haluaisi kertoa sulle yhden asian. Me juteltiin tästä Hilman kanssa jo eilen.

– Nyt on leikki kesken.

– Lopeta hetkeksi.

Eevi kääntyy katsomaan. Levitän käteni ottaakseni hänet syliin. Eevi harkitsee hetken. Sitten hän ottaa yhden kissahahmon käteensä ja kiipeää syliini. Katson Eeviä silmiin ja kerron, että äidillä on vähän surullisia uutisia. Eevi katsoo kysyvästi.

– Sähän tiedät, että Silja on vakavasti sairas. Nyt sairaus on edennyt jo niin pitkälle, että Silja kuolee. Tätiä ei voi millään pelastaa. Vaikka antaisi mitä lääkkeitä.

– Milloin se kuolee?

Kysymys on niin kirkas ja looginen, että alkaa itkettää. Sanon, ettei sitä vielä tiedä tarkasti, mutta kovin pitkä aika siihen ei enää ole.

– Minne täti sitten menee, kun se kuolee?

– Taivaaseen.

– Sinnekö se sitten jää?

– Tavallaan se on meidän kanssa aina.

Sen enempää Eevillä ei ole kysyttävää. Hilma seisoo oven suussa ja repii kynsinauhojaan. Näen, että häneen sattuu. Hilma tajuaa jo, ettei enää pääse tallille ratsastamaan Siljan kanssa. Ymmärtää, ettei kummitäti tule lähettämään loputtomiin synttärilahjoja. Otan Eeviä kädestä kiinni. Käsi tuntuu hikiseltä, siinä on lämpöä ja elämää. Sitten Eevi katsoo minua uudelleen suoraan silmiin. En löydä hänen katseestaan mitään tuttua: en vihaa, surua, hämmennystäkään.

– Mä haluaisin nyt jatkaa leikkiä.

Eevi nousee sylistä, eikä nosta enää katsettaan. En voi pakottaa häntä tuntemaan jotakin, kaikki tulee vastaan ajallaan. Otan Hilmaa kädestä ja lähdemme olohuoneeseen. En halua jättää häntä nyt yksin.

5

Käännän sivua, mutta samalla tajuan, etten muista yhtään, mitä edellisellä aukeamalla on kerrottu. Antti vaikuttaa keskittyneeltä, hänellä on katse tiukasti omassa kirjassaan. Hetken tuntuu, että olemme kuin mikä tahansa tavallinen pariskunta, joka viettää illalla yhteistä aikaa lasten mentyä nukkumaan. Antti on siivonnut sohvapöydän ylimääräisistä tavaroista ja sytyttänyt kynttilänkin. Pöydällä on voileipäkeksejä ja homejuustoa. Antti laittaa kirjan sivuun ja nappaa pöydältä keksin, leikkaa paksun siivun homejuustoa päälle.

Tuijotan kynttilän korkeana lepattavaa liekkiä, ja iltapäiväinen terapiakäynti pyörii mielessä. Laitan kirjan sivuun.

– Mä kerroin tänään psykologille siitä naapurin Tiinasta. Siitä, miten se tippui ja loukkasi itsensä. Ja, että se oli tavallaan mun vika.

– Mutta sehän oli vahinko. Ja eihän sille jäänyt mitään pahaa vammaa?

– Se joutui myöhemmin lopettamaan baletin, kun sen yläselkä kipeytyi.

Antti muistuttaa, ettei lopettaminen välttämättä johtunut onnettomuudesta. Baletti on keholle niin vaativa laji. Suurin osa joutuu lopettamaan sen siitä syystä, että jokin paikka ei yksinkertaisesti kestä.

– Meistä ei koskaan enää tullut hyviä ystäviä. Kaikki oli jotenkin mennyt hajalle. Jotenkin en koskaan toipunut siitä ajatuksesta, että ennemmin tai myöhemmin jotakin pahaa taas tapahtuisi, joku kuolisi. Ja nyt niin käy Siljalle.

Antti ottaa pöydältä uuden keksin ja sulattelee kuulemaansa. Se on aina ollut Antin tapa. Usein hän kertoo ajatuksensa vasta jälkikäteen, kun keskustelu on ohi. Usein se ärsyttää, tuntuu, ettei hän osaa reagoida asioihin sillä hetkellä, kun toivoisi. Otan tarjottimelta välipalakeksin ja murran sen keskeltä kahtia. Paloista ei tule yhtään samansuuruiset.

– Siljalla oli suuri merkitys siinä, että mä ylipäänsä selvisin siitä kaikesta. Silja piti mua kädestä kiinni, ennen kuin nukahdin. Se oli ainut, joka tiesi, en mä koskaan osannut kertoa äidille ja isälle mitään. Joskus tuntuu, etten mäkään tiedä, mitä tytöt ajattelee. Pitäisi osata lukea ajatuksia. Hilman varsinkin.

Antti tulee lähemmäs, tunnen hänen lämpönsä. Pujahdan kainaloon. Siinä on lämmin, melkein liiankin kuuma. Tapailen sormenpäilläni Antin sänkeä, se pistelee, mutta tuntuu toisaalta mukavan terävältä. Antti kuiskaa, että tulisi suojelemaan minua aina, vaikka mitä tapahtuisi.

– Mutta kaikelta ei voi suojella.

– Melkein kaikelta voi.

6

Matka Siljan ja Jarkon luokse tuntuu isommaltakin retkeltä. Koko kaksituntisen ajomatkan ajan tytöt katsovat tyytyväisinä takapenkillä piirrettyjä ja syövät eväsleipiään. Nautin siitä, kun maisemat vilisevät silmieni edessä. Kaikki nämä metsät, talot ja pellot ovat olleet koko syksyn olemassa. Jossakin vaiheessa puut ovat pudottaneet lehtensä, alkaneet valmistautua talveen. Minulta kaikki tällainen tuntuu menevän nykyään ohi.

Laitan autoradion soimaan, ja tekee yhtäkkiä mieli laulaa mukana. Antti rummuttaa rattiin ja yhtyy kertosäkeeseen. Antilla ja tytöillä tulee olemaan pitkä päivä: he ajavat vielä samana päivänä kotiin, mutta minä jään yöksi. Haluamme pitää huolen, ettei Silja väsy liikaa.

Silja on oven suussa vastassa. Hän näyttää pieneltä, on laihtunut vieläkin muutaman kilon. Tukka on taas kasvanut lisää, ja kääntyy aavistuksen kiharallekin. Olen lukenut jostakin, että sädehoitojen jälkeen ilmestyvä uusi tukka on usein kiharaa, vaikka hiukset olisivatkin ennen olleet täysin suorat.

– Sun tukka!

Halaan Siljaa ja hipaisen samalla hänen tukkaansa. Se tuntuu vähän samalta kuin Zorron turkki.

– Me on päästy helpolla, kun meillä on ollut suorat hiukset. Tällaisella kiharalla on aivan oma tahtonsa.

Tytöt seisovat selkäni takana arkoina, eivät ole vielä riisuneet takkejaan. Niitä ujostuttaa selvästi, Eeviäkin.

– Nyt vaatteet pois. Arvatkaa, mitä me tehdään tänään? Silja kysyy.

Eevi kiinnostuu ja alkaa vetää vetoketjua auki. Silja viittaa kädellään keittiön suuntaan, ja tytöt laittavat vauhtia riisumiseen. Pian molemmat ovat jo keittiön ovella.

– Leivotaan pullaa! Mulla on jo taikina kohoamassa.

Keittiöön tulee pariksi tunniksi kauhea kaaos. Silja antaa tyttöjen pyöritellä pullat ja nostella niitä leivinpaperille. Eevillä on suupielissä taikinaa ja nenänpäässä jauhoja. Osa leivinpaperilla lepäävistä pullista on niin muhkuraisia, niin kuin ne olisi heitetty pellille pyörittelemättä.

– Äiti, arvaatko mitkä on mun tekemiä? Eevi touhottaa.

Vastaan kieltävästi, vaikka vastaus on ilmiselvä. Siljaakin hymyilyttää, hänkin ehkä muistaa saman. Kun lapsena leivoimme, Siljan pullat hymyilivät suorina ja nätteinä, minun omani pullistelivat liitoksissaan.

Lopulta tytöt kyllästyvät leipomiseen ja passitan heidät pesemään käsiä. Silja istuu tuolille, näyttää kalpeammalta kuin äsken.

– Anna mä teen nämä loppuun. Älä nyt väsytä itseäsi liikaa.

Silja hymyilee ja kertoo saavansa tytöistä niin paljon virtaa. On kuulemma ihanaa, kun talo on täynnä elämää.

– Ne myös vie sitä virtaa aika lailla, virnistän ja otan käteeni kasan pullataikinaa.

Iltapäiväkahvien jälkeen Antti ja Jarkko lähtevät pelaamaan tennistä. Juuri sillä hetkellä kaikki tuntuu melkein normaalilta. Tällaisia asioita lauantaisin tehdään: kyläillään sisarusten luona, juodaan kahvit ja harrastetaan. Ennen lähtöä Jarkko tulee käymään Siljan luona, käskee mennä hetkeksi lepäämään. Olen miettinyt samaa, Silja on touhunnut aamusta asti. Pelkään, että aamun energisyys kostautuu jossakin vaiheessa, ja loppupäivä menee maatessa.

– Tytöt on täällä vaan muutaman tunnin. Kyllä mä jaksan, Silja lupaa.

Kun miehet ovat lähteneet, Silja avaa askartelulaatikkonsa ja kutsuu tytöt luokseen. Laatikko pursuaa puuhelmiä ja paljetteja, rautalankaa ja kuminauhaa.

– Apua, mikä helmihelvetti! lipsautan.

– Äiti, ei saa kiroilla. Silja lupasi, että me tehdään kaulakorut, Hilma sanoo.

Vetäydyn olohuoneeseen. Sohvalta näen, miten tytöt kaatavat rasian toisensa jälkeen pöydälle isoksi kasaksi. Silja opastaa heitä kärsivällisesti, eikä hermostu, vaikka Eevin helminauha purkautuu kahteen kertaan ja helmet vierivät lattialle. En voi olla miettimättä, jos tytöt olisivatkin Siljan. Eevissä on paljon samaa näköä kuin tädissään. Millainen äiti Siljasta olisi tullut?

– Tehdään vielä äidillekin, Hilma sanoo ja tulee näyttämään minulle vaihtoehtoja. Osoitan turkoosia ja violettia, vaikkei värillä ole minulle mitään merkitystä.

Lopulta kaulanauhat ovat valmiit. Tytöt ovat yhtäkkiä aivan puhki, ja Siljakin näyttää entistä väsyneemmältä. Komennan kaikki sohvalle istumaan ja lupaan siivota heidän jälkensä. Hetken päästä kurkkaan olohuoneeseen, siellä on ihmeen hiljaista. Silja on nukahtanut sohvalle Hilma ja Eevi kainalossaan. Myös Eevi nukkuu, mutta Hilman silmät ovat auki.

– Lepää säkin vähän.

Nostan kaikkien jaloille viltin, ja Hilma painaa luomensa kiinni. Jostakin syystä tulee lohdullinen olo, kun he kaikki lepäävät.

Kello näyttää jo seitsemää, kun tytöt ja Antti tekevät lähtöä eteisessä. Molemmilla tytöillä on käsissään uudet korut. Silja työntää Antin käteen vielä kaksi pullapussia.

– Tädillä oli niin kiva päivä. Tulkaa taas pian uudestaan. Ja sitten vielä molemmilta oikein iso hali.

Eevi halaa Siljaa ensin, sitten Hilma. Silja painaa päänsä molempien tukkaan ja nuuhkii. Tyttöjä kutittaa ja naurattaa, he kiemurtelevat Siljan otteessa.

– Tädin rakkaat.

Illalla menemme Siljan kanssa saunaan. Kesken riisumisen Silja istahtaa vessanpöntölle ja näyttää huonovointiselta.

– Älä säikähdä, mä taidan oksentaa.

Hän onnistuu kääntymään yllättävän nopeasti ympäri ja oksentaa pönttöön. Menen hänen luokseen, tuen toisella kädellä otsasta ja toisella kevyesti rinnan alta. Toimenpide on tuttu teinivuosilta, kun joku ystävä oli juonut liikaa, ja myöhemmin olen tehnyt samaa, kun tytöillä on ollut vatsatauti. Silja oksentaa vielä pari kertaa, sitten jäljellä on pelkkä refleksi. Otsalla kohoilee hiki. Hän vetää vessanpöntön ja nousee pesemään kasvojaan. Silja valuttaa hanasta vettä ja ottaa liuskasta kaksi vaaleansinistä pilleriä.

– Mä keräilen nyt tässä hetken.

– Voi, kun mä voisin ottaa osan sun kivusta.

Taas se ajatus: olisipa todellinen kipu. Kipu, joka painaisi sormenpäitä, jomottaisi kynnen alla. Kunpa pahan olon voisikin oksentaa pois. Siljan silmiin on tullut lasittunut katse. Mihin asti hänen voimansa riittävät? Pelottaa, että loppu alkaa olla lähellä. Hetken päästä Siljan silmiin tulee eloa. Hän katsoo minuun ja pyytää auttamaan ylös.

– Autatko mua pesemään? Pyörryttää vielä sen verran.

Silja toivoo viileää vettä, ja väännän termostaatista sopivan lämmön. Sitten taivutan hänen päätänsä taaksepäin ja kastelen varovasti hänen tukkansa. Kiharat painuvat kokoon, Silja pitää silmiään kiinni. Levitän shampoota käsiini ja hieron ohimoita, pesen häntä niin kuin pesisin tyttöjä. Huolehdin sinusta loppuun asti, ajattelen. Lopuksi autan Siljalle vaatteet päälle ja talutan hänet alakertaan.

Jarkko katsoo sohvalla televisiota. Silja haluaa Jarkon kainaloon, näyttää raukealta ja onnelliselta. Lääke on leikannut kivulta pahimman terän.

– Mun rupesi tekemään ihan hirveästi mieli pizzaa.

Toppuuttelen ja sanon, että hän on juuri oksentanut. Eikö nyt kannattaisi ottaa vaikka jogurttia tai mustikkakeittoa? Jarkko nyökyttelee samaa, mutta Silja ei kuitenkaan luovuta.

– Ei, kun mä haluan Kotipizzaa. Sitä numero seiskaa, jossa on rucolaa päällä.

Jarkko ehdottaa, että hän hakisi sitä vasta huomenna. Kello on jo paljon, ja olo tuntuu saunan jälkeen ihanan raukealta.

– Mä en voi enää odotella.

Lopulta Jarkko nousee sohvalta, katsoo minuun ja virnistää.

– Tuollainen Silja on. Osaa käyttää kaikki kortit.

Jarkko nappaa lipaston päältä auton avaimet, ja pian ulko-ovi käy. Silja oikaisee sohvalle ja pyytää vilttiä.

– Tää on ihan täyden palvelun hoitokoti. Ensin kylpy ja sitten pizzaa. Laittakaa sitten lasku perään.

Kahdenkymmenen minuutin päästä Jarkko soittaa, ettei Siljan toivomaa pizzaa ole. Silja pyytää käymään toisessa Kotipizzassa. Otan kännykän ja kiellän Jarkkoa menemästä, kello on pian jo puoli kymmenen, eikä Jarkko voi ajella ympäri kaupunkia tietyn pizzan perässä. Minuakin väsyttää jo. Silja ei kuitenkaan anna periksi, vaan hymähtää:

– Saa olla vähän kusipää, kun sairastaa syöpää.

Ruuan jälkeen Silja väsähtää lopullisesti. Katson hänen pizzaansa, josta on syöty ainoastaan pieni siivu. Jokainen suupala oli iso taistelu, mutta Silja ei valittanut kertaakaan. Hän on oikaissut sohvalle, ja pian rintakehä alkaa nousta ja hengitys muuttuu raskaammaksi. Jarkko hieroo Siljan jalanpohjia pyörivin liikkein. Päivän aikana olen nähnyt, miten rankkaa työtä syöpäsairaan hoitaminen on. Kaikessa täytyy avustaa, pukemisessa, ruuanlaitossa, välillä vessassakin.

– Miten sä jaksat? Silja tarvitsee apua ihan koko ajan.

– Päivä kerrallaan. Tässä on enää korkeintaan tämä talvi jäljellä.

Kyyneleet polttavat silmäkulmia. Ajattelen, että Silja ei välttämättä näe helmikuuta ja sitä, miten päiviin tulee valoa. Maaliskuussa hän täyttäisi neljäkymmentä. Muistan, miten Silja toi Jarkon meille ensimmäistä kertaa. Ovella seisoi silmälasipäinen ujonoloinen mopopoika, josta tuli myöhemmin meille kuin perheenjäsen. Jarkko on tuntenut minut melkein kymmenen vuotta Anttia kauemmin.

Ohjelma loppuu, ja Jarkko laittaa television kiinni. Kasvot näyttävät pimeässä tummilta. Jarkko tulee menettämään sen, jonka kanssa on kasvanut, ostanut asunnon, mennyt naimisiin. Minä pystyn työntämään surun välillä jonnekin, mutta Jarkolla samanlaista mahdollisuutta ei ole. Istumme hetken pimeässä puhumatta. Jarkon ääni rikkoo lopulta hiljaisuuden:

– Viedään Silja yläkertaan.

Herättelemme Siljan varovasti. Silmät pysyvät hädin tuskin auki, kun nostamme hänet sohvalta ja alamme taluttaa kohti portaita. Isosiskostani on tullut pikkulintu. Siskostani, jolla oli aina räjähtävä ponnistusvoima ja reidet, jotka eivät väsyneet helposti. Askel, toinen, kolmas. Pian häntä kannetaan viimeistä kertaa, ajattelen. Matka yläkertaan tuntuu loputtomalta.

7

Äiti tuntuu vanhentuneen muutamassa viikossa vuosia. Tukka näyttää harmaalta ja huomaa, ettei äiti ole käynyt kampaajalla pitkään aikaan. Äitikin tuntuu jaksavan aina, vaikka päivät olisivat kuinka raskaita tahansa. Karjalainen luonne ja suku, joka on joutunut jättämään kotitalonsa taakseen kahdesti. Nytkin äiti ja isä ovat ajaneet taas viikoksi hoitamaan Siljaa, niin että Jarkko saa käydä töissä. Minulla on laukku jo eteisessä valmiina. Huomenna on taas työpäivä.

Äiti riisuu takin ja ojentaa minulle kahta kiiltävää pakettia. Ne ovat täsmälleen samankokoiset, ja käärepaperikin on samaa. Äiti on aina tarkka, ettei tytöille tulisi riitaa.

– Toin tytöille vähän tuliaisia.

Muistutan, ettei heillä ole ollut tai ole tulossa mitään juhlapäivää.

– Meillä on niitä papan kanssa niin ikävä.

Tavallaan ymmärrän äitiä. Meidän kaikkien elämä pyörii Siljan ympärillä.

Iltapäivällä Jarkko lähtee tennikseen. Alamme keittää äidin kanssa iltapäiväkahveja, isä saattelee Siljan pöytään. Tällaisia hetkiä, että olisimme kaikki neljä yhdessä, ei ole ollut pitkään aikaan. Kun tytöt ovat paikalla, isovanhempien huomio menee herkästi tyttöjen touhuihin. Nyt pöydässä on ihana rauha. Siljan silmät painuvat kiinni. Suu on auennut hieman raolleen ja suusta kuuluu kevyttä kuorsausta. Huomaan, että äidin silmät kostuvat.

Isä nousee pöydästä, taittaa arkin talouspaperia. Silja ei hievahdakaan.

– Meidän täytyy ruveta valmistautumaan kaikkeen, isä sanoo ja ojentaa äidille paperia.

Isä on käynyt Siljan kanssa sitkeästi läpi kaikki hoidot. Hän on huolehtinut, että Silja on oikeassa paikassa oikeaan aikaan ja kysynyt lääkäreiltä vaikeita kysymyksiä. Silja on kertonut, että isä vie limsalle kanttiiniin jokaisen lääkärikeikan jälkeen. Ostaa joka kerta Jaffa-pullon, vaikka Silja ei yleensä saa juotua kulaustakaan. En osaa kuvitella, miltä isästä tuntuu valmistautua oman lapsensa kuolemaan.

– Pitäisi alkaa suunnitella käytännön asioita. Millaiset hautajaiset Silja haluaa, mihin hänet haudataan, isä jatkaa.

Kerron, mitä Silja on kertonut minulle tuhkan sirottelemisesta mökille. Isä huokaa, että Silja on valitellut viimeisten viikkojen aikana kurkkukipua. Luultavasti kasvain on levinnyt jo kurkkuunkin. Tulee syyllinen olo, kun juttelemme tällaisesta Siljan ollessa paikalla. Ihan niin kuin olisimme jo luovuttaneet.

8

Marraskuussa näen monta kertaa saman unen. Joskus uni on pidempi, toisinaan lyhyempi, mutta paikka on aina sama. Jokaisella kerralla olemme tutussa jumppasalissa, mutta tällä kertaa aivan kaksin.

Silja pujahtaa saliin ensin, jättää minulle oven auki. On täysin hiljaista, ainoastaan pölyhiukkaset tanssivat hiljaisessa salissa. Keskellä salia on permanto. Riisumme sukat ja annamme jalkapohjien koskettaa mattoa.

Kun lähdemme liikkeelle, jalanpohjat muistavat taas kaiken. Hypyt ovat kevyitä, pyörähdykset virheettömiä ja varpaat; ne ovat koko ajan ojennettuina kohti kattoa niin kuin meitä on opetettu. Liikkeistä tulee sarjoja, voimistelu on unta ja tanssia. Painoa ei ole, eikä väsymystä ja kipua enää. Osaamme kaikki liikkeet, kaksi lahjakasta bulgarialaisvoimistelijaa.

– Katso!

Seuraan kauempaa, miten kevyesti Silja hyppää puomille. Hän tasapainoilee puomilla vaivattomasti aivan kuin kävelisi lattialla. Ei yhtään horjahdusta, ei tasapainon hakemista käsin.

– Tuu vaan. Kyllä sä osaat!

Kävelen lähemmäs ja kosketan käsilläni puomin karheaa pintaa. Tunnen sen kevyen jouston, kun Silja liikkuu. Ponnistan itseni käsien varaan ja kiipeän siitä puomille, vaikka minua pelottaa.

Yhtäkkiä puomi on pitkä, jatkuu salin päästä toiseen. Silja kävelee muutaman askeleen edelläni, hänen selkänsä on vahva kuin ovi. Tiedän, että pitää pysyä liikkeellä, koska jos pysähtyy hetkeksikin, horjahtaa helpommin. Vähitellen jalkani alkavat kantaa, ja asetan askeleeni Siljan omiin. Yhtäkkiä Silja kääntyy varpaillaan ympäri satakahdeksankymmentä astetta. Hän katsoo suoraan minua kohti ja ojentaa kätensä.

9

– Sun täytyy tulla nyt heti. Tilanne on kriittinen. Keuhkoissa on tukos.

Isän äänessä kuuluu hätä. Tilanteen täytyy olla vakava, koska isä ei koskaan soita minulle töihin. Puhelu loppuu, ja menen takaisin opettajanhuoneeseen. Pidän kädessäni kahvikuppia ja tunnen, kuinka tärinä alkaa. Se tulee syvältä, suoraan ytimestä. Tulee yhtäkkiä valtavan kylmä. Opettajanhuone muuttuu toiseksi, pyörähtää ympäri. Erehdyn vilkaisemaan kelloon, ja näen, miten viisarit syövät jokaisen minuutin hengiltä. Saattaa olla Siljan elämän viimeinen päivä.

On alkamassa viimeinen oppitunti, ja monisteet ovat kopioimatta. Toivon, ettei kopiokoneella ole muita, mutta toiveeni ei käy toteen. Puhelias fysiikanopettaja kääntyy puoleeni ja kyselee viikonlopusta. Vastaan hänelle jotakin ympäripyöreää ja samalla mietin, mitä jos kertoisinkin kaiken? Miten syöpäsairas siskoni on saanut keuhkoinfarktin, ja hänet yritetään lääkitä kuntoon, mutta riskit ovat valtavat. Ehdinkö minä sairaalaan sanomaan hyvästit ja jos en ehdi, miten sen kanssa voi elää? Laitan monisteen kopiokoneeseen ja kone alkaa sylkeä ulos adjektiivimonisteita. Avuton, avuttomampi, avuttomin.

Jaksa vielä muutama tunti, Silja. Jaksa niin kuin vatsalihastreeneissä oli pakko jaksaa, kun voimat olivat loppumassa. Silloin täytyi muistaa painaa selkäranka tiukasti permantoon, ja sitten matosta nousi sellainen voima, että jaksoi vielä viisi ja toiset viisi. Vielä kolme tuntia, Silja, niin minä olen vieressäsi ja pidän kädestäsi kiinni loppuun asti.

Äiti, isä ja Jarkko ovat sängyn ympärillä ja näyttävät vakavilta. Ensin säikähdän, etten ehtinyt ajoissa. Kun astun lähemmäs, näen, että Siljan rintakehä kohoilee. Isä laittaa käden olalleni.

– Hyvä, että tulit.

Isän katseesta heijastuu avuttomuus. Isä on koko sairauden ajan jaksanut katsoa eteenpäin. Mitä nyt, kun seinä on noussut vastaan, eikä eteenpäin enää pääse? Tuntuu, ettemme ole osanneet valmistautua tähän kaikkeen. Siljan sormet lepäävät peiton päällä. Kosketan hänen käsiään, ne ovat lämpimät, mutta Silja ei liikahda.

– Me voitaisiin lähteä syömään. Ei ole syöty tänään mitään, äiti sanoo pitkän hiljaisuuden jälkeen.

– Menkää vaan.

Todellisuudessa jännittää jäädä Siljan kanssa kahden. Mitä, jos Siljalle tuleekin jokin hätä? Jarkko tuntuu lukevan ajatukseni.

– Luultavasti Silja nyt vain nukkuu. Verenohennuslääke alkoi tehota. Jos Siljalle tulee hengenahdistusta, paina nappia ja kutsu hoitajaa.

Muut lähtevät ja jään vahtimaan, että Siljan rintakehä nousee tasaisesti. Sairaalapöydällä on valokuva-albumi, otan sen käteen ja käännän ensimmäisen kuvan. Kuvassa on isä, minä ja Silja. Meillä on rispaantuneet letit ja röyhelöiset uimapuvut, minulla vaaleanpunainen, Siljalla keltainen. Isällä on kädessään katiskalla saatu hauki. Hauki irvistää rumasti, mutta minua ja Siljaa naurattaa jokaista pisamaa myöten. Isäkin hymyilee. Tuollaistako se todellisuudessa oli, miksi muistan jälkikäteen vain huolen ja pelon?

Seuraavassa kuvassa olemme rantasaunalla, taustalla välkkyy hopeinen Kuhajärvi. Sitä seuraavassa Silja on veneen keulassa, minä perässä ja isä airoissa. Muistan, miten isä sai madon koukkuun nopeimmin maailmassa. Silja kääntää kylkeään ja henkäisee kevyesti. Selaan lisää kuvia, ne ovat vain väläyksiä. Tarina ei ole yhtenäinen, jotakin puuttuu. Mitä minusta jää jäljelle, kun Siljaa ei enää ole?

Lopulta mielenkiinto herpaantuu, ja kyllästyn vahtimaan Siljaa. Kaivan kännykän esiin ja silmäilen päivän uutisia. Sitten syyllisyys iskee, ja työnnän puhelimen pois. Täytyy keskittyä tähän hetkeen. Tarkkailen kelloa, sen suuria viisareita, jotka liikkuvat tasaisesti akselinsa ympäri. Minuutit seuraavat toisiaan vääjäämättä, vaikka Siljan aika on päättymässä.

10

Auri ei näytä yhtään sairaalapastorilta. Hän tulee sairaalahuoneeseen hyväntuulisesti niin kuin olisi tulossa häihin tai synttäreille. Olen kuvitellut sairaalapastorille mustaa päälle, mutta Auri on verhoutunut värikkääseen tunikaan. Korvissa keikkuvat isot puiset korvakorut, ja permanentista on karannut otsalle muutama kiehkura. Huulissa on reippaasti kirkkaanpunaista. Silja on hereillä ja kohentaa asentoaan. Auri tulee suoraan sängyn viereen aivan kuin olisi tavannut Siljan ennenkin.

– Sinä siis olet Silja?

Silja nyökkää. Käsi käy otsalla, haroo sotkuista tukkaa vähän siistimmäksi.

– Tässä mä nyt oon.

Sairaalapastori oli hoitajien ehdotus. Tein lähtöä hyvissä ajoin ennen Aurin tuloa, mutta Silja halusi, että nimenomaan minä jäisin, muut voisivat mennä. Istun sivummalla, tuntuu, etten saisi olla täällä tällaisella hetkellä. Aurilla ei tunnu olevan kiire, hän kävelee ikkunan eteen ja katsoo joulukuista maisemaa. Yhtäkkiä Silja kääntää katseensa suoraan ikkunaa kohti ja kysyy tuskin kuuluvasti:

– Mitä mulle tapahtuu, kun mä kuolen?

Auri kääntyy Siljaan päin. Silmät ovat kirkkaat, kuin pienellä lapsella. Tuossa on ihminen, joka ei pelkää, ajattelen.

– Ihan suoraa vastausta mulla ei ole. Se riippuu vähän siitä, mihin itse uskoo.

– Mä en ole ihan varma, uskonko mä Jumalaan.

Auri tulee lähemmäs, istuu sängyn vierellä olevalle tuolille niin, että näkee meidät molemmat. Sitten hän alkaa selittää, että monia kuolevia kuitenkin rauhoittaa ajatus, että jonkinlainen Jumala tai suurempi voima on olemassa.

– Mitä, jos alkaa uskoa kunnolla vasta nyt?

– Nyt on oikein hyvä aika.

Auri naurahtaa, ja korvakorut heilahtavat. Kaikki tuntuu olevan Aurille helppoa ja kevyttä, kuolemakin. Seuraavaksi Silja haluaa tietää, voiko ihminen aavistaa kuolemansa.

– Kuolemanrajakokemuksen läpikäyneet ovat kertoneet, että on tullut selittämätön rauha ja valo. Minun mielestäni se on aika lohdullinen ajatus.

– Mua pelottaa.

– Kuolema saakin pelottaa. Et ole yksin, on olemassa meitä ihmisiäkin korkeampi voima. Samoin läheisistäkin saa voimaa, vaikka he eivät olisikaan sillä hetkellä vierellä.

– Mä haluaisin, että sä sanoisit jotakin mun siskolle, Silja pyytää.

Auri kääntyy minun puoleeni. En enää pysty pidättelemään kyyneliä, vaan nyyhkäisen. Auri kaivaa laukustaan nenäliinoja ja ojentaa yhden minulle, toisen Siljalle. Hänellä on varmaan aina laukkunsa pohjalla paperia ja punaista huulipunaa. Auri tulee lähelle, aivan viereen ja koskettaa olalle. Silmät ovat kirkkaat, tuntuu, että niissäkin on kyyneliä.

– Ei kuolema ole loppu. Kukaan ei voi viedä sinulta siskoa.

Auri koskettaa minua olkapäähän, painaa kevyesti. Siniset silmät katsovat tarkasti ja ujostelematta. Hetken päästä Auri irrottaa otteensa ja kääntyy Siljan puoleen, pyytää lupaa siunata.

– Siitä voisi tulla sinulle rauhallinen olo. Sisko voi tulla tähän vierelle.

Nousen ylös ja kävelen raskain askelin Siljan sängyn viereen. Kumarrumme molemmat Siljan puoleen, ja Auri nostaa kätensä Siljan rinnan päälle. Siljan silmissä on kyyneliä, mutta samalla katse on rauhallinen. Pian häntä ei enää ole. Ajatus on niin kirkas ja niin kipeä ja niin totta. Kyyneleet sokaisevat minutkin, mutta Aurin läsnäolo helpottaa. Juuri nyt emme pärjäisi Siljan kanssa kahden.

11

Silja ei kuole vielä sinä päivänä, eikä seuraavanakaan. Lääkärit ovat ihmeissään käänteestä: Siljan keho on yllättävän vahva. Lääkäri ei silti lupaile liikoja, vointi voi heilahtaa yllättäen rajustikin. Silja ei tule pärjäämään enää ilman kotisairaanhoitoa. Pelkästään kipulääkitys on niin voimakas, että jatkossa kotisairaanhoitaja käy tarkistamassa Siljan voinnin kahdesti päivässä. Ei enteile hyvää, että lääkäri ehdottaa happiviiksiä ja puhuu jo kipupumpusta.

Päätän jäädä Siljan luokse vielä kahdeksi päiväksi. Ilmoitan rehtorille tekstiviestillä, että olen sairaana. Pelkään, että rehtori soittaa perään ja kuulee hengästyneen ääneni, alkaa epäillä.

– Mä en ole koskaan ollut luvatta pois töistä, tunnustan Siljalle, kun olen lähettänyt viestin.

– Jo oli aikakin. Kuolevalla on se etu, että voi ihan reippaasti oikoa mutkissa, hän virnistää.

Muutaman päivän päästä Silja saa virallisen päätöksen kotiuttamisesta. Äiti, isä ja Jarkko ovat menneet jo edeltä, jättäneet minulle Siljan auton ajettavaksi. Alan jo tehdä valmisteluja, nostelen vaatteita kaapista laukkuun ja istun sitten odottamaan lääkärin loppukäyntiä. Silja nuokkuu sängyssä, on saanut niin ison määrän kipulääkettä, että silmät lupsahtelevat kiinni.

Yhtäkkiä Silja räväyttää silmänsä auki. Katse kirkastuu hetkessä, äskeisestä lääketokkurasta ei ole tietoakaan. Hän kertoo nähneensä unta siitä, että olimme yhdessä hänen lauluopettajansa luona. Silja yrittää nousta ylös ja ehdottaa, että soitetaan Saaralle nyt heti. Pyydän häntä painamaan päänsä takaisin tyynyyn, mutta Silja ei suostu enää makuulle.

– Mä haluan, että Saara pitää meille laulutunnin.

– Ei me voida noin vain soitella ihmisille keskellä päivää. Sitä paitsi sä olet aika tokkurainen.

En haluaisi nyt mitään ylimääräistä, uskallan juuri ja juuri vieraassa kaupungissa ajaa Siljan ja auton kotiin. Siljan käsi käy nopeasti yöpöydällä, ja pian Siljalla on jo puhelin korvalla. Hetken päästä kuulen hänen sopivan, että tulemme heti, kun pääsemme. Joudun soittamaan äidille, että kotiintulo viivästyy. Äiti kuulostaa kireältä.

– Puhu Siljalle järkeä.

– Ei se usko.

– Lähteä nyt tuolla lailla viipottamaan ympäri kaupunkia.

– Äiti, mä tiedän, että Silja ei anna periksi.

– Siljaa ei saa sitten päästää rattiin. Sinä ajat. Ja onhan kipulääkkeitä mukana?

Matka sairaalahuoneesta parkkipaikalle tuntuu kestävän iäisyyden. Joudun työntämään Siljaa pyörätuolissa, hänen voimansa loppuvat jo ensimmäisen käytävän jälkeen. Parkkipaikalla koetan vielä, että osaan vaihtaa vaihteita. Siljalla ei ole kiire, hän räpeltää autoradiota päälle. Auto nytkähtää liikkeelle, ja hetken päästä saan tuntuman autoon. En ole montaa kertaa ajanut Silja kyydissäni, se on ollut aina toisinpäin.

Tie tuntuu liukkaalta ja muutamassa kohdassa auto on lähteä kaarteessa alta. Silja ei tunnu olevan huolissaan, hän katsoo eteenpäin ja hymyilee. Raukea hymy paljastaa, että hän on vieläkin tokkurassa. Silja pyytää minua lisäämään vauhtia, ohittamaan edellä ajavan.

– Enhän mä koskaan ohittele. En viitsi ottaa turhia riskejä.

– Ei tämä ole mikään ruumisauto. Paina kaasua nyt.

Yhtäkkiä huomaan painavani kaasua ja kiihdytän auton täyteen vauhtiin. Kaasupoljin tuntuu yllättävän kevyeltä ja hetken tuntuu, että olemme irti tiestä. Radiosta tulee vuosientakainen tuttu kappale rekkamiehestä, ja kohtaus on kuin elokuvasta, Thelma ja Louise ajamassa kohti vapautta. Edessä on jotakin tuntematonta, toiselle meistä se tie on vielä tuntemattomampi.

– Laula sä mukana.

Alan tapailla laulun sanoja ja en voi olla ajattelematta, mikä kaikki meiltä jää kokematta. Emme koskaan ehtineet yhdessä Tallinnan-laivalle tai edes juoneet itseämme yhdessä känniin. Millainen puoli minulla jää Siljasta kokonaan näkemättä? Ääni särkyy ja nielaisen muutaman sanan.

– Älä itke. Laula.

Silja on oikeassa. Tämä on minun ja Siljan viimeisiä reissuja yhdessä. Pyyhkäisen kyyneleet ja jatkan laulamista. Seuraavakin biisi on tuttu. Silja kääntää äänenvoimakkuutta vielä kovemmalle ja hakkaa polviinsa rytmiä.

Ovella on vastassa punatukkainen nainen, Siljaa muutaman vuoden vanhempi. Saara halaa Siljaa lämpimästi ja kertoo yllättyneensä soitosta. Saaralla on kuulemma juuri sopivasti kahden tunnin tauko asiakkaiden välissä. Takkia riisuessaan Silja horjahtaa ja ottaa eteisen seinästä tukea. Saara auttaa Siljalta takin päältä ja taluttaa hänet jo edeltä olohuoneeseen. Sitten Saara tulee takaisin ja ojentaa minulle henkaria. Silmissä on hymyä.

– Ja sinä olet varmaan Maaria. Teissä on paljon samaa näköä.

– Silja halusi, että me laulettaisiin.

– Laulaminen kannattaa aina. Annetaan Siljan istua tuossa sohvalla.

Kävelen Saaran perässä olohuoneeseen. Seinillä on kehystettyjä vinyylilevyjä, ja olohuoneessa on piano, kitara ja viulu. Saara istuu pianotuolille ja kääntyy minuun päin. Astun varovasti lähemmäs. Tilanne on niin epätodellinen ja outo.

– Aloitetaanko?

– En ole laulanut moneen vuoteen, en varmaan osaa enää.

– Tottakai sinä osaat.

Saara asettaa sormet koskettimille ja alkaa tehdä äänenavausharjoitusta. Laulu on tuttu kuorovuosilta, liityn varovasti mukaan. Hengästyttää ja ujostuttaa, ääni tuntuu karkailevan. Vähitellen rentoudun ja laulu alkaa sujua paremmin. Saara pyytää minulta toivekappaletta ja mieleen tulee ensimmäisenä vanhoista kuorokappaleista On suuri sun rantas autius. Se oli meidän molempien suosikki.

Saara alkaa soittaa. Laulu tulee jostakin syvältä, siinä kaikuvat kaikki ne kerrat, kun olemme laulaneet yhdessä. Minä ja Silja seurakunnan lapsikuorossa ja myöhemmin koulun kuorossa, aina alttoäänessä, melkein vierekkäin. Siljan silmät ovat kiinni, mutta hän ei nuku. Hän tapailee sanan sieltä ja toisen täältä, osaa vuosienkin takaan kappaleen ulkoa. Minun pitää laulaa Siljankin edestä, nyt ja silloinkin, kun Siljaa ei enää ole. Kappale loppuu ja Saara lopettaa soittamisen. Hänenkin poskillaan on kyyneliä.

– Kyllä maailmaan itkua mahtuu, Saara huokaisee.

Illalla ennen junalle lähtöä vien Siljan suihkuun, kuivaan ja alan kammata hiuksia. Tukka on kasvanut taas vähän lisää. Laitan kamman pois, ja yritän muotoilla tukkaa siistimmäksi. Autan Siljaa pukemaan ja talutan lopuksi sohvalle istumaan. Asettelen tyynyn hänen selkänsä taakse.

– Onko nyt hyvä?

Silja nyökkää. Istun hetkeksi vielä Siljan viereen ja lasken käteni hänen reidelleen.

– Älä lähde.

Kerron tulevani heti ensi viikonloppuna takaisin. Tai jos en pääse ensi viikonloppuna, niin sitten seuraavana. Sanon, että keksitään silloin jotain kivaa. Pyydetään Jarkko kuskiksi ja mennään käymään vaikka ajelulla.

– Ei siihen Jarkkoa tarvita. Mulla on nykyään oma luottokuski.

Silja laskee kätensä reidelleen, hipaisee sormenpäillään omiani.

– Pidäthän sä äitistä ja isästä huolta?

– Me selvitään kyllä.

Hänen kätensä lepäävät reisilläni, painavat tuskin mitään. Yhtäkkiä nostan oikean käteni ilmaan ja teen etusormesta ja peukalosta lenkin, jonka asetan Siljan oikean ranteen ympärille. Ranne on käynyt niin kapeaksi, että silmukkaa täytyy pienentää. Painan etusormen ja peukalon tiiviimmin yhteen, ja Silja ymmärtää heti, mistä on kysymys. Sillä kertaa emme jaksa toistaa sanoja ääneen, pelkkä liike riittää. Kun olen toistanut saman vasemman ranteen kanssa, ojennan Sijalle omat käteni. Kyynelistä huolimatta Siljan katse on rauhallinen ja varma. Se sama määrätietoinen katse, joka on niin tuttu voimistelusta, kun hän valmistautui hyppyyn, aloitti liikesarjan.

– Aina, Silja kuiskaa.

– Aina.

Siljan sormet puristavat vielä hetken rannettani, sitten hän irrottaa otteensa.

12

– Äiti, leivotaan pipareita.

Eevi tulee jalkoihini kiehnäämään, on pujottanut punavalkoruudullisen essun päälleen. Tunnen piston sydämessäni, piparit ovat jääneet tänä jouluna leipomatta. Tytöt ovat aamusta asti pyytäneet, että leipoisimme jotakin.

– Joulu on jo mennyt. Nyt ollaan jo välipäivissä.

– Silloinhan voi tehdä väliin jääneitä asioita, Hilma hymyilee.

Yritän miettiä, millä keinoin saisin tytöt houkuteltua johonkin muuhun puuhaan, vaikka piirtämään. Yhtäkkiä kuvittelen, miten Silja seisoisi ovensuussa ja käskisi pukea kiltisti essun päälle, tehdä enemmän ja miettiä vähemmän. Olen tytöille tämän velkaa.

Keittiössä on hetkessä täysi kaaos. Hilma ja Eevi ovat kaivaneet piparimuotit esille ja levittäneet leivinalustan pöydälle. Leivinpaperirulla on purkautunut pöydältä lattialle, ja jauhot ovat levinneet ympäriinsä. Keittiössä on tällainen sotku, vaikkei leipomista ole vielä edes aloitettu.

Itse leipominen sujuu kuitenkin yllättävän jouhevasti. Se on Siljan ansiota, ajattelen. Tytöt saavat jaettua muotit riitelemättä ja nostavat omatoimisesti piparkakut pellille ilman minua. Vain yksi enkeli jää alustaan kiinni, ja kun Hilma irrottaa sitä veitsellä, sen siivet menevät kurttuun. Hilman suupielet kääntyvät alaspäin.

– Nyt tästä tuli niin ruma.

– Se on silti pipari, Eevi lohduttaa.

Kun piparit ovat uunissa, alamme siivota pöytää. Tytöt auttavat kiltisti, kun lupaan heille siivouksen jälkeen kulhon kaavittavaksi. Eevi menee jo kurkkimaan uunin lasista.

– Äiti, katso! Nuo kaksi tonttua ovat juuttuneet toisiinsa kiinni.

– Ehkä ne on siamilaiset kaksoset.

Hilma kysyy, mitä se tarkoittaa. Selitän ja tytöt kuuntelevat tarkasti. Sitten kysymyksistä ei tule loppua. Onko niillä vain yhdet keuhkot? Entä yksi sydän? Ajatteleeko ne saman aikaan? Tuleeko niille yhtä aikaa vessahätä? Muistuttelen, että meidän pitää muistaa vahtia pipareita. Eevi kumartuu uudelleen katsomaan.

– Ne on vieläkin yhdessä. Otetaan ne sitten varovasti pois, ettei ne irtoa.

Illan suussa isä soittaa, kun olen tyttöjen kanssa pihalla tekemässä lumiukkoa. Hilma näyttää pettyneeltä, kun sanon käyväni sisällä.

– Jouduttiin tuomaan Silja äsken sairaalaan. Siljalla oli tuskainen yö, vääntelehti kivuissaan. Ottivat Siljan nyt osastolle. Luultavasti viimeistä kertaa. Syömisen ja juomisen lopettaminen on ensimmäisiä merkkejä.

– Mä lähden heti aamujunalla.

– Hyvä. Silja kyseli äsken, milloin tulet.

Katson tyttöjä, jotka jatkavat yhä puuhiaan lumessa. Hilman pallo on kasvanut liian suureksi, voimat ovat loppuneet kesken. Eevi yrittää tulla auttamaan, mutta tytöt eivät jaksa yhdessäkään. Kuulen taustalta, miten Silja alkaa yskiä, eikä yskänkohtaus tunnu loppuvan millään. Uuteen vuoteen on kolme päivää.

13

Uudenvuodenaattona lääkäri antaa meille arvionsa. Aikaa on päivä, korkeintaan kaksi, paljon vähemmän kuin kukaan osasi arvata. Keuhkokasvaimet ovat arvaamattomia. Jos ne pääsevät painamaan laskimoa, vointi voi heiketä nopeasti. Kuukausi sitten elättelimme vielä toiveita hoitojen aloittamisesta uudelleen.

Lääkärin lähdettyä olemme aivan hiljaa. Jarkko asettuu Siljan oikealle puolelle ja äiti vasemmalle, minä ja isä sängyn päähän. Käytävältä kuuluu ruokakärryjen kolinaa. Täällä niitä ei kuitenkaan tarvita. Huoneessa on niin hiljaista, että voimme kuulla toistemme hengityksen. Siljan rahiseva hengitys halkoo hiljaisuutta.

Lähden käytävälle soittamaan Antille uutiset. Siellä tuntuu olevan liikaa kaikkea, ääntä, valoja, askareita. Antti kuuntelee uutiset vaiti, ei sano hetkeen mitään. Mietimme hetken, voisiko Antti lähteä ajamaan tyttöjen kanssa, mutta sitten tajuamme, ettei se onnistu millään. Eevi on valitellut eilen vatsakipua ja oksentanut yöllä kerran. Tytöt ja Antti eivät tule enää näkemään Siljaa.

– Ole rauhassa siellä. Me pärjätään täällä. Niin ja -

– Mitä?

– Sano Siljalle terveisiä.

Puoleen päivään mennessä Silja ei ole noussut sängystä. Välillä hän liikahtelee levottomasti, ja kasvoilla käy tuskainen ilme. Hoitaja tulee laittamaan lisää lääkettä, ja pian kipupumppu alkaa surista. Iltapäiväkierrolle tulee lääkäri, jota emme ole ennen nähneet. Lääkäri ravistelee häntä voimakkaasti, mutta Silja ei liikahda. Silja on liukumassa pois tästä maailmasta, irtautuu rannasta, vaikka minä kuinka huudan rannalta. Lääkäri kääntyy puoleemme, silmät näyttävät väsyneiltä paksusankaisten silmälasien takana.

– Loppu näyttää nyt tulevan nopeasti. Muutama tunti.

Äiti alkaa itkeä, ja Jarkko ojentaa hänelle nenäliinapakettia. Lääkäri poistuu huoneesta sen kummempia sanomatta. Ehkä hän kokee, ettei häntä enää tarvita tai ehkä surevien kohtaaminen on liian vaikeaa. Lääkärin lähdettyä vaaleatukkainen tuttu hoitaja ottaa ohjat käteensä.

– Meidän kannattaa olla koko ajan muutama askel edempänä. Kasvatetaan kipulääkettä jo entisestään. Ei tule sitten mitään yllätyksiä kivun kanssa, on teillekin helpompaa.

– Kuuleeko Silja meitä enää?

– Usein potilas ymmärtää jotakin, vaikka näyttäisikin olevan jo syvässä unessa. Mutta nyt kannattaa jättää jäähyväiset.

Olenko sanonut, että rakastan häntä? Etten olisi koskaan selvinnyt, jos häntä ei olisi?

Aika on pysähtynyt. Viiden minuutin välein kipupumppu surisee ja muistuttaa meitä tilanteesta. Tuntuu oudolta, että huoneen ovi ei enää käy. Olemme liukuneet ihmeelliseen välitilaan, jossa ei ole vielä kuolemaa, mutta ei enää elämääkään. Välillä joku meistä nousee ylös, käy katsomassa pihalle, jossa on monen kertaan katsottu, apea maisema. Kuulen oman pulssini äänen, se muistuttaa, että Siljan sydän on pettämässä.

Kuuden aikaan illalla kännykkä alkaa piipata uudenvuodentoivotuksia, mutta en jaksa vastata yhteenkään. Jostakin kaukaa kuuluu rakettien pauketta. Mietin Anttia ja tyttöjä valamassa tinaa, syömässä nakkeja ja ranskalaisia, ja tulee valtava ikävä kotiin. Ehkä Antti on vienyt tytöt lähipuistoon katsomaan ilotulituksia. Juuri nyt tarvitsisin heitä kaikista eniten.

Yhdeksän aikaan illalla hoitaja tulee huoneeseen. Hän sanoo meille ystävällisesti, että vierailuaika on loppunut jo tunti sitten. Hän kysyy, haluaisiko joku meistä jäädä yöksi, kaikki eivät valitettavasti voi. Jarkko nyökkää.

– Minä jään, niin me on Siljan kanssa sovittu.

– Laitatko sitten viestiä, jos Siljan tilanteessa tapahtuu jokin muutos? äiti pyytää.

– Vaikka keskellä yötä, Jarkko lupaa.

Lähden äidin ja isän kanssa Siljalle yöksi. Raketit piirtyvät valokaarina mustaa taivasta vasten. Isä tuijottaa kauas eteenpäin, katse tuntuu lasittuneelta.

– Näinkö nopeasti loppu sitten tuli?

– Ajattelin, että Silja olisi nähnyt vielä kevään. Ehtinyt täyttää neljäkymmentä, äiti huokaisee.

Etupenkiltä on takapenkille valovuosien matka. Äiti ja isä tuntuvat unohtaneen minut: kumpikaan ei kysy minulta mitään. Kaikilla on oma surunsa. Kipu tulee alavatsaan niin voimakkaana, että olen oksentaa. Höllennän turvavyötä, mutta olo ei helpota. Isä laittaa radion päälle, arvaa, että kukaan ei jaksa puhua. Energinen juontaja toivottaa kaikille kuulijoille mitä mahtavinta uutta vuotta. Äiti etsii uuden kanavan, ja isä keskittyy jälleen ajamiseen.

Yöllä makaan valveilla vierashuoneessa. Sänky on tuttu, olen maannut tässä niin monta kertaa. Ikkunasta tulee katulampun valoa, pihalla haukahtaa koira. Rakettien ääniä ei enää kuulu, on ehkä aamuyö. Luultavasti äiti ja isäkin ovat hereillä. Otan monta kertaa kännykän käteeni, tarkistan, onko Jarkolta tullut viestiä. Puhelin on täynnä uudenvuodentoivotuksia, mutta en avaa niistä ensimmäistäkään.

Sinä lähdet pian, Silja. Olet aina ollut rohkeampi ja mennyt edellä. Ja niin sinä menet edellä tälläkin kerralla. Tällä kertaa minä en voi seurata mukana.

Muistatko, miten me lennätimme muovipusseja? Se oli meidän itsekeksimämme leikki. Yleensä annoin sinulle suosiolla sen isomman, minulle riitti pienempi. Siihenkin tuli riittävästi ilmaa, pussi nousi koivujen yläpuolelle, yli kerrostalon katon. Sinä otit pussin ja lähdit juoksemaan edellä. Kohotit kätesi ilmaan, kahmaisit pussiin ilmaa ja jatkoit juoksua. Pussi viipotti perässäsi kuin väkkärä, kunnes päästit irti.

Muovipussisi nousi ilmaan kuin leija. Juoksimme talon toiselle puolelle ja näimme, että pussi lensi jo kaukana. Pian se olisi jo pilvien takana, tavoittamattomissa. Se pääsi hetkessä seikkailuihin, joihin me emme vielä päässeet.

Sinä olet aina uskaltanut kaiken, minkä aloitit. Hyppäsit miettimättä puolapuilta alas, nousit eritasopuilla seisomaan ja kurkotit yläaisalle, vaikka pienikin tasapainonmuutos riittäisi heilauttamaan sinut alas.

Samalla lailla sinä uskaltaisit tälläkin kertaa. Nousisit ilmaan ja antaisit ilmavirran viedä.

14

Koputan varovasti oveen ja kurkkaamme äidin ja isän kanssa ovelta. Jarkko istuu sängyn vieressä ja pitää Siljaa kädestä. Astumme lähemmäs ja huomaan, että Siljan huulet ovat hieman raollaan. Silja on yhä täällä.

Jarkko kertoo, että Silja ei ole reagoinut kosketukseen koko yönä. Ensimmäiset hengityskatkokset ovat tulleet aamuyöllä, ne ovat olleet tähän mennessä muutaman sekunnin mittaisia. Hoitaja on kehottanut Jarkkoa tarkkailemaan sitä, että Silja vaikuttaisi kivuttomalta. Lääkettä voidaan lisätä vielä reilusti.

Aika pysähtyy jälleen. Huone ja Silja, minä, äiti, isä ja Jarkko. Kenelläkään ei ole mitään sanottavaa. Silja ei enää liikahda, on vain hengityksen rohina ja välillä yksittäinen yskähdys, joka vaikuttaa jäävän kesken. Viereisestä huoneesta kuuluu äkillinen kimeä hälytysääni, sitten kuuluu ripeitä askelia ja hetken päästä ääni loppuu.

Aamupäivällä tulee ensimmäinen pidempi hengityskatkos. Täydellinen hiljaisuus, tauko, jonka pelkään muuttuvan lopulliseksi. Yksi, kaksi, kolme, neljä, viisi, kymmenen. Sitten Silja alkaa jälleen hengittää. Hengitys on ensin varovaista tunnustelua, sitten se laajenee täyteen mittaansa. Muutaman minuutin on rauhallista, sitten tulee uusi tauko. Yksi, kaksi, neljä, kuusi, kahdeksan, tällä kertaa jo kaksitoista. Hoitaja on kertonut, että nuorilla ihmisillä on vahva sydän.

Yhden aikaan edellispäiväinen lääkäri tulee käymään huoneessa ja kysyy katkosten kestosta. Pisimmät katkokset ovat olleet kahdenkymmenen sekunnin mittaisia. Lääkärin ilmekään ei värähdä.

– Tässä iltapäivällä, parin tunnin sisällä.

Lääkäri menee Siljan luokse ja taputtaa Siljaa olalle kuin kannustaakseen viimeiseen taistoon. Tällä kertaa hän vilkaisee meitä, ennen kuin poistuu huoneesta. Menemme äidin ja isän kanssa käytävään, annamme Jarkon jättää jäähyväiset ensin. Sitten on äidin ja isän vuoro, ja viimeisenä minun.

Mene, Silja, mene. Tämän valmiimmaksi minä en tule. Silitän sinun kättäsi, se on vielä lämmin. Sinervä väri nousee jo käsivarttasi pitkin, ja sinusta katoavat kaikki muut värit. Ihosi vaalenee entisestään, muuttuu ohueksi ja läpikuultavaksi, keveäksi kuin paperi. Kaikki ne kerrat, jolloin olit vieressä, tunsin hengityksesi ja lonkkaluumme kolahtivat yhteen. Miten ihosi nousi kananlihalle, kuin palelit ja miten onnelliseksi tulit, kun sinulle tuli taas lämmin.

Vielä hetken sinä olet siinä. Sitten nostat katseen ylös ja jännität kehosi korkeaan hyppyyn. Lähdet täältä kevyesti ja rimpuilematta.

Pian sinä jo juokset. Olet kevyt ja painoton, olet minun edelläni, muutaman askeleenmitan päässä. Välimatka kasvaa koko ajan, sinulla on kiire rantaan, vaikka se olen aina minä, joka juoksee sinne edeltä. Ruoho, vesi, aurinko, auki oleva tukka, valo. Sinä liu'ut toiseen maailmaan, irtoat maasta niin kuin joku vetäisi sinua näkymättömällä langalla ylöspäin.

Tulee valo. Edessä kimmeltää vesi. Painoa ei enää ole. Sitten sinuakaan ei enää.

Et enää koskaan naura, nosta vasenta kulmakarvaa, ota minua halaukseen, katso silmiin. Ei enää taistelua ruokapöydässä, ei pahanmakuisia ja vaikeasti nieltäviä lääkkeitä, sinun ei tarvitse enää ottaa tukea seinästä, kun pyörryttää. Muistelen Aurin sanoja valosta ja lämpimästä, jossakin sellaisessa paikassa olet nyt. Yhtä turvassa kuin silloin, kun olimme jo nukahtamassa ja ojensit minulle kätesi.

Katson kelloa: se on varttia vaille kaksi. Jonkun lapsi herää juuri päiväunilta, toiset nauttivat sunnuntaipäivällistä, joillakin on alkamassa sulkapallovuoro. Ja samalla hetkellä sinä lakkaat hengittämästä.

15

Kuulen heti, että Antti on pihalla. Tyttöjen äänet kaikuvat taustalla. Antin ääni tuntuu tulevan jostakin kaukaa, elävien maailmasta. Tytöt olivat halunneet lähimetsään, pyytäneet ottamaan eväsleivät ja mehuakin mukaan. Antti oli laittanut pulkkaan lämpimän taljan ja vetänyt pulkan metsään asti.

– Silja kuoli kaksi tuntia sitten.

Antti sanoo osanneensa odottaa soittoani, kertoo olevansa niin pahoillaan. Hän kysyy, jaksanko puhua. Alan kertoa, miten Jarkko vaan yhtäkkiä huomasi, että Siljan sormet olivat aivan siniset. Hengityskatkot olivat siinä vaiheessa jo venyneet melkein puolen minuutin mittaisiksi.

– Oltiin kaikki siinä ympärillä.

– Sellaista lähtöähän Silja toivoi.

Antti kysyy äidin ja isän kuulumiset, samoin Jarkon, ja sanoo soittavansa jokaiselle myöhemmin. Hän kysyy, haluanko, että hän alkaa laitella sukulaisille ja tuttaville viestiä. Sanon haluavani laittaa itse, minulla on siihen hyvin aikaa illalla bussissa.

– Mitä muuta mä voin tehdä?

– Kerro Hilmalle ja Eeville. Sano, että nyt tädillä on kaikki hyvin.

– Mä kerron.

– Ja ole tyttöjen kanssa ihan koko ajan. Tee kaikkea, mitä ne haluaa, anna kaakaota ja keksejä. Sano, että äiti rakastaa heitä ihan valtavasti.

Lopetamme puhelun. Tekee kipeää, kun tajuan, ettei Antti voi koskaan täysin ymmärtää, eikä ottaa minun suruani itselleen. Hän ei ollut näkemässä, miten lääkäri totesi Siljan kuolleeksi ja miten nopeasti Silja muuttui joksikin muuksi, pelkäksi kuoreksi. Ajattelen Eeviä ja Hilmaa rakentamassa majaa, raahaamassa pitkiä karahkoja nojaamaan kiveä vasten. Haluan, että he ovat pihalla tänään pitkään, puuhaavat ja telmivät, menevät vasta myöhään sisälle.

16

Silja on kuollut. Silja on kuollut. Nyt siitä on aikaa kolme tuntia, pian viisi.

Kuoleman jälkeiset tunnit ovat kuin sumua. Toimenpiteitä, jotka ovat sairaalalle rutiineja, mutta meille lopullisia. Kuolleeksi todistaminen, vainajan poisvieminen, tavaroiden kerääminen, ja lopulta lähtö. Teki mieli pakata tavaroita mahdollisimman hitaasti, ikään kuin se olisi viimeinen konkreettinen asia, mikä Siljasta oli jäljellä. Ruskea ja nahkainen Marimekon laukku, kuluneiksi hiutuneet ylisuuret villasukat, vihreä neule, joka Siljalla oli päällä aina, kun häntä palelsi. Isä roikotti kädessään Siljan rakastamia ruskeita Riekerin talvikenkiä, jotka olivat yhtäkkiä käyneet täysin turhiksi. Nyt niiden askelmäärä oli lopullisesti täynnä.

Varttia vaille kaksi. Ehkä minun maailmassani kello tulee aina olemaan sen verran. Jossakin sunnuntai-iltapäivä on kääntymässä illaksi ja ihmiset valmistautuvat työviikkoon. Meidän täytyy valmistautua ihan uudenlaiseen elämään. En enää koskaan mene Siljan kanssa kauppaan, lenkille, kirpparille. Silja ei tee minulle kanapastaa, ei lahjoita vanhaksi jääneitä vaatteita ja kysele, mitä tytöille kuuluu.

Äiti sytyttää kynttilän palamaan olohuoneen pöydälle. Ajomatkasta Siljan ja Jarkon kotiin ei ole mitään mielikuvaa. Katson asuntoa uusin silmin. Siljan kädenjälki näkyy kaikkialla. Hänen valitsemansa tummanvihreä sohva, kirjahyllyn päälle asetellut valkoiset kynttilänjalat, villalankakori. Nojatuolin käsinojalla on Siljan villatakki ja kirjahyllyn vieressä villasukat. Siljalla oli tapana levitellä vaatteitaan kaikkialle. Kun vaatteet joskus kerätään lattialta, ne eivät enää koskaan ilmesty takaisin.

Huomaan kuvittelevani koko ajan, että ovi käy. Pian Silja tulee ulko-ovesta ja napsauttaa valot päälle: "Mitä te täällä hämärässä istutte? Nyt keitetään kahvit". Näen hänen hölmistyneen ilmeensä, hänet istumassa vakiopaikalleen sohvan kulmaan, levittämässä vilttiä jaloilleen. Kuulen, kuinka hän kävelee yläkerrassa, vetää vessan. Katson ulko-ovelle ja muistan kaikki ne kerrat, kun hän oli meitä vastassa.

Asettaudumme äidin ja isän kanssa kukin omaan osaan asuntoa, Jarkko on lähtenyt käymään kaupassa. Äiti tarttuu rättiin ja alkaa pyyhkiä tiskipöytää, vaikkei siinä ole mitään pyyhittävää. Mieleeni tulee pelottava ajatus siitä, että tällaisiksi jäämme ilman Siljaa. Emme enää osaa puhua toisille, uskalla edes katsoa toisiamme. Jarkko tuo meille kauppareissulla pitsat ja yritämme syödä, vaikka ruoka ei maistu kenellekään. Tonnikala jää kurkkuun kiinni, jokainen haarukallinen tuntuu ponnistukselta. Kuvittelen Siljaa leikkaamassa omaa pitsaansa pieniin paloihin.

– Kyllä me tästä selvitään. Niin Silja haluaisi, äiti aloittaa.

Kukaan ei vastaa, lause tuntuu jäävän ilmaan.

Vielä samana iltana lähden bussilla kotiin. Isä ja äiti heittävät minut asemalle ja odottavat niin kauan, että bussi tulee. Lähdön hetkellä halaan molempia, ensin äitiä, sitten isää. Kyyneleet tulevat silmiin, kun kiipeän bussiin. Aivan kuin minäkin hylkäisin heidät nyt. Bussin ikkunasta he tuntuvat yhtäkkiä käyneen pieneksi, menneen kumaraan monta senttiä. He ovat enää yhden lapsen vanhemmat.

Kun bussi kääntyy moottoritielle ja keskustan valot jäävät taakse, pääsee itku. Tajuan selvästi, että Silja jää sinne. Hän on jo sairaalan kylmiössä, ja hänen kehonsa muuttuu koko ajan, on joka hetki vähemmän Silja. Onneksi bussissa on vähän matkustajia, joten voin itkeä huomaamatta. Käännän katseeni pimeään maisemaan ja mietin, mitä Silja sanoisi nyt. "Kaikki järjestyy", hän lohduttaisi ja kaivaisi takkinsa taskusta suklaata, ojentaisi levyä ja käskisi ottaa koko rivin.

Alan suunnitella viestiä, jonka lähetän ystäville, tutuille ja sukulaisille. Haluan viestistä lyhyen ja ytimekkään, sellaisen, joka ei herätä jatkokysymyksiä. Naputtelen monta eri versiota, lopuksi valitsen niistä lyhyimmän. Sitten alan käydä puhelimeni yhteystietoja läpi ja mietin, keille kaikille haluan tässä vaiheessa ilmoittaa. Ystäville, sukulaisille, Antin vanhemmille nyt ainakin. Ensimmäiset vastausviestit tulevat takaisin saman tien. Puhelin piippaa koko loppumatkan ajan, ja jokaisella kerralla Silja on yhä enemmän kuollut.

17

Havahdun olohuoneesta kantautuviin ääniin. Avaan silmät. Tämä on ensimmäinen aamu, johon Silja ei ole herännyt. Hän on tällä hetkellä yksin, unohdettuna suljettujen ovien taakse. Katson huonetta tarkasti, kaikki siinä näyttää muuttuneen viime näkemästä.

Edellisilta venyi aamuyön tunneille. Olin vasta yhdentoista aikaan yöllä kotona, ja sen jälkeen juttelimme pitkään Antin kanssa olohuoneessa. Olisin halunnut jäädä olohuoneen sohvalle Antin syliin, mutta Antti pakotti minut omaan sänkyyn, väitti, että nukkuisin siellä paremmin.

Aamulla havahduin siihen, kun Antti nousi ja käveli varovaisin askelin ovelle, että saisin nukkua. Käännyin parempaan asentoon, yritin saada vielä vähän unta. Mihinkään ei ollut enää kiire, ei enää koskaan. Uni ei kuitenkaan enää tullut. Täkki tuntui tukahduttavalta, mutta kun siirsin sitä sivuun, jalkoihin tuli kylmä. Keho tuntuu uupuneelta, jonkun toisen omalta.

Nousen sängystä ja kävelen ovelle. Ovi narahtaa ja tytöt ja Antti kääntyvät katsomaan. Molemmat tytöt lopettavat heti leikkinsä. Matto on täynnä hahmoja, varon astumasta niiden päälle. Tytöt ovat vielä yöpuvuissaan, Eevin vaaleanpunaiset pikkuhousut vilahtavat yöpaidan alta, kun hän syöksyy kohti.

– Äiti! Oli ikävä.

– Niin minullakin teitä.

Halaan molempia pitkään. Tytöt tuoksuvat unelta, ja molemmilla on vielä tukat harjaamatta. Hilma puristaa tiukasti, hänellä on varmaan ollut kova ikävä. Pian Eevi irrottautuu ja katsoo ympärilleen.

– Onko sulla tuliaisia?

Hilma toruu, ettei sellaista saa kysyä. Kerron, että olen ollut viime päivinä ainoastaan sairaalassa ja Siljan kotona. Eevi näyttää pettyneeltä ja alkaa rakentaa eläinhahmoille kauppaa. Leikki keskeytyy hetkeksi, kun hän kääntyy katsomaan.

– Nytkö Silja on kuollut?

– Isi kertoi teille eilen, eikö?

Eevi nyökkää. Kädet siirtelevät minikokoisia esineitä kauppatiskin päälle. Hilma alkaa kertoa, että isi luki heille eilen illalla kaksi Risto Räppääjää. He levittivät patjat lastenhuoneen lattialle ja asettelivat kaikki pehmolelut riviksi kuuntelemaan. Eevi nukahti kesken tarinan, mutta Hilma jäi isän kanssa vielä valvomaan. Isi kuulemma nukkui koko yön lastenhuoneen lattialla. Mietin, millä tavalla Antti on ottanut asian puheeksi.

– Älkää sitten säikähtäkö, äiti voi purskahtaa itkuun kesken kaiken, sanon.

Eevi laskee lelun kädestään ja kurtistaa kulmiaan.

– Mihin sua sattuu?

– Ei mihinkään, on vaan tosi surullinen olo.

Yhtäkkiä Eevi kääntää katseensa ikkunaan päin.

– Nähdäänkö me Siljaa, jos katsotaan taivaalle?

Eevi nousee ylös ja menee ikkunan luokse. Hän kurkottaa ja katsoo taivaalle, siristää silmiään.

– Me ei voida nähdä Siljaa, mutta siellä täti on, lupaan.

– Näkeekö se meidät? Hilma kysyy.

– Koko ajan, vastaan ja silmiin tulee odottamatta kyyneleet. Räpyttelen ne pois.

– Kun sataa lunta, niin heitteleekö Silja lumihiutaleita?

Totean Eeville, että ajatellaan tästä lähtien niin. Sitten Eevin kasvoille tulee kyllästynyt ilme.

– Äiti, tuutko sä nyt leikkimään?

– Jos mä saan valita jonkun kivan hahmon.

– Saat valita, minkä haluat. Ota vaikka tuo tiikeri.

18

En saa millään unta. Antti on ottanut minut kainaloon, ja yritän etsiä hyvää asentoa. Rinnassa painaa ja päässä humisee. Yritän laskea viiteen, sitten kymmeneen. En pysty ajattelemaan mitään muuta kuin Siljaa.

– Mä näen Siljan koko ajan. Tekisi mieli ojentaa kättä ja koskettaa, niin todelta se tuntuu.

Antti silittää minua hiuksista, hieroo ohimoita, mutta Silja ei mene pois. Silja makaa keskellä lattiaa valkoisessa huoneessa. Siljan keho, kaikilta osin niin tuttu. Käyn mielessäni läpi ruumiinosan toisensa jälkeen. Ihokarvat ovat hentoja ja vaaleita, kun taas minulla ne ovat tummaa ja karheaa. Silja aina kiusasi niistä, haukkui apinaksi. Ja Siljan sormet. Samat kyhmyt keskisormessa, vinoon kaartuva etusormi. Opettelen Siljan kasvoja vielä hetken ulkoa: silmäkuoppia, nenäluuta, otsaa. Viimeisenä tunnustelen hänen hiuksiaan, sädehoitojen jälkeen kasvanutta kiharaa tukkaa. Yhtäkkiä suren valtavasti juuri sitä, etten koskaan opetellut laittamaan hänen hiuksiaan.

Antti kääntyy kyljelleen. Silmissä kiiltelee. Menetys on suuri hänellekin.

– Mun tulee Siljasta eniten ikävä sitä, miten hyvä kuuntelija se oli. Maailman paras. Vaikka sen olikin niin vaikea vain olla paikallaan. Ainahan se samalla puuhasi jotakin, Antti huokaisee.

Hetken mielijohteesta pyydän Anttia tulemaan syliin. Hän kiepahtaa lähemmäs, laittaa päänsä kainaloon ja käpertyy kylkeeni. Asento on vähän epämukava, mutta tuntuu hyvältä, että Antti on siinä. Silitän partaa ja etsin leuan alta tutun kuopan.

19

Keittiöstä tulee rasvainen kalapuikkojen käry. Antti siirtelee pannua, kolauttaa ikävästi kannen kattilaan. Zorrokin kohottaa katsettaan. Antti on kehottanut minua menemään makuuhuoneeseen, mutta en halua olla yksin. Zorro on käpertynyt jalkojeni juureen keräksi. Vaalea sohva on täynnä tummia koirankarvoja, suojaviltti on jäänyt taas laittamatta. Yhtäkkiä Zorro hyppää pois sohvalta ja tulee heti viileämpää, kun eläimen lämpö puuttuu. Koira tassuttelee hitain askelin keittiöön, haistaa siellä herkkupalan mahdollisuuden.

Tytöt leikkivät huoneessaan petseillä sairaalaleikkiä, jossa yksi potilaista on kuolettavasti sairas. Tämä ei ole ensimmäinen kuolemaleikki. Ensimmäisillä kerroilla säikähdin. Psykologi kehotti kuitenkin olemaan huolehtimatta. Surullisessakin leikissä lapsi voisi sanoittaa tunteitaan, kuolemankaltainen epämääräinen asia tulisi silloin tutummaksi.

– Kumpi meistä leikkii tällä, joka kuolee? Hilma kysyy.

Kumpikaan ei halua leikkiä sairaalla. Yhtäkkiä Eevi keksii, ettei potilaalla oikeastaan tarvitse leikkiä, sairastunuthan vain makaa. Hilma kertoo, että vieraat ovat nyt saapuneet katsomaan viimeistä kertaa.

– Toi raidallinen kissa on äiti, ja sitten tää ruskea koira on isä. Sisko on täällä kauempana. Tää tiikeri yrittää antaa sairaalle lääkkeitä, mutta ei sitä enää kannata hoitaa, Hilma ohjeistaa.

– Miksei?

– Se kuolee nyt. Odota, mä käyn sammuttamassa valot.

Kuulen, kuinka Hilma käy valokatkaisijalla. Hetken päästä Hilma sytyttää valot uudestaan.

– Vedetään peitto ruumiin päälle. Nyt nämä kaikki on tosi surullisia, tuo sisko varsinkin. Se vaan makaa lattialla, Hilma toteaa.

– Rupeeko ne nyt järjestämään niitä työntäjäisiä? Eevi ehdottaa.

– Mitä?

– Työntäjäisiä.

Hilma korjaa sanan oikeaksi. Jään miettimään Eevin sanaa. Eevi työntää, vetää, puskee ja kiskoo. Asioita ei haudata, ruumistakaan.

Antti päästää Zorron aidatulle takapihalle. Joka päivä Siljan kuoleman jälkeen on satanut lunta, ja maisema näyttää nyt aivan toiselta kuin muutama viikko sitten. Silja rakasti lunta yli kaiken. Mietin yhtäkkiä hänen suksiaan, luistimiaan, talvivaatteitaan, mitä niille jatkossa tapahtuu. Katson, kuinka Zorro riehaantuu lumesta, se kaivaa maata etutassuillaan ja kierii kyljellään kuin sirkuskoira. Siitä tulee pihalla jokin ihan toinen, se säntäilee ympäri pihaa, haukkuukin. Tuntuu hetken lohdulliselta, että on jotakin, mitä voi seurata.

20

Heitän kiukaalle löylyä niin, että sihahtaa. Varmistan vähän nolona, että eihän tullut liikaa. Sinilakkinen pudistaa päätään. Olemme sattuneet taas samaan aikaan hallille, mutta tällä kertaa toinen, punalakkinen, puuttuu. En ole vielä kertaakaan nähnyt kumpaakaan yksin. Sinilakki tuntuu lukevan ajatuksiani:

– Lyydiä ei nyt hetkeen pääse mukaan.

Sinilakki alkaa kertoa, miten Lyydia liukastui kotipihassaan ja mursi lonkkansa. Lyydia oli ollut kovasti huolissaan, kuntoutuisiko enää vesijuoksukuntoon. Sinilakki oli lohdutellut, että parin kuukauden päästä sisko olisi taas takaisin altaassa. Kuvittelen sinilakkia imuroimassa siskonsa kotia, kantamassa kauppakasseja portaita pitkin. Nainen ojentelee jalkojaan, pyörittelee nilkkojaan, on koko ajan liikkeessä. Sitten hän huokaisee.

– Kauhean pitkältä tuntui altaanmitta tänään ilman Lyydiaa.

Yhtäkkiä hetki on juuri oikea.

– Mun sisko kuoli kymmenen päivää sitten.

Sinilakki säpsähtää ja katsoo kohti. Silmät ovat siniset, yhtä siniset kuin uimalakki, eikä hän ala vuodatella osanottojaan. Olen alkanut vihata koko sanaa, teennäistä ja kädenlämpöistä, ikään kuin surun voisi paloitella osiin ja antaa muidenkin kannettavaksi. Sinilakki heittää yllättäen kiukaalle kauhallisen, vaikka on jo entuudestaankin kuuma. Hän säikähtää itsekin.

– Mitäs minä nyt lisää menin heittämään? Nyt meillä onkin kuuma.

Kyyristymme molemmat polviamme vasten, mummokin taipuu vielä yllättävän notkeasti. Lopulta lämpö haihtuu ja ojentaudumme molemmat istumaan. Sinilakin silmät näyttävät hämärässä kirkkailta:

– Ui paljon. Vesi kannattelee, se ei petä koskaan. Ja puhu sille siskollesi, vaikka joka altaanmitalla. Kyllä se kuulee.

Sinilakki lähtee suihkuun, ja saunaan laskeutuu rauha. Hetken päästä ovi käy ja tunnen ilmavirran. Askeleet ovat tutut, sellaisia ei ole kenelläkään muulla. Silja kulkee varpaillaan, häntä állöttää löntystellä yleisessä saunassa. Tällä kertaa Silja tulee ylälauteille asti, painautuu kylkeeni kiinni. Hänen ihonsa höyryää, mutta varpaat ovat vielä ihan kylmät. Vasemman isovarpaan kynsi on jäänyt pitkäksi, se raapaisee jalanpohjaani. Hetken päästä Silja alkaa liikehtiä levottomasti.

– Mennäänkö jo?

– Ollaan vielä hetki tässä.

– Mulle tuli yhtäkkiä sellainen tunne, että mä olen tosi vahvasti olemassa. Tuleeko sulle koskaan sellaista oloa?

– Ehkä joskus, vastaan.

Silja liikahtaa hieman kuin lähteäkseen, mutta korjaakin asentoa ja heittää vielä vähän löylyä. Ja sitten kuva liikahtaa, ja olemme rantasaunalla, kiuas sihisee, ikkunasta tulee kesäillan valo. Kärpänen surraa lasien välissä ja pihalta kantautuu ruohonleikkurin ääni. Silja katse on tiukasti kärpäsessä.

Havahdun siihen, että saunan ovi käy. Tulijat menevät toiselle puolelle istumaan ja juttelevat, niin kuin minua ei olisikaan. Hetken päästä saunojat kyllästyvät ja pujahtavat ulos. Istun saunassa vielä pitkään, niin, että kovista löylyistä on enää haalea lämpö jäljellä. Pidän silmiä kiinni, haluan pitää Siljan vielä mahdollisimman pitkään vierelläni.

21

Lähdemme jo aikaisin aamulla, haluamme, että meillä on varmasti riittävästi ajoaikaa. Puoli tuntia ennen perillepääsyä pysähdymme nuhjuiselle huoltoasemalle laittamaan tyttöjä juhlakuntoon. Sisällä on tunkkainen haju, sekoitus tupakkaa ja pohjaan palanutta kahvia. Suuntaan tyttöjen kanssa kohti vessaa, Antti huutelee perään:

– Otatko kahvia? Tai sämpylää? Et syönyt aamulla mitään.

– Hae itsellesi vaan. Mä laitan nyt Eevin tukan.

Luikahdamme Eevin ja Hilman kanssa vessaan. Eevi ei pidä siitä, että hänen hiuksiinsa kosketaan. Hän kiemurtelee otteessani, kun yritän tehdä ranskalaista lettiä. Eevi näyttää kalpealta mustassa mekossaan ja sukkahousuissaan. Ymmärtävätkö tytöt yhtään, mihin me olemme menossa? He eivät ole koskaan olleet hautajaisissa.

Eevin hiukset ovat liian liukkaat, eivät tottele millään, ja yksi nippu luiskahtaa kädestäni.

– Voi helvetti!

– Ei saa kiroilla.

– Nyt saa, sanon ja otan Eevin tukasta uudelleen tiukan otteen.

– Ai, sattuu.

Suihkaisen reippaasti hiuslakkaa. Hilma odottaa vuoroaan vieressä ja räpyttää silmiään. Edellisenä iltana olen tasoitellut Hilman etuhiuksia, leikkasin ne vahingossa liian lyhyiksi. Laitan otsatukan pinnillä sivuun ja tartun lakkapulloon.

– Älä laita mulle sitä. Silmiä alkaa kirveltää, Hilma pyytää.

– Teillä on niin liukkaat hiukset, että on pakko. Ei ne muuten pysy.

Sellaiset hiukset minullakin lapsena oli, liian liukkaat. Muistan, miten Siljalla oli tapana laittaa tukkaani sukujuhliin ja joskus kouluunkin. Hän suihkutti hiuksiini lakkaa ja vähät välitti, vaikka silmiä kirveli. Hänen sormensa olivat kovat ja armottomat, pitivät suortuvia tiukasti otteeseen. Kenenkään sormet eivät ole jälkikäteen tuntuneet hiuksissa samoilta. Yhtä varmoilta ja vaativilta, kovilta ja lempeiltä yhtä aikaa.

Pieni kappeli on lähes takaosaan asti täynnä. Viimeiset ihmiset valuvat kirkkoon, muutama nyökkää vakavana, kun käännän katsettani taaksepäin. Monet kasvoista ovat vieraita; tiedän, että paikalla on Siljan työkavereita ja kuorokavereita. Jotkut heistä katsovat minua pitkään, näkevät minut ensimmäistä kertaa. Ehkä heistä tuntuu oudolta nähdä joku, joka muistuttaa niin paljon Siljaa.

Istumme äidin, isän ja Jarkon kanssa eturivissä. Tytöt ovat minun ja Antin välissä vakavia ja hiljaisia, aistivat tunnelman. Heidän lettinsä ovat pysyneet kireinä, yksikään suortuva ei ole karannut. Välillä Eevin silmät vaeltavat levottomina, aivan kuin hän etsisi Siljaa. Hilma nyökkää varovasti alttarin suuntaan ja kysyy, onko Silja arkussa.

– Muistatko, kun sanoin, että Silja on kaikkialla? Ettei ihminen mene maan alle, vaikka arkku meneekin.

Hilma ei vastaa. Yhtäkkiä tuntuu huonolta idealta, että tytöt ovat täällä. Silja ei ollut heille surua, vaan iloa, naurua ja kikatusta. Silja askarteli, työnsi kädet pullataikinaan ja muovaili taikinasta hassuja hahmoja. Hilman alahuuli alkaa väpättää.

– Itke vaan, sanon ja otan hänet kainalooni.

Haluaisin, että jokin Hilmassa liikahtaisi, pato aukeaisi. Mutta Hilma ei itke, hän räpyttelee kyyneleet takaisin. Hänellä on oma maailma, jonka ovea hän ei osaa raottaa.

Musiikki täyttää koko matalan kappelin. Päivä vain ja hetki kerrallansa, ajattelen, ja puristan sormet nyrkkiin. Vatsassani on kivi. Paha olo nousee kurkkua pitkin, suuhun nousee karvas maku. Rauhoittava lääke ei tunnu tehoavan. Ilma tuntuu tunkkaiselta, jostakin tulee raskas hajuveden tuoksu. En tunnista Siljaa näistä nyyhkäyksistä, katkonaisesta laulusta. Suljen silmät ja kutsun Siljaa. Toivon, että hän tulisi nyt, istuisi hiljaa viereeni ja kysyisi, lähdetäänkö.

Sitten Silja tulee, ja hetkessä me olemme toisaalla. Kirmaamme mummolassa villikissojen perässä ja pyydystämme haavin kanssa ritariperhosta, olemme yhtä keveitä itsekin. Aurinko paistaa navetan katon takaa, kesäillan valo leikkii sen ikkunoissa. Me nyhdämme ojanpientareelta voikukanlehtiä ja syötämme niitä vasikoille, tunnemme, miten karhea kieli lipoo kättä.

– Olisipa aina kesä, sanon.

– Kuvitellaan, että on.

Silja on aivan kyljessä kiinni. Aurinko on tehnyt hänelle pisamia, ja muutama hius on karannut mummon aamulla tekemistä leteistä. Tekisi mieli ojentaa käsi ja siirtää vallattomat hiukset varovasti hänen korvansa taakse.

Navettareissun jälkeen me menemme uimaan. Jalanpohjat uppoavat mutavelliin, ja se ällöttää Siljaa niin, että hän kääntyy muutaman askeleen rantaan päin. Käännyn katsomaan.

– Täällä on iilimato, kiljaisen ja roiskautan varpailla vettä Siljan päälle.

– Hyi hemmetti!

– Heti luuli, kumihuuli, viiden pennin ylähuuli.

Tällä kertaa Silja ei kuitenkaan suutu, silmistä paistaa nauru. Hetken päästä Siljakin uskaltaa tulla kastautumaan. Siinä on kaikki: kesäilta, kaislikon suhahdus, sudenkorento, vastakkaisella rannalla mökki ja savupiippu, josta savu katoaa olemattomiin.

22

Muut oppilaat keräävät nopeasti reppunsa ja suuntaavat käytävään, mutta Ella pakkaa tavaroitaan luokan perällä. Ella on luokan lukutoukka, jää toisinaan juttelemaan kirjoista. Hänellä ei ole luokalla yhtään kaveria. Minusta on ihanaa, kun joku nuori on kiinnostunut lukemisesta ja kysyy kirjasuosituksia. Minulla ei ole tänäänkään kiire mihinkään.

Ella kävelee opettajanpöydän luokse ja pitää kädessään romaania. Kannessa on mustavalkoisen koiran kuva.

– Tämä oli ihan kauhean surullinen. Itkin lopussa aivan hirveästi.

– Onko sulla koskaan ollut koiraa?

– Meillä oli Lyyti, bostoninterrieri. Se kuoli kaksi vuotta sitten.

Kerron, että kirjat voivat lohduttaa, vaikka ovatkin surullisia. Ella kysyy, onko meillä koskaan ollut koiraa. Kerron, että meillä käy noin kuukauden välein hoitokoira.

– Ja multa kuoli sisko kolme viikkoa sitten.

Sanat lipsahtavat, vaikka olen päättänyt, etten kerro Siljan kuolemasta kenellekään oppilaalle. Kovin moni työkaverinikaan ei vielä tiedä asiaa.

– Onko sulla muita sisaruksia? Ella kysyy.

– Ei.

– Mä olen tosi pahoillani.

Yhtäkkiä helpottaa, että joku oppilaistani tietää. Jos sen pitää olla joku, niin sitten Ella, jolla ei ole ketään, jolle voisi kertoa. Sitä paitsi hän on itsekin menettänyt jotakin rakasta ja tärkeää. Ymmärtäisipä Ella, miten paljon hänessä on, vaikka hän ei pidäkään itsestään meteliä niin kuin luokan muut tytöt. Hetken tekee mieli halata, mutta sitten tajuan, että se voisi tuntua sopimattomalta. Ella vilkaisee kännykkäänsä, näyttää pahoittelevalta.

– Mun pitää valitettavasti mennä. Bussi tulee viiden minuutin päästä.

– Mene ihmeessä. Mukava, kun pidit kirjasta. Katsotaan vaikka seuraavan tunnin jälkeen uutta.

23

Eevillä on jo ulkovaatteet päällä ja hän seisoo eteisessä tuskastuneena.

– Lähde meidän kanssa ulos.

– Ei äiti taida jaksaa.

– Sä et jaksa enää koskaan tulla pihalle.

Hän on oikeassa. Helmikuu on melkein puolessa välissä, enkä ole montaakaan kertaa käynyt tyttöjen kanssa ulkona. Ajatus ulkoilusta tuntuu mahdottomalta: haalarit ja villasukat, kadoksissa olevat tumput, avainten muistaminen, valojen sammuttaminen. Antti pukee ilta toisensa jälkeen tytöt toppavaatteisiin, nappaa luistinkassin mukaan ja suuntaa tyttöjen kanssa lähipuistoon.

Ovi käy ja tulee rauhallista. Nyt on tehtävä jotakin, mitä olen siirtänyt monta päivää. Kävelen vaatehuoneeseen ja valitsen yhden lattialla olevista kestokasseista. Levitän Siljan vaatteet sängylle ja alan käydä niitä yksi kerrallaan läpi. Vaaleanpunainen villapaita, Siljan lempifarkut, minulta joululahjaksi saatu sininen mekko.

Itku tulee aaltona, ja puristan Siljan neulomaa tummanvihreää villapaitaa rintaani vasten. Jostakin mieleeni nousee lapsuudesta tuttu laulu. Tuutuutupakkirulla, alan laulaa, ja se rauhoittaa heti vähän. Vedän tummanvihreän paidan päälleni ja katson itseäni peilistä. Näen peilissä Siljan, ryhdikkään ja melkein kymmenen senttiä pitemmän kuin minä. Siristän silmiäni ja Silja katoaa peilistä.

Otan paidan pois. Paita tuntuu lämpimältä, ja nuuhkaisen sitä. Siinä on Siljan tuoksu: puhdistusainetta, hiuslakkaa, vaaleanpunaista Labello-huulivoidetta. Jatkan vaatteiden läpikäymistä. Seuraavaksi käteeni tulevat Siljan tekemät villasukat. Niitä tehdessään hän oli juuri saanut tietää, että kasvain oli levinnyt keuhkoihin. Sukat ovat tasaiset, virheettömät ja siistit, eivät näytä siltä, että niitä on kutonut ihminen, joka tietää kuolevansa. Työnnän sukat jalkoihin ja lämpö leviää varpaisiin.

– Silja, nyyhkytän.

Havahdun siihen, että puhelin piippaa. Antti on lähettänyt minulle kuvan. Tytöt istuvat kiven päällä, näyttävät pitkiltä ja isoilta. Laitan kuvan hetkeksi pois ja katson uudelleen. Päähäni tulee hullu ajatus: ovatko lapset todella minun? Missä olen ollut koko talven, ja mitä kaikkea minulta on jäänyt elämättä?

Kun ovikello soi, makaan olohuoneen lattialla. En jaksa nousta avaamaan, tiedän, että pian avain kääntyy lukossa. Ovi aukeaa, ja meteli työntyy sisään. Eevi tulee märissä toppavaatteissa suoraan olohuoneeseen asti. Kengät hän on sentään jättänyt eteiseen.

– Mikset sä tullut avaamaan?

– Eevi, haalari pois, Antin ääni kuuluu eteisestä.

– Mutta äiti makaa täällä lattialla. Onko sulla jokin hätänä?

Eevi kumartuu kohti, silmät ovat puoliksi pipon alla. Hän tuoksuu metsältä ja ulkoilmalta, märiltä tumpuilta. Kerron, ettei minulla ole hätää, väsyttää vaan.

– Ootko sä itkenyt?

– Vähän.

Eevi asettuu matolle viereeni, haalari on märkä ja tuoksuu uitetulta koiralta. Eevi nappaa pipon päästään, heittää sen sohvalle. Käännyn kyljelleni, painan poskeni kylmää ihoa vasten ja nuuhkin hänen poskeaan.

– Äiti, kutittaa, Eevi kikattaa.

Hilma katsoo kauempaa, näyttää siltä, että haluaisi tulla mukaan. Osoitan vierelläni olevaa paikkaa, ja Hilma tulee. Nuuhkin molempien tyttöjen poskia ja leikin koiraa.

– Tää on emokoira, joka haluaa nuuhkia sen pentuja, että se sitten löytää ne pimeässä.

Tytöt villiintyvät, kierähtävät päälleni. Eevin haalarin vetoketju raapii poskeani, ja hetken olemme yhtä sotkuista myttyä. Antti on tullut olohuoneeseen ja ojentaa minulle käden. Se on ihmeen lämmin.

– No niin koiranpennut, nyt iltapalalle.

24

Kuulen tutun äänen ja korjaan hetkessä asentoani ryhdikkäämmäksi. Liisa on käynyt kahdessa vuodessa pienemmäksi, mutta silmät tuikkivat yhä lämpimästi. Hän tarkkailee minua päästä varpaisiin. Nolostun ja vilkaisen vaivihkaa ostoskoriani, jossa on sipsejä ja jättimäinen karkkipussi. Liisa aina muistutti, että voimistelijalla kaikki lähtee ruokavaliosta. Liisa ei kuitenkaan sano mitään vaan työntää oman kärrynsä sivuun, jotta ihmiset mahtuisivat kulkemaan paremmin.

– Mitäs Siljalle kuuluu?

Osaan odottaa kysymystä, mutta tällaisia asioita ei haluaisi sanoa keskellä täyttä ruokakauppaa. On mahdotonta tiivistää se, mitä kaikkea on tapahtunut. Aloitan, yritän tiivistää olennaiset asiat. Liisa kuuntelee niin keskittyneesti, että unohdan kaupan metelin ja ympärillä olevat ihmiset. Lopuksi hän huokaisee.

– Kyllä minä tiesin, että Silja sairasti. Mutta en tiennyt, että sairaus oli niin pitkällä. Otan osaa.

Katseeni osuu Liisan käteen, sormet ovat käyneet vieläkin hentoisimmiksi. Muistan vieläkin, miltä hänen kätensä tuntuivat, kun hän avusti nojapuilla tai permannolla. Pienessä naisessa oli uskomattoman paljon voimaa. Liisa alkaa muistella, miten tulimme salille aivan ensimmäistä kertaa. Olin alkuun arka ja kuljin Siljan perässä. Vähitellen löysin oman paikkani salilta.

– Mä olin vain varjo Siljasta.

Liisa kohottaa kulmiaan ja kysyy, mitä tarkoitan. Selitän, miten Silja oli aina rohkeampi, taitavampi, valmiimpi kaikkeen. Minusta ei ollut edes kilpailemaan. Liisa näyttää yllättyneeltä.

– Et suinkaan. Sinulla oli ihan omat vahvuutesi. Muistan, miten keskittynyt olit, kun tehtiin lihaskuntoa. Kaikki olivat jo puhki, sinäkin, mutta silti jatkoit kyykkyhyppyjä. Kun lopuksi puhalsin pilliin ja kaikki muut kaatuivat maahan, sinä seisoit yhä. Olit valtavan sitkeä lapsi.

Pyörittelen mielessäni Liisan sanoja. Liisa vilkaisee kassan suuntaan, tekee lähtöä.

– Sinä selviät tästä, siitä minä olen varma.

Jostain syystä sillä hetkellä uskon, mitä hän sanoo.

25

– Onko Maaria Aaltonen puhelimessa? Täältä ensiavusta soitellaan, yritettiin tavoitella jo aikaisemminkin. Teidän tyttärenne Hilma tuotiin tänne äsken, oli tippunut kiipeilytelineestä. Tyttö on muuten ihan kunnossa, mutta sääriluu on luultavasti murtunut. Lähdetään viemään tästä pian röntgeniin. Pääsettekö heti tulemaan?

Luokkahuone katoaa hetkessä. Näen maassa liikkumattoman mytyn, pitkän tukan silmien edessä. Miten varovainen, korkeita paikkoja pelkäävä Hilma on voinut pudota? Se, joka ottaa pieniä ja varmoja askelia, asettaa jalan tarkasti joka askelmalle. Kuinka pahasti häntä on sattunut?

Oppilaat ovat hiljentyneet äkisti, kääntäneet katseensa tehtäviin, mutta huomaan, miten he vilkuilevat kulmiensa alta. Ellan silmät seuraavat tarkasti takapulpetista. Vilkaisen kännykkään. Kaksi vastaamatonta puhelua. Vedän takkia päälle, kirjaudun ulos tietokoneelta. Lattialle on tippunut kuulakärkikynä, mutta annan sen jäädä.

– Soitan tuosta luokan ulkopuolelta rehtorille. Jatkakaa hommia, joku tulee valvomaan. Ella, katsoisitko sinä, että kaikki on siihen asti kunnossa?

Kaikki kuuntelevat minua. Luokan äänekkäimmätkin ovat yhtäkkiä menettäneet puhekykynsä. Ella nyökkää, ja katse seuraa minua käytävään asti.

Ajan koko matkan ylinopeutta. Ajattelen kesken jääneitä aikamuotoja, maassa makaavaa myttyä, jalan virheasentoa. Hilma kiipeilytelineessä, heiluva verkko jalkojen alla.

Sairaalan parkkipaikalta ei löydy yhtään vapaata paikkaa. Joudun jättämään auton monen sadan metrin päähän. Laitan heti parkkipaikalla juoksuksi.

Etsin täpötäydestä odotussalista katseellani Hilmaa. Vastaanottotiskillä on muutama ennen minua. Hoitajan väsynyt katse käy laiskasti jonon päässä. Luukulla asioiva rouva selittää vatsavaivoistaan kovalla äänellä. Pidä nyt helvetti vauhtia, tekisi mieli huutaa. Katseeni kiertää aulan suljetuissa ovissa. Tekisi mieli käydä tempaisemassa ovet auki, yksi toisensa jälkeen.

Hilma makaa sairaalasängyllä liikkumattomana. Silmät ovat sumeat, hän näyttää siltä, että olisi odottanut kauan. Minä en ollut paikalla. Joku vieras nosti syliin, kantoi autoon ja lohdutti.

– Äiti lähti heti, kun sai kuulla.

Sinitakkinen hoitaja tulee viereeni. Silmät ovat lempeät, hän taputtaa Hilmaa olkapäähän.

– Hilma on aika voipunut, ei kannata säikähtää. Annettiin vahvaa kipulääkettä. Viedään ihan pian röntgeniin, pääset mukaan.

Oikea jalka lepää sairaalasängyllä vääntyneenä. Kukallisista lempifarkuista on leikattu kaistale puoleen reiteen asti. Sääri on kapea ja ohut, liian hauras, metsästä poimittu kuiva oksa, joka on katkennut liian helposti.

Illalla istun Hilman sängyn vieressä. Kasvoja tuskin näkee vaaleanvihreän täkin alta. Raotan täkkiä, kaivan lempeästi Hilman kasvot esiin. Antin ääni kuuluu olohuoneesta, hän lukee Eeville iltasatua.

– Tuleeko uni pian?

– Äiti valvoo siihen asti, kun sä nukahdat. Ja mulla on patja tässä lattialla.

Hilman käsi tuntuu lämpimältä, vähän hikiseltäkin. Kuljetan sormenpäitäni hänen kyynärtaipeeseen, jossa pysähdyn hetkeksi ja jatkan sitten eteenpäin. Haluaisin asettua hänen viereensä makaamaan, mutta aristelen kipsattua jalkaa.

– Säikähditkö sinä?

– Jonkun verran.

– Sattuiko se?

– Vähän.

– Äiti olisi halunnut olla paikalla.

Peiton alta kuuluu vaimea ynähdys. Pienetkin äänet tuntuvat pimeässä suurilta ja painavilta.

– Antaako äiti vielä Lupunkin sinne?

Peittelen jättimäisen pehmolelun Hilman kainaloon. Hilmaa ei enää erota pehmolelusta, hämärässä he ovat yhtä samaa möykkyä.

– Laulaako äiti jotakin?

– Vaikka.

– Suljen ihanan soittorasian, laitan lauluni kippuraan.

Möykky liikahtaa, vavahtaa vähän. Aloitan laulun alusta, kuljen Hilman käsivartta ylöspäin, kaulan kautta leukaluille ja poskille. Pehmeät ja rypyttömät posket, toisenlaiset kuin Siljan kortisonin turvottamat. Sormeni seikkailevat poskipäille, tavoittavat jotakin kosteaa.

– Itke vaan. Äitiäkin itkettää.

Jatkan laulamista, ja Hilma nyyhkyttää. Kyyneleet valuvat poskilleni, ja aloitan ties kuinka monetta kertaa alusta. Yhtäkkiä kaikki on tuttua: hämärä huone, märät silmäkulmat, uni, joka ei tule. Kaikki ne kerrat, kun työnsin kasvoni tyynyyn, laskin sataan ja taas uudelleen sataan, painoin unilelua tiukemmin kainaloon. Olisinpa osannut silloin sanoa jotakin äidille tai edes Siljalle.

– Jään huomenna kotiin. Laitetaan aamupalaksi köyhiä ritareita, otetaan pakkasesta mansikkaa. Eevi menee hoitoon, saadaan olla kahdestaan.

– Saanko katsoa piirrettyjä?

– Saat.

Kun Hilma nukahtaa, otan puhelimen käteen. Haluaisin soittaa Siljalle, kertoa murtumasta. Osaan kuvitella hänen tarkat kysymyksensä ja huolelliset neuvonsa kipsin hoitamisesta. Luultavasti Silja olisi halunnut ajaa tänne. Hän olisi tohissut siteiden ja lääkkeiden kanssa, halunnut nähdä, miten kipsi on laitettu. Moottoritieltä kuuluu rekkojen tasaista kohinaa. Katulamppujen valossa näen, että Lupu on tippunut maahan, ja nostan sen takaisin Hilman sänkyyn. Hilma tuhahtaa hiljaa ja käännähtää.

OSA 5

1

Aurinko paistaa korkealta, ja loman alkuun on kolme viikkoa. Puissa on jo hiirenkorvia, kesä on muutamien päivien päässä. Edellisenä viikonloppuna olemme juhlineet Hilman synttäreitä. Tänä vuonna Hilma jäi ilman kummitädin tekemää korttia ja tarkkaan mietittyä lahjaa. Silja jaksoi aina toteuttaa päivänsankarin suurimmatkin haaveet, tilasi joskus kakunkoristeita ulkomailta asti. Silja ei ole näkemässä sitäkään, miten Hilma aloittaa syksyllä koulun.

Matka on vasta puolessa välissä, tietä ja peltoja on silmänkantamattomiin. En muista, koska olisin matkustanut kotiin ilman Anttia ja tyttöjä. Antti kehotti minua menemään tällä kertaa yksin. Saisimme samalla olla rauhassa mökillä ja laittaa sitä kesäkuntoon.

– Saat olla oman perheen kanssa.

Hätkähdin Antin käyttämää sanaa. Meillä ei enää ollut samanlaista lapsuudenperhettä kuin ennen, yksi olisi tästä lähtien aina poissa. En kuitenkaan sanonut Antille mitään. Yritän välillä säännöstellä sitä, mitä kaikkea kaadan hänen niskaansa. Psykologi on kehottanut juttelemaan muustakin kuin Siljasta.

Alan taas puhua Siljalle äänettömästi, teen sitä monta kertaa päivässä. Kerron Siljalle, miten menemme huomenna mökille ja pesemme ikkunat, raahaamme petivaatteet pihalle tuulettumaan. Osaan jo kuvitella, miten surulliselta tuntuu laittaa parisänkyyn lakanoita vain yhdelle. Ei lohduta yhtään, vaikka saan levittäytyä koko sänkyyn ihan yksin.

Ajaminen väsyttää. Avaan salmiakkipussin, sen saman merkin, jota olemme ostaneet aina autosalmiakiksi. Muistan lapsuudesta yhden kerran, jolloin jaoimme takapenkillä pussin puoliksi ja riitelimme, kun karkit eivät menneet tasan. Eräällä toisella kerralla Silja suuttui niin, että otti minun salmiakkini ja heitti ne auton ikkunasta ulos. Suutuspäissäni kävin kiinni hänen käsivarteensa, purin siihen jäljet, jotka näkyivät vielä kuukausien päästäkin.

Isä ja äiti ovat ovensuussa vastassa kuin odottaisivat vähän kaukaisempaa vierasta. He ovat pärjänneet viimeiset kuukaudet yllättävän hyvin. Olen soitellut heille useamman kerran viikossa, yrittänyt kuulostella tilannetta. Toisinaan äiti itkee puhelimessa, ja yritän keksiä jotakin lohduttavaa. Aina sopivia sanoja ei tunnu olevan.

– Tuntuu vähän oudolta, että tytöt eivät tällä kertaa tulleetkaan, äiti huokaisee.

Istumme keittiönpöydässä vaitonaisena. Juttelemme niitä ja näitä, mutta aistimme kaikki, että yksi puuttuu. Kun tiskaan ruuan jälkeen, näen, että äiti katsoo ikkunasta ulos. Hän pyyhkii silmäkulmiaan, katsoo pyörätielle. Niin monet kerrat hän odotti ikkunassa minua ja Siljaa kotiin. Kerrostalomme kolmannesta kerroksesta näkyi koko maailma. Pidin siitä, miten kaukana autot ja ihmiset tuntuivat olevan. Kohosin kaiken ylle, tarkastelin maailmaa lintuperspektiivistä.

– Tottuuko tähän koskaan? äiti kysyy ja niistää.

Kuivaan käteni ja menen äidin viereen istumaan osaamatta vastata. Roolit ovat kääntyneet toisinpäin. Minä en ole enää pikkutyttö, vaan usein minun tehtäväni on lohduttaa äitiä. Emme sano mitään, katsomme pihalle, joka kuhisee elämää. Lapset huutavat hiekkalaatikolla, alakerran naapuri kantaa isoa pahvilaatikkoa roskikseen. En hoputa äitiä, vaikka tiskit ovat keittiössä ja pullat pitäisi ottaa pakkasesta sulamaan. Istumme siinä pitkään, kunnes isä tulee keittiöön ja laittaa kahvin tippumaan.

2

Isä on kulkenut koko päivän pitkin tonttia lapio kädessään etsimässä sopivaa paikkaa. Kuusi nojaa aitan vieressä, odottaa istutusta. Isä kulkee lompsuvilla saappaillaan, ainakin kaksikymmentä vuotta vanhoilla. Housut roikkuvat matalalla, ja tuulitakin hihansuussa on reikä. Lapsena nolotti, jos isä poikkesi mökkivaatteilla kauppaan. Yritin kulkea pienen etäisyyden päässä, tarvittaessa pakenin hedelmähyllyn taakse. Jälkikäteen ajatus naurattaa: pienellä paikkakunnalla kaikki tunsivat kuitenkin.

Edellisenä päivänä olin isän mukana hakemassa hopeakuusta. Isä valitsi taimea tarkasti ja nosti muutaman taimen rullakosta vertailtavaksi. Hän oli katsonut netistä eri lajikkeita, miettinyt tarkasti, mikä taimi pärjäisi parhaiten. Lopulta hän valitsi parhaimman, kääri sen verkkoon ja kantoi sen olallaan autoon. Tajusin, ettei se ollut pelkkä kuusi, mitä isä kantoi.

Iltapäivällä seuraamme äidin kanssa ikkunasta isää. Kahvikupit ovat jääneet pöytään, kuppini pohjalle on jäänyt tilkka kahvia. Isä iskee lapion muutaman kerran maahan ja alkaa sitten heitellä maata. Hetken päästä kuoppa on riittävän syvä. Sitten isä nostaa kuusen kuoppaan ja suoristaa sen, ennen kuin alkaa täyttää kuoppaa varovasti. Työ on hetkessä valmis, nyt Siljalla on täällä oma paikka. Se on valittu tarkoin: puun näkee sekä kesäkeittiöstä että saunan ikkunasta, ja järveltä käyvä tuuli ei käy siihen suoraan.

Äiti pyörittelee kädessään kahvilusikkaa.

– Tuo on isällesi niin tärkeä juttu. On suunnitellut sitä jo monta viikkoa.

Isän pitää saada tehdä suru valmiiksi, ajattelen. Siinä, missä minä lamaannun ja pysyn paikallani, isä pienii puita, raivaa vesakkoa ja tarttuu kirveeseen. Ehkä joskus ikävä on helpompi hukuttaa tekemiseen.

Lopun päivää isä kulkee kasvimaalla. Hän istuttaa tarkasti sipulintaimet, ja sipulin viereen porkkanat ja sitten herneet. Kaikki on ollut samoilla paikoillaan neljäkymmentä vuotta. Lapsena kyllästyimme Siljan kanssa siihen, että isä halusi meidät mukaan esittelykierroksilleen. Kuljin hänen perässään ja yritin sulkea korvat hänen neuvoiltaan. Ehkä olisi kannattanut kuunnella tarkkaan, miten herneitä kannattaa istuttaa ja missä tilli parhaiten kasvaa.

Illalla kuljen kasvimaalla ilman isää. Katson isän aikaansaannoksia ja mietin, että tämä on ensimmäinen kesä, kun emme Siljan kanssa perkaa kasvimaata yhdessä. Lapsena vihasimme perkaamista, kerran kitkimme suutuspäissämme muutaman porkkanan taimenkin. Isä huomasi tuhotyömme heti samana iltana ja suuttui. Sen jälkeen emme saaneet vähään aikaan perata porkkanoita.

Kasvimaalta näen, miten äiti istuu keittiön ikkunan ääressä, katsoo järvelle päin. Toukokuinen valo on kirkasta ja läpinäkyvää. Ruohosta nousee kosteus, ja märkä menee kenkien läpi. Mielessä kaikuvat isän sanat, kuinka kasvimaalla pitää olla kumpparit keskikesälläkin.

3

Lapsena autotallilta oli metsään matkaa. Piti ylittää haisevat roskikset ja pieni, kapea soratie. Nyt puut tuntuvat kasvavan kiinni autotallin takaseinässä. Kolmenkymmenenkin vuoden jälkeen kaikki vaikuttaa pienemmältä. Pysähdyn tutun kuusen luokse, sen alaoksien alle mahduimme aikanaan molemmat. Tänne tulin kaikkina niinä iltoina, kun syyllisyys onnettomuudesta painoi.

Hetken mielijohteesta kyyristyn maahan ja kiepsahdan maahan selälleni. Kuusi on vieressäni, kurotan kättä ja tunnustelen lähintä oksaa. Katson kerrostalon pihalle päin, ja sitten näen tutun syrjässä olevan koivun. Siinä puu on ollut kaikki nämä vuodet. Tuulenpesäkin on yhä paikallaan.

Käsi hakeutuu vatsalle. Joskus toivon vieläkin, että saisimme vielä kolmannen lapsen. On kuitenkin alkanut tuntua, että ehkä aika ei sittenkään ole vielä aivan oikea. Ja ehkä oikeaa aikaa ei lopulta edes tule. Antti on muistuttanut siitä, miten paljon vapaampia olemme, jos uutta lasta ei tule. Voimme matkustella, hankkia ehkä koirankin, viettää enemmän aikaa yhdessä.

Eevi ja Hilma kasvavat joka hetki, heidän kanssaan voi jo tehdä monenlaista, ilman, että arki tuntuu suorittamiselta. Muutama viikko sitten olimme kolmestaan elokuvissa. Olin miettinyt etukäteen, miten vaivalloista kaikesta tulisi: Eevi kaataisi popcornit ja Hilmalle tulisi vessahätä. Olin kuitenkin väärässä, huomasin pystyväni nauttimaan täysillä elokuvasta. Joskus tulee sekin päivä, että käytämme samoja vaatteita ja lainaamme toistemme ripsiväriä. Kuvittelen aamuja, jolloin me kaikki yritämme ehtiä peilin eteen. Antilla tulee olemaan siinä kestämistä.

Mielessäni alkaa soida tuttu lastenlaulu, hyräilen mukana, kuulen Siljan laulavan vieressä. Kaikki sekoittuu, mennyt ja tuleva, minä ja Silja, elämä ja kuolema. Joskus kuolema tuntuu kaukaiselta, melkein unelta. Ehkä Silja ei sittenkään mennyt mihinkään? Olimme maanneet Siljan kanssa tässä aina ja makaisimme vielä silloinkin, kun minuakaan ei enää olisi. Muistelen, mitä Silja kertoi maailmankaikkeudesta. Oliko maailma tosiaan ollut olemassa 13 miljardia vuotta? Siihen verrattuna Siljan tai minun elämäni oli vain kevyt henkäys.

4

Psykologin katse harhailee hetkeksi ikkunaan, sitten hän valpastuu ja kääntää katseensa takaisin. Kai kaikkien ote herpaantuu joskus, kun kuuntelee kaikki päivät toisten murheita. Olen täällä viimeistä kertaa. Psykologi on luvannut soittaa minulle vielä ennen koulujen alkua, varmistaa, miltä töiden alkaminen tuntuu.

Kevät on ollut raskas, mutta töissä käyminen on tuntunut koko ajan hyvältä. Se on maailma, jossa Siljaa ei ole koskaan ollutkaan. En ole halunnut kertoa Siljan kuolemasta monellekaan työkaverille, riittää, että muutama tietää. Tuntuisi omituiselta kertoa pelkästä kuolemasta, samalla haluaisin kertoa kaikesta muustakin; siitä, millainen Silja oli.

Hetken mielijohteesta alan kertoa psykologille eilisestä kauppareissusta, seurasin kauppajonossa edellä olevaa kolmikkoa. Naiset olivat selvästi sisaruksia keskenään, puhuivat kovalla äänellä, nauroivat ja keskeyttivät toisiaan. Yksi naisista oli hiljaisin. Yhtäkkiä lopetan puhumisen, en pysty jatkamaan pidemmälle.

– Jatka vaan.

– Joskus tulee aivan hirveitä ajatuksia mieleen.

– Ne on vaan ajatuksia.

Naisen katse on rohkaiseva. Jatkan, että olin alkanut yhtäkkiä ajatella, että mitä jos yksi kolmesta siskosta olisikin kuollut Siljan sijasta, vaikka se kaikista hiljaisin. Puheliaammat sisarukset olisivat pärjänneet hyvin ilman häntäkin. Kun kävelin kaupasta ulos, näin saman naisen avaamassa lapsensa pyöränlukkoa. Lapsi oli korkeintaan Eevin ikäinen. Sillä hetkellä tuntui, että olisin melkein tappanut jonkun.

– Läheisen kuolema horjuttaa perusturvallisuutta. Kaikenlaiset ajatukset ovat sallittuja.

– Miksi meitä oli vain kaksi? Tuntuu epäreilulta, että jollakin voi olla vaikka viisi sisarusta. Tai yksitoista, niin kuin monella lestadiolaisella. Miksi mun piti luopua siitä ainoastakin?

– Onko sulla siskoa? lipsautan yhtäkkiä.

Nainen hämmentyy hetkeksi, kuin miettisi vastausta.

– Minä olen ainoa lapsi.

Vastaanotto on loppumaisillaan, aikaa on enää muutama minuutti. Nainenkin huomaa sen, alkaa selvästi tehdä jonkinlaista yhteenvetoa kaikesta. Hänen kasvoiltaan paistaa väsymys, ehkä päivä on ollut erityisen pitkä.

– Anna itsellesi aikaa. Isosisko on ollut sinulle aina olemassa, mutta on sinulla paljon omaakin. Nyt on arvokasta tutustua itseensä rauhassa.

Hetken minua huvittaa; itseensä tutustuminen kuulostaa ohjeelta, joka annetaan naistenlehtien sivuilla. Ennen lähtöä mietin, mitä sanoisin naiselle lopuksi. Kiitänkö ja toivotanko hyvää jatkoa, jos emme enää näe? Sellainen tuntuu kuitenkin liian mahtipontiselta. Nostan laukkuni ja suuntaan kohti ovea.

– Hyvää kesää, huikkaan ovensuusta.

Kun tulen kotiin, Zorro on minua oven suussa vastassa. Se hyppii innoissaan minua vastaan, eikä lopeta, ennen kuin kyykistyn maahan ja rapsutan sitä leuan alta. Zorron silmiin tulee onnellinen katse, ehkä se on ollut päivällä yksinäinen. Zorro on meillä poikkeuksellisesti hoidossa nyt keskellä viikkoa, kun sen isännällä on lomaa. Aamulla joko minä tai Antti lähdemme viemään sitä aamupissalle. Tuntuu niin kuin koira kuuluisi meidän elämäämme vakituisesti.

Pujotan Zorron kaulaan hihnan ja lähdemme saman tien ulos. Zorro säntää heti ensimmäiseen puskaan pissalle, sitten se kaartaa tottuneesti kohti parkkipaikkaa. Vaikka se kulkee kuinka tuttuja reittejä, kaikki on sille joka kerta uutta ja ihmeellistä. Parkkipaikalla Zorro seisahtuu, katsoo minua kuin kysyäkseen, kumpaan suuntaan lähdetään. Sen pää on kallellaan, se luottaa minuun, odottaa kuuliaisesti vastaustani.

– Mennään hakemaan Hilma ja Eevi hoidosta, sanon ja jatkamme matkaa suojatien yli.

5

Suihkusta tulee tutunnäköinen hahmo. Katseemme kohtaavat, ja hymyilemme molemmat. En ole nähnyt mummoa moneen viikkoon. Ehkä hän on sairastellut tai ei ole jaksanut lähteä yksin hallille. Minä olen käynyt aamu-uinneilla säännöllisesti, joskus muutamankin kerran viikossa. Nyt, kun unet ovat vähän parantuneet, olen huomannut, että aamu-uinti antaa voimia koko päivään.

Mummo köpöttelee suoraan kohti, osoittaa vieressäni olevaa kaappia.

– Minä tulisin tähän.

– Voin siirtyä tuonne penkin toiselle puolelle.

– Ei tässä nyt kukaan rupea siirtyilemään. Sopu sijaa antaa. Ei ole muuten koskaan esittäydytty, vaikka on monta kertaa puhuttu. Sirkka.

– Maaria.

Sirkka istahtaa viereeni penkille ja alkaa kuivata pyyhkeellä varpaitaan. Huomaan, että hänellä on kirkkaanpunaiset varpaankynnet. Käännän katseen pois, pelkään, että tuijotan liian pitkään.

– Mitäs siskolle kuuluu? kysyn ja alan harjata tukkaa.

– Ihan hyvää Lyydialle. Kipsi on nyt poistettu. Saa pikkuhiljaa varovasti alkaa lisätä liikettä. Kyllä siitä jalasta vielä toimiva tulee.

Hymyilen ja jatkan harjaamista. Niskassa on takku, jota alan selvittää.

– Joskus tuntuu, että Lyydia on minulle tärkeämpi kuin Martti. Martista ei ole iloa, jos minulla on huono päivä. Lyydia tietää aina, mistä narusta nykäistä.

Siljakin tiesi jo äänensävystä, jos jotakin oli vialla. Hän osasi piristää ja kuunnella, ja samalla uskalsi sanoa, jos meinasin jäädä vellomaan jossakin tyhmässä asiassa. Sirkka menee yhtäkkiä vakavaksi.

– Mitäs minä tällä tavalla rupesin puhumaan siskosta? Yhtään en ajatellut. Martti aina sanoo, että minä olen sellainen moottoriturpa.

– Ei se haittaa.

– Oletko sinä isosisko vai pikkusisko? Sirkka kysyy.

– Pikkusisko.

– Minä taas olen isosisko. Kolme vuotta Lyydiaa vanhempi.

Sirkka saa itsensä kuivattua, kaivaa kaapista rasvapurkin ja puristaa ison nokareen kämmenelleen. Hän alkaa rasvata jalkojaan pienin, pyörivin liikkein, käy huolellisesti kaikki varpaat läpi.

– Kerro jotakin siskostasi. Olitteko te läheisiä?

Alan kertoa kaikenlaista, isoja ja pieniä juttuja, ihan mitättömiäkin yksityiskohtia. Pukuhuone katoaa. Sirkka kuuntelee tarkkaan, hymyilee välillä, kysyy jotakin tarkennuksia. Kun lopetan, huomaan, että olen jo pukenut itseni valmiiksi takkia lukuun ottamatta. Siitä huolimatta istahdan uudestaan penkille. Sirkallakaan ei tunnu olevan kiire. Hän istuu yhä penkillä avattu rasvapurkki kädessä.

– Joskus me Lyydian kanssa ajatellaan, että kun meidän ukot kuolee, niin muutetaan yhteen. Nukutaan vierekkäin, niin kuin ennen vanhaan. Välitetään piut paut siitä, mitä muut ajattelee. Juodaan vaikka samppanjaa aamupalaksi, jos huvittaa.

Itku ei ole kaukana. Sirkka huomaa sen ja vaihtaa puheenaihetta.

– Laitatko vähän rasvaa selkään?

Sirkka ojentaa rasvapurkkia ja kääntää selän, ennen kuin ehdin sanoa mitään. Tuntuu oudolta koskea ventovierasta. Selkä punottaa saunan jäljiltä, ja alaselässä on isoja maksaläiskiä. Alan rasvata selkää kevyesti. Mummokin pyysi joskus pesemään selkää saunareissulla, vaati jynssäämään kovaa, niin, että tuntuu. Kun lopetin, mummo kiitteli, että nyt pääsee veri kiertämään.

– Nyt taitaa olla valmista, sanon ja napsautan kannen kiinni.

Lähtiessäni huikkaan Sirkalle oven suusta:

– Lyydialle terveisiä.

6

Aamuaurinko osuu suoraan pihakeinuun. Aamussa on vielä viileyttä, ja nostan paljaat varpaat takapuolen alle. Sininen pehmuste tuntuu yön jäljiltä kostealta. Tänne tulimme niin monena aamuna, joskus meillä oli mukana aamupalatarjotin paahtoleipineen ja jogurtteineen. Silja tykkäsi kaikesta sellaisesta, näki vaivaa arkistenkin asioiden eteen. Iltaisin hipsimme tänne kasteisen nurmikon läpi viinimukit kädessä. Kääriydyimme vilttiin, joskus laitoimme lyhdynkin palamaan.

Kerron Siljalle, että nyt on kesä. Kaksi viikkoa sitten Hilma päätti eskarin, ja hänellä oli päällään Siljalta saatu vaaleanpunainen tyllihame. Ennen juhliin lähtöä Eevi sai raivarit, kun vaadin häntä laittamaan sukkahousut jalkaan. Heti juhlan jälkeen Eevi repi sukkahousut jalastaan ja leikkasi niihin saksilla reikiä. Jälkikäteen se nauratti, mutta silloin raivostuin ja huusin. Siljakin olisi nauranut koko tapahtumalle, sanonut, että hyvä, että Eevillä on tahtoa.

Edellisiltana kävin läpi tyttöjen vaatekaappia. Siellä oli paljon pieneksi jääneitä vaatteita, jotka eivät mahtuneet enää Eevillekään. Monet niistä olivat lahjoja Siljalta. Hänellä oli aina tapana ostaa tytöille kirppareilta ja matkoilta jotakin. Tuntui vaikealta siirtää pienet vaatteet sivuun; uusia vaatelahjoja Siljalta ei enää tulisi. Kaikista vaikeinta oli luopua tummansinisestä samettimekosta, jonka Silja oli tuonut Hilmalle Itävallasta. Se oli ollut Hilmalle pieni jo pitkään, eikä se mahtunut enää Eevillekään, vaikka kuinka venytin kuminauhaa. Kun testasimme mekkoa, kyyneleet tulivat väistämättä. Eevi otti hameen pois ja kiipesi syliini, painoi päänsä rintaani.

– Voi äiti.

Toisinaan hämmästyn, miten nopeasti tytöt ovat kasvaneet. Eevi siirtyy syksyllä päiväkodissa vanhempien ryhmään. Jälkikäteen muistan menneestä vain väläyksiä. Pitkiä keskusteluja Siljan kanssa, pimeyttä, Antin katseen ovensuusta, ennen kuin hän veti oven kiinni. Joskus huolettaa, että jotakin äitiydestä ja perhe-elämästä on mennyt lopullisesti ohi.

Kevään tulo tuntui kestävän tänä vuonna loputtomiin, vielä huhtikuun alussa talvi oli voimissaan. Vähitellen alkoi tulla aurinkoisia päiviä, ja talvi menetti otteensa. Lopulta mitään ei ollut tehtävissä, aurinko oli synnyttänyt pihan täyteen kroo-kuksen nuppuja. Muistan, kuinka hakkasin rautakangella viimeiset jäät takapihaltamme ja ajattelin, että näin raskasta talvea ei enää koskaan tulisi.

– Äiti tappaa talvea, Eevi osoitti minua lapiolla.

Hän tuli viereeni potkimaan jäätä, tamppasi jäätä sinnikkäästi, vaikkei halkeamia vielä juurikaan tullut.

Iltaisin, kun minulla on ikävä Siljan ääntä, kuuntelen vanhoja ääniviestejä. Niissä Silja on innostunut, vähän hengästynytkin. Joskus Antti tulee viereeni, Siljan ääni lohduttaa molempia. Muistelemme yhteisiä hetkiä, joskus itkemme molemmat. Yksi ilta kaivoin kaappien kätköstä vanhoja videokasetteja, kun halusin muistaa, miltä Silja näytti silloin, kun tytöt syntyivät.

Katsoin samaa kohtaa Hilman kastejuhlasta kerta toisensa jälkeen. Silja kannatteli nukkuvaa Hilmaa käsivarsillaan.

Näen Siljaa yhä kaikkialla: ruokakaupassa, uimahallissa ja sovituskoppien jonossa. Kiinnitän huomiota pieniinkin yksityiskohtiin; siihen, että jollakin on samanlainen paita kuin Siljalla tai samanlainen tapa nostaa etuhiuksia korvan taakse. Joskus jään tuijottamaan niin pitkään, että tunnen Antin kevyen tuuppauksen olkapäällä. Silja kulkee kanssani koko päivän: puhun hänelle aamulla, kun pyöräilen töihin ja illalla, kun vien roskapussia.

7

Terassi on täynnä väkeä, olemme saaneet viimeiset vapaat paikat nurkkapöydästä. Muutaman pöydän päässä istuu tuttu työkaveri, mutta toivon, ettei hän huomaa. En edes muista, milloin meillä on viimeksi ollut yhteistä aikaa Antin kanssa. Kun saimme ruokatilaukset tehtyä, Antti oli yllättäen tarttunut vielä viinilistaan ja tilannut meille lasilliset punaviiniä.

Antti kysyy, muistanko vielä, kun olimme täällä ensimmäistä kertaa. Kerron muistavani: Antti oli luvannut näyttää minulle paikan, jossa oli kaupungin parhaat pizzat. Antti kumartuu vähän lähemmäs ja jatkaa:

– Meillä oli ollut sinä päivänä kamala riita.

– Oliko?

– Sä olit saanut päähäsi, että mua ei kiinnostanut, kun mä en ollut vienyt sua edellisenä iltana yksiin bileisiin. Vaikka mä vaan halusin olla sun kanssa.

Antti virnistää. Kaikki nämä vuodet hänellä on ollut tuo sama virne. Vasen suupieli nousee hieman, ja silmät pehmenevät. Pehmeyteen Antissa juuri rakastuinkin. Hänen kanssaan oli helppo olla hankala, joskus kohtuutonkin.

– En muista yhtään, mutta kuulostaa ihan multa.

Hymyilen ja pyörittelen viiniä lasissa. Kun lasia liikauttaa hieman, punainen muuttaa aavistuksen väriään.

– Oliko se psykologi eilen viimeistä kertaa?

Nyökkään, ja Antti pyytää minua kertomaan lisää. Emme ole vielä ehtineet jutella koko asiasta. Lapsiperheessä niin usein käy. Jostakin asiasta kertominen siirtyy niin kauan, että lopulta unohtaa, ettei asiasta ole edes puhuttu.

– Lopuksi me puhuttiin vielä peloista. Se on sen lempiaihe, miten pelkojen kanssa täytyy oppia elämään. Pelko ei koskaan lopu, ellen mä ala ajatella toisin.

– Se onkin helpommin sanottu kuin tehty. Mitä sä pelkäät eniten?

– Että tytöille tapahtuu jotakin. Ja sulle.

– Elämässä tapahtuu kaikenlaista. Ja silti siitä voi selvitä.

Antti maistaa viiniä ison hörpyn, melkein ryystää, vaikka olen sanonut siitä monta kertaa. Hänellä on sama tapa vieraidenkin kanssa, hän osaa olla miettimättä, mitä muut ajattelevat. Elämä tuntuu olevan Antille koko ajan auki. Hän tilaa uusia ruokia pelkäämättä sitä, että pettyy, yllättää minut edelleen monessa tilanteessa. Tajuan, että viidentoista yhteisen vuoden jälkeen en vieläkään tiedä hänestä kaikkea.

– Sitäkin mä pelkään, että en enää toivu tästä, että mä jään tällaiseksi, käyn vähän hitaalla. Kuka sitten hoitaa synttärikutsut ja letittää tyttöjen tukat?

– Mä oon kyllä ottanut tytöistä aika paljon vastuuta viime aikoina. Siksi mä en olekaan vielä valmis, että tää vastuu tästä vielä kasvaisi.

Emme ole enää pitkään aikaan puhuneet vauvasta. Joskus asia tulee edelleen mieleeni, mutta tiedän Antin olevan oikeassa. Olisi liian vaarallista horjuttaa kaikkea nyt. Vilkaisen oven suuhun, mutta tarjoilijaa ei vielä näy. Otan kulauksen viiniä.

– Puhutaanko jostain muusta? Antti ehdottaa.

Silja oli samanlainen. Hän jaksoi puida asioita oman aikansa, sitten hänen oli pakko saada muuta ajateltavaa.

– Mistä?

– Mistä pariskunnat nyt puhuu, kun ne on ulkona? Töistä, rahasta, toisistaan. Mä oon itse asiassa ajatellut, että mä voisin aloittaa uuden harrastuksen. Olisi hienoa, jos olisi jokin oma juttu.

– Mikä se voisi olla?

– En mä vielä tiedä. Yksi mun työkaveri on houkutellut kiipeilemään. Toinen taas pyysi, että lähtisin joskus sen kanssa vaeltamaan. Tässä lähistölläkin on tosi hienoja reittejä.

– Mä pystyn kyllä kuvittelemaan sut molemmissa.

Vihdoin ruoka tulee pöytään. Antti saa eteensä höyryävän pastalautasen, minulla on lautasellani valtavankokoinen pizza. Antti käy heti annoksensa kimppuun ja jatkaa puhumista ruoka suussaan. Sekin tapa pysyy sitkeässä.

– Aivan sairaan hyvää, maista tätä, Antti osoittaa katkarapupastaa.

– Enkä maista. Sä tiedät, etten mä tykkää mereneläviStä.

– Maistatpas! Mä pakotan, Antti toteaa ja ojentaa haarukkaa.

Keskitymme syömiseen ja annan katseeni kiertää muissa pöydissä. Tuttu työkaveri huomaa katseeni ja nostaa kättään.

8

Hilma nukkuu vieressä pelkääjän paikalla, ja Eevi tuhisee takapenkillä. Hyvä, että tytöt nukahtivat lopulta. Ilmassa oli jo riidan merkkejä, kun Eevi oli mennyt syömään Hilman eväsleivät. Lohduttelin Hilmaa, että mökille olisi enää neljänkymmenen minuutin matka. Käännän radiota hiljaisemmalle ja tarkistan puhelimesta, onko Antti soittanut. Antilla alkaa huomenna loma, ja hän tulee juhannuksen viettoon päivän perässä.

Aurinko paistaa suoraan silmiin. Kiroan, että aurinkolasit ovat takakontissa. En viitsi pysähtyä, etteivät tytöt herää. Eteeni on ilmestynyt joku hidastelija, ja joudun laskemaan vauhdin seitsemäänkymppiin. Silja olisi hermostunut ja haukkunut edessä ajavia hitureiksi. Hänessä oli jotakin samaa kuin isässä, jolla on tapana töötätä ja levitellä käsiään liikenteessä.

– Äiti.

Vilkaisen taustapeiliin. Eevillä on silmät auki.

– Mä luulin, että sä nukuit.

– Mä vaan pidin silmiä kiinni. Miksi sä ajat niin hiljaa?

– Tykkään ennemmin mennä omaa vauhtia kuin ottaa riskejä.

– Mä haluaisin jo olla perillä. Ohittaisit tuon auton.

– Ei meillä ole mikään kiire.

– Mulla on vieläkin nälkä.

Näen peilistä Eevin keskittyneen katseen. Vilkaisen edessä aukeavaa tietä ja valkoista viivaa, ja yhtäkkiä huomaan painavani kaasua. Näen sivusilmällä Eevin, joka katsoo uteliaana punaista autoa, jota olemme ohittamassa.

– Tuolla on koira.

Mutta minä en huomaa koiraa, enkä enää edes punaista autoa. Valo siivilöityy puiden latvoista, ja hetken maisema on kirkas. Ei kuolemaa, ei pelkoa, vaan valoa. Juuri sillä hetkellä en näe eteeni, mutta on vain pakko luottaa, että tie on suora ja vastaan ei tule ketään.

Hetki on nopeasti ohi, ja palaan takaisin omalle kaistalleni. Aurinko menee puiden taakse ja näkyvyys paranee taas.

– Ollaanko me pian perillä?

Vilkaisen vierelleni, Hilma on herännyt. Silmät ovat vielä uniset, ja suupielestä on valunut vähän kuolaa.

– Vielä kestää. Äiti on niin hidas kuski, Eevi huokaisee.

9

Kesäkuinen ilta on uskomattoman lämmin. Aurinko saa järven kimaltamaan, ja vastakkaiselta rannalta kuuluu lasten ääntä. Tytöt juoksevat keltaisen perhosen perässä. Eevi menee vikkelämpänä edellä, Hilma tulee muutaman askeleen takana. Tytöt kurkottavat kätensä ilmaan ja välillä loikkaavat, yrittävät pyydystää perhosta käsillään. Uskovat hetken sellaiseen, mikä on mahdotonta. Tyttöjä tulee helposti ajateltuna kaksikkona, niin kuin he olisivat aina yhdessä. Eivät he kuitenkaan ole. Silloinkin, kun he kävelevät yhdessä, molemmilla on oma varjonsa. Yhtäkkiä Eevi alkaa heiluttaa villisti käsiään aivan kuin häntä kiertäisi ampiainen.

– Äiti! Mä sain sen perhosen melkein kiinni!

– Älä huuda! Sä pelotat sen pois, Hilma komentaa.

Perhonen kaartaa kauemmas tytöistä, lentelee ilmassa siksakkia ja katoaa näkyvistä. Hetken päästä näen sen kaartavan aitan suuntaan, ja tytöt kirmaavat perään. Huomaan vasta nyt, että Eevi on paljain jaloin, ja Hilmallakin on sääret paljaana. Mielessä käy ajatus punkeista ja rakennustyömaasta, joka isällä on saunan takana. Toivottavasti tytöt tajuavat kiertää sen kaukaa. Hetken mietin, lähdenkö perään, mutta en kuitenkaan nouse ylös.

Seuraan Anttia, joka maalaa venevajaa rannassa. Hän seisoo tikkaiden ylimmällä askelmalla ja maalaa katon alalautaa. Antti on hoikistunut, paita näyttää päällä väljältä. Äiti yritti toppuutella maalaamisen kanssa, on juhannusaatto. Aatto tai ei, Antin mielestä juuri nyt oli paras mahdollinen aika maalata. Antti on kotoisin maalta ja viihtynyt aina pihalla, ihan niin kuin isäkin. Joskus tulee huono omatunto, kun kääriydyn vilttiin ja luen kirjaa, kun Antti tarttuu ruuvimeisseliin tai kaivaa ruohonleikkurin vajasta.

– Mä en ole koskaan maalannut, tunnustin Antille aiemmin, kun hän etsi vajasta sopivaa maalia.

– Ihanko totta? Leppoisinta hommaa maailmassa.

– En mä osaisi. Tulisi epätasaista jälkeä.

– Sitten laitettaisiin uutta päälle. Tuupa auttamaan.

Olin jo vaihtamassa huonommat vaatteet, kunnes äiti tarvitsi juuri samalla hetkellä apua. Ehkä voisin mennä avuksi huomenna, jos maalattavaa vielä riittäisi.

Eevi tulee saunan takaa silmät palaen.

– Äiti, se perhonen istu mun kädelle!

Nyrkki on yhä avoinna, vaikkei kämmenellä ole enää mitään. Eevi ei pelkää hyönteisiä, ei hämähäkkejä eikä sammakoitakaan. Hilmakin näyttää tyytyväiseltä, alkaa kertoa, miten perhosen tuntosarvet lepattivat sen tunnustellessa Eevin kämmentä. Ehkä hänelle on riittänyt se, että hän on saanut seurata tilannetta vierestä.

– Se oli ihan karhea mun kättä vasten.

– Se oli siinä tosi pitkään, Hilma sanoo.

Eevi tulee syliin kysymättä. Hänellä on hiuksissa takkuja, tukka on jäänyt aamulla harjaamatta.

– Mennään me jo saunaan. Isi tulee perässä, sanon tytöille.

– Mulla on pissahätä. Mä käyn ensin ulkohuussissa, Eevi sanoo ja alkaa riisua housujaan. Jalat ovat täynnä punaisia hyttysenpuremia.

– Tulenko mä mukaan?

– Ei tarvi.

Hetkessä paljaat sääret vilahtavat kulman taakse. Poimin Eevin housut nurmikolta, ja lähdemme Hilman kanssa kävelemään saunalle jo edeltä.

Illalla istumme Antin kanssa saunan terassilla. Raukeus painaa jäsenissä, melkein tekisi mieli lähteä itsekin aittaan nukkumaan. Antti on juuri tullut nukuttamasta tyttöjä, he ovat sammuneet pihalla vietetyn päivän jälkeen nopeasti.

– Ensin niitä kikatutti, ja sitten hetkessä tuli itku, kun iltasatu loppui, Antti hymyilee.

– Naurusta on toisinaan lyhyt matka itkuun.

– Ja toisinpäinkin.

Äiti astuu terassille. Posket punoittavat löylystä, ihossa on kirjavia läikkiä. Silmät näyttävät punertavilta, ehkä äiti on itkenyt saunassa. Minullakin itku tulee usein siellä. Ehkä saunassa iho on auki, ja ikävä kaivautuu jokaiseen huokoseen.

– Kylläpä teki hyvää, äiti huokaa.

– Täällä on aina niin hyvät löylyt, Antti kehuu.

– Ihanaa, kun tulitte tänne. Kyllä meillä olisi ollut isän kanssa –

Äidin ajatus jää kesken. Toisinaan lauseet vielä jäävät. Mieleen tulee jokin muisto, hetki, jossa Silja oli mukana, ja nykyhetki katoaa. Kaiken yllä lepää hiljaisuus, yhä suru. Äiti menee pukeutumaan ja laittamaan iltateetä. Isä kulkee vielä tontilla ympäriinsä, käy kiertämässä jokailtaisen kasvimaalenkkinsä. Sen jälkeen hän kaartaa hopeakuusen luokse, koettaa sormellaan, onko multa tarpeeksi kosteaa.

– Pitäisikö tyttöjä käydä vielä katsomassa, ennen kuin mennään iltapalalle? Antti kysyy.

– Kyllä ne pärjää.

Kesäkeittiöstä kuuluu kolinaa, äiti kattaa siellä lautasia pöytään.

Epilogi

Sumu nousee järveltä. Ranta tuntuu pysyneen kolmekymmentäviisi vuotta samanlaisena niin kuin kaikki lapsuuden kesätkin. Tai ehkä kesät eivät lopulta koskaan samanlaisia olleetkaan. Muistot ovat sekoittuneet, kaikki mummola- ja kalareissut tuntuvat jälkikäteen yhdeltä ja samalta.

Minulla on ikävä Siljaa. Ikävä on ohutta ja kirkasta. Se on kalareissujen pitkää siimaa, jota heittelen isän kanssa matalikkoon. Joskus se tarttuu kiinni kaislikkoon ja tuntuu niin raskaalta, että joudun riuhtaisemaan sen väkisin irti. Välillä siima tuntuu katoavan auringossa, mutta hetkessä se piirtyy vedenpintaan ja näkyy taas. En tiedä, lähteekö ikävä koskaan. Se tuntuu kaikkialla, jalanpohjissa ja silloinkin, kun työnnän sormet kuumaan tiskiveteen.

Laitan silmät kiinni ja pinnistelen, haluan muistaa jonkun reissun tarkasti. Hitaat ja pysähtyneet hetket, jolloin vesi oli peilityyni ja vanha vene pysyi paikoillaan. Jostakin kuului pientä laineen liplatusta, sorsa huusi kaislikossa, sitten tuli taas hiljaisuus. Oli vain vene, järvi, isä ja minä, toisinaan Siljakin. Jos Silja oli kalareissuilla mukana, hän laittoi aina madon koukkuun, mutta tarvittaessa minäkin selvisin siitä.

Yhtäkkiä muistan yhden kalareissun, jolla Silja ei ole mukana. Hän on jäänyt äidin kanssa rantaan valmistelemaan päiväkahveja. Järveltä käy tuuli, minulla on kylmä ja iho nousee kananlihalle. Lähdemme suunniteltua aiemmin kotiin. Vene lipuu kohti rantaa, eikä isän tarvitse soutaa kuin harvakseltaan. Järveltä päin mökkitonttia ei näy: se tulee näkyviin vasta, kunnes vene kääntyy suoraan rantaa kohti. Vähitellen maisema tarkentuu, ja esiin tulee punainen aitta, ulkohuussi ja viimeisenä mökki.

Rannassa on hahmo, hetken päästä se tarkentuu Siljaksi. Nyt näkyy jo, miten Silja heiluttaa käsillään, viittilöi meitä rantaan, kahvipöytä on valmis. Isä soutaa vielä viimeiset vedot. Nyt erotan selvästi jo kasvojen ilmeetkin. Silja hymyilee ja siristelee silmiään. Katson Siljaa, niin kuin en olisi nähnyt häntä pitkään aikaan. Silja kylpee auringossa, yhtäkkiä hänessä on kaikki maailman valo.

Aivan rantaviivan kohdalla veden pinta väreilee hopeisena ja hetken näyttää siltä, että Silja on jotenkin irti maasta. Sitten kuva tarkentuu, ja Silja on siinä taas.

Kiitokset

Kiitos teille, jotka tiedätte, mistä tämä kirja kertoo. Äidille, isälle, Tonille, Venlalle, Hillalle ja Petrille. Kirjan henkilöt ovat kuitenkin fiktiivisiä.

Kiitos kaikille, joilta olen saanut rohkaisua ja apua matkan varrella. Teitä on paljon: lapsuudenystäviä, Kiltsuja ja Tyttiksiä, sukulaisia, pikkolalaisia, myös paljon oppilaita. Jokainen keskustelu on vienyt tarinaa eteenpäin.

Valtava kiitos kaikille, jotka ovat auttaneet tämän tarinan ideoinnissa, editointivaiheissa ja toteutuksessa. Kiitos maanantai-illoista ja palautteista Tekstitohtorilaisille ja Harri István Mäelle. Valtavat kiitokset Sonjalle kansikuvan maalauksesta ja kaikesta käyttämästäsi ajasta. Taittajalleni Juhalle lämmin kiitos avustasi ja asiantuntemuksestasi.

Kiitoksia esilukijoilleni Lauralle, Pirjolle, Anskulle ja Päiville. Päiville mielettömät kiitokset ideoistasi, ajastasi ja korvaamattomasta tuestasi kaikissa eri vaiheissa.

Lauralle kiitos juoksukilometreistä ja kuuntelusta: tarina oli sinulle tuttu jo matkan varrelta.

Ja lopuksi:

Isosiskolle kiitos kaikesta: naurusta, itkusta, kiukusta, lohdutuksista, hiustenlaitosta, arvesta silmäkulmassa. En olisi koskaan kasvanut minuksi ilman sinua.

Koiraperheelle kiitos, kun annoitte minun kirjoittaa. Se vei monta päivää ja yötä. Venlalle ja Hillalle kiitos siitä, että saan seurata vierestä, millaista on olla sisko. Tonille kiitos ihan kaikesta, aina.

Lopuksi kiitos Kuhajärvelle, joka kasvat kaislaa ja joskus ikävää, mutta enemmän toivoa ja uutta elämää.

MIX
Paperi vastuullisista lähteistä
Paper from responsible sources
FSC® C105338